KB272390

낮고 느린 걸음으로

낮고 느린 걸음으로

낮고 느린 걸음으로

1판 1쇄 발행   2026년 3월 23일

지은이   일곱째별

펴낸곳   책과이음
대표전화   0505-099-0411
팩스   0505-099-0826
이메일   bookconnector@naver.com
출판등록   2018년 1월 11일 제395-2018-000010호

페이스북   /bookconnector
블로그   /bookconnector
유튜브   @bookconnector
인스타그램   @book_connector

책값은 뒤표지에 있습니다.
잘못 만들어진 책은 구입하신 서점에서 교환해드립니다.

ISBN 979-11-90365-89-5 03330

책과이음 : 책과 사람을 잇습니다!

낮고 느린 걸음으로

일곱째별 글·사진

| 생명과 평화를 위해 걷는 7번 국도와 남도 순례길 |

책과이음

차 례

PART 1   7번 국도에서

008   새로 걷는 7번 국도   • 울진-삼척 79.6km

018   끝은 또 다른 시작   • 삼척-고성 187.5km

033   깊고 우아한 북파랑길   • 월포-화진/칠포 18.5km

PART 2   7번 국도와 남도 순례길

044   겨울과 봄 사이, 다시 화진(華津)   • 울진-포항 102.6km

061   18번 국도 시작, 진도   • 세월호 참사 7주기 40km

072   눈물이 마를 때까지   • 해남-순천 143.6km

097   나의 길을 찾아서   • 순천-하동-구례 97.5km

118   역사 위에서   • 곡성-보성/구례 104.5km

144   18번 국도 완주, 해남   • 해남-진도 46.7km

168   미황사역사길   • 땅끝천년숲옛길 37km

182   다산초의교류길과 땅끝길   • 땅끝천년숲옛길 59.2km

204   해남 땅끝길과 달마고도   • 66.84km

PART 3 — 남도 순례길과 7번 국도

220   새해 첫날, 하동부터 동쪽으로   • 하동-함안 95km

239   가덕도와 7번 국도 시작점   • 함안-가덕도-부산 101km

272   정읍 동학농민혁명길   • 55.8km

291   남원에서 봄   • 귀정사-승련사, 요천100리 숲길 30km

303   봄바람 따라   •

316   진도 팽목항과 하죽도   •

344   금강 순례   • 논산-서천 80km

PART 4 — 다시 7번 국도에서

366   7번 국도 완주   • 경주-포항 101.1km

416   걷는 인생은 아름다워   • 칠포항-청진1리 5km

428   일곱째별 탈핵 도보 순례 7년의 여정

PART 1

7번 국도에서

새로 걷는 7번 국도

믿음과 사랑을 잃고 산티아고 순례길을 800여 킬로미터 걸었다. 준비 없이 무작정 떠난 도보순례였기에 아킬레스건이 파열되는 듯한 통증을 느꼈던 34일이었다. 순례 기간 생필품을 배낭에 꾸렸는데, 옷 두 벌씩에 노트북을 챙겼다. 장거리를 장기간 걷다 보면 배낭이 골고다 언덕의 십자가처럼 무거워져 몇 그램짜리 소지품도 버리는 길에서.

매일 걷고 매일 썼다. 2017년 봄이었다. 눈물은 땅으로 질문은 하늘로, 고통스럽게 걸었는데 완주하고 돌아오니 걷기에 자신이 붙었다. 또 걷고 싶었다. 제일 먼저 떠오른 길이 7번 국도였다. 그때 탈핵희망국토도보순례를 알게 되었다. 2018년 여름부터 2019년 겨울과 여름, 총 3회 탈핵희망국토도보순례를 했다. 마지막에는 7번 국도 부산 고리핵발전소부터 경주 월성핵발전소까지 걸었다. 그리고 이 도보순례가 해체되자 나는 혼자라도 걷겠다고 길을 나섰다. 언제나 그렇듯이 끝은 새로운 시작과 맞닿아 있다.

대한민국의 모든 그곳

2020년 2월 12일 수요일
경상북도 울진군 망양정-죽변항-신한울핵발전소-한울핵발전소-나곡해변 28.6km

출발 지점은 오래전 제작했던 교육방송 다큐멘터리 〈한국기행〉 '7번 국도' 절반의 종착지였던 울진군 망양정이었다. 비가 온다는 예보가 있는 새벽길, 6시 50분인데 어둑어둑했다. 어깨가 새삼 무거웠다. 평소 카메라만 넣은 가방 무게가 5킬로그램쯤이니 며칠 치 옷가지와 생필품까지 포함해 족히 7~10킬로그램은 되는 배낭을 멘 채 길을 떠났다.

죽변항을 지나자 기다렸다는 듯이 비가 내렸다. 길가 가게에서 비닐 우비를 사서 입고 걸었다. 바지와 등산화가 젖기 시작했다. '충절의 고장' 고목1리를 지나칠 때, 스산하고 괴이한 풍경 하나와 마주쳤다. 도로 곁 밭 한가운데 우뚝 서 있는 민트색 송전탑이었다. 핵발전소가 멀지 않다는 증거였다.

시야는 점점 뿌예지고 모퉁이를 돌아서자 신한울핵발전소 건설 현장이 나타났다. 이어서 한울핵발전소도 등장했다. 우비에 싸인 나는 그 앞에 잠시 서 있었다. 영광 한빛핵발전소와 부산 고리핵발전소와 경주 월성핵발전소에 이어 드디어 대한민국에 있는 모든 핵발전소 앞에 발자국을 찍었다. 그게 무슨 소용이냐고 물으면 조용히 등을 돌려 보여주고 싶다. '핵발전소 없이 안전하게 살자.'

무언의 항거를 하며 이 땅을 걸었다. 단지 그뿐이었다. 그러나 뜻이 아무리 고매하여도 지치고 젖은 육신을 무시할 수는 없다. 방사능 위험으로부터 되도록 빨리 멀어지고 싶었지만 이미 약 24킬로미터를 걸었기에 더는 걸을 기운이 없었다. 핵발전소 옆 2킬로미터 거리에 있는 나곡해변 민박집에 묵었다. 식당도 못 찾고 먹을거리도 없는데 민박집 주인어른 내외가 저녁밥을 대접해주었다. 부부는 평생 성실하게 일하다가 은퇴하고 그곳에서 말년을 보내려고 민박집을 차렸다. 전기요금 면제 정도의 혜택을 바라고 전 재산을 다 털어 핵발전소 지척에 민박집을 차린 부부에게 핵발전소의 위험성에 대해 설파할 만큼 나는 의지가 강하지도 주도면밀하지도 못했다. 그저 그들이 여생을 아프지 않고 평안히 살아가길 기원할 뿐이었다.

보이지 않고 냄새도 나지 않는 그것

2020년 2월 13일 목요일

울진군 나곡-강원특별자치도 삼척시 호산항-임원항 15.8km

울진군 북면 나곡리에 해가 뜨자 울진핵발전소에 빛이 반사되

울진핵발전소 일출

었다. 기하학적인 아름다움에 취해 촬영하다가 내가 지금 핵발전소 홍보 사진을 찍고 있는 건 아닌가 싶었다. 한수원이 깨끗하고 안전하다고 홍보하는 핵에너지는 보이지도 않고 냄새도 나지 않는 방사능으로 지구를 오염시키며 처치 곤란 쓰레기를 날마다 생산해내고 있다. 그런데 나조차 그 순간 외관에 홀려 본질을 망각하고 있지 않은가?

호산항을 거쳐 임원항까지 왔다. 전날에 비하면 무려 10여 킬로미터나 짧은 거리였다. 손님 없는 민박집에서 양말과 속옷을 빨아 널며 베란다에서 지는 해로 일광욕을 했다.

임원항에서부터 9.3킬로미터를 걸어 장호항에 도착해서 점심밥을 먹고 있을 때 톰 부부가 식당으로 들어섰다. 삼척을 종착지로 정한 건 순전히 그곳에 사는 톰 때문이었다. 지난 탈핵희망국토도보순례의 중심이었던 톰을 다시 만나 인근 한 구간 정도는 함께 걷고 싶었다. 그러나 톰에게는 마땅히 참석해야 할 경조사가 있었고, 최근 병원에서 간단한 시술도 한 상태라 도보순례를 함께할 수 없었다. 대신 톰 부부가 살그머니 밥값을 내주었다. 그들과 잠시 들른 장호항 바다는 부부의 맑은 얼굴과 잘 어울리는 에메랄드빛이었다. 동해에 왔음을 실감했다.

장호항에서 궁촌항까지 5.4킬로미터는 레일바이크를 탔다. 그러므로 그 구간만큼은 도보순례가 아닌 '바이크' 순례라고 해두어야겠다. 걷기보다는 쉽지만 페달 밟기 또한 만만치는 않은 운동이었다. 단체로 다니던 예년의 탈핵희망국토도보순례라면 상상 못 할 일이었지만 개인 탈핵 도보순례에는 자유로운 선택이라는 선물이 있었다.

문제는 궁촌에서 발생했다. 머물기엔 너무 조금 걸은 날이라 양심상 더 걸어야겠다 싶어 발길을 재촉했는데, 해가 뉘엿뉘엿 지는데도 묵을 만한 마을이 나타나지 않았다. 가까스로 찾아든 항구가 근덕면 동막1리였는데 식당도 숙소도 없는 아주 작은 마을이었다. 어둑어둑해지자 불안해진 나는 어느 집 마당에 계신 마을 어른께 잘 만한 곳이 있느냐고 여쭤보았다. 그렇게 찾아든 곳이 마을회관 경로당 위였다. 알고 보니 마을 계장님이셨던 그 어른이 시세보다 많이 싸게 방을 내준 덕분에 그곳에서 밤을 보낼 수 있었다.

마을에는 구멍가게가 하나 있었는데 요기를 할 만한 거라곤 라면뿐이었다. 라면과 생수를 사자 도시에서 온 듯해 보이는 주인아저씨가 잠시 후 밥이 되니 가지러 오라고 했다. 덕분에 달걀도 없는 라면이지만 기름진 뽀얀 이팝을 말아 먹을 수 있었다. 게다가 계장님이 다시 찾아와서, 다음 날 새벽 3시에 바다로 나가니 떠날 때 집에 들러 알아서 밥을 차려 먹고 가라고 신신당부했다. 동막1리 대진경로당 위에서의 밤이 그렇게 깊어갔다.

탈핵 성지

2020년 2월 15일 토요일

삼척시 대진항-원전백지화기념탑-죽서루-삼척우체국 21km

도보순례 마지막 날 아침, 계장님 댁에서 밥을 차려 먹고 인스턴트커피까지 타 마신 뒤 호기롭게 출발했다. 한 시간여 걸었을까? 오전 10시가 조금 넘어 덕산해변 근처에서 사방을 두리번거리자 강변에 커다란 바위가 하나 서 있는 게 보였다. 자연산 바위에 굵게 새겨진 글씨, '원전백지화기념탑'. 이번 탈핵 도보순례의 목적지였다.

　나는 환호성을 지르며 달려가 커다란 바위를 껴안았다. 두근두근 내 가슴의 고동을 이마를 통해 바위에 전했다. 1999년과 2019년에 두 번이나 원전 예정 구역 고시를 백지화한 삼척의 거룩한 반핵투쟁 기념탑이었다. 바로 앞에는 2018년 일본 반핵 평화운동가 미토 키요코를 비롯한 후쿠시마 청소년들이 찾아와 탈핵, 반전, 평화의 의지를 담아 기념 식수한 묘목도 있었다. 이곳까지 안내해준 톰이 내디딘 7년간의 발걸음이 고맙고, 함께 걸었던 탈핵희망국토도보순례자 한 분 한 분이 모두 고마웠다.

　동해를 따라 맹방 명사십리를 걸었다. 겨울 바다는 그 자체로 깊고 푸른 야성이었다. 북쪽으로 향한 바다 끝에 길이 보이지 않자 삼척 시내로 진입하는 마지막 고개를 넘어야 했다. 그런데 그 고갯길에서 기함할 만한 광경을 목격했다. 삼척화력발전소 건설 현장이었다. 모래사장에 파도가 수를 놓는 명사십리 끝자락에 바다를 흙으로 메운 기다란 방조제가 건설되고 있었다.

　언덕배기에서 기이하게 일그러지고 있는 해변을 사진에 담았다. 시간이 얼마나 흘렀을까? 어느 순간 흔들,

강원도 삼척시 근덕면 원전백지화기념탑

내 오른쪽 어깨가 움직였다. 기대어 있던 소나무가 내 어깨를 건드린 듯. 나무가 내게 뭔가 말을 하는 듯했다. 나는 마음의 귀를 활짝 열고 나무의 말을 들으려 애를 썼다.

'대체 내게 해줄 말이 무언지 알려다오. 제발 알려다오.'

그러자 가슴이 아프기 시작했다. 그 자리에서 온종일 절벽 아래 아름다운 명사십리가 파헤쳐지는 현장을 지켜보는 나무의 마음이 전해지고 있었다.

나무와 바다를 위해 내가 할 수 있는 건 과연 무엇일까? 소나무를 뒤로하고 터벅터벅 내리막길을 걷는 내 작은 발은 다음에 나를 어디로 데려갈까? 탈핵의 길 위에서 나는 이 땅의 생명과 평화를 찾는 일이 갈수록 어려워지리라 추측했다. 그럼에도 계속 걸어야겠다고 다짐했다.(《일곱째별의 탈핵 순례》p.153 일부 게재)

삼척시 맹방해변 석탄화력발전소 건설 현장을 지켜보는 소나무

매화 가지를 스친 바람이 불어 대나무가 춤을 추는 해 질 무렵 죽서루에 도착했다. 망양정에서 출발한 내게 톰이 꼭 가보라고 알려준 관동팔경 중 하나였다. 고즈넉한 죽서루는 지난 4박 5일간의 탈핵 도보순례를 마무리하기에 딱 좋은 장소였다. 거기서 길을 물어 삼척우체국을 찾았다. 원전백지화기념탑을 세우기까지 매주 핵 없는 생명 세상을 위한 삼척시민들의 촛불이 모인 곳이었다. 감개무량함 속에서 우체국 앞을 한참 떠날 수 없었다. 그 역사적인 장소에 기어이 2020년 상반기 겨울 탈핵 도보순례의 마지막 발자국을 찍었기 때문이다. 전진밖에 모르는 내게 곁에 있던 사람이 저만치 어드메를 손가락으로 가리켰다. 뒤로 고개를 돌려보니 어두워져가는 하늘 아래 하얀 예수님이 우리를 굽어보고 계셨다.

삼척핵발전소를 막아낸 우체국 앞

밤이 깊어 서둘러 서울로 가는 버스에 올랐다. 시작처럼 마지막에도 비가 흩뿌리기 시작했다. 울진 망양정에서 삼척우체국까지 총 85킬로미터 중 79.6킬로미터를 걸었다. 겁도 없이 혼자 걷겠다고 나선 길이었다. 그런데 걷고 보니 혼자였으면 가능하지 않았다. 함께일 거라 기대했던 청명도 니키도 톰도 함께하지 못했지만 내겐 새로운 탈핵 벗이 생겼다. 울진부터 삼척까지 내 곁을 지켜줬던 으낭. 그는 세상을 지켜보는 나를 지켜주는 눈이었다.

캄캄한 밤길을 끝없이 걸을 때 힘이 되어주는 것은 튼튼한 다리도 날개도 아니고 친구의 발걸음 소리

발터 벤야민이 말했다.
우리는 탈핵 도보순례를 통해 최고의 걷기 파트너가 되었다.
언제나처럼 길 위에서 나는 또 다른 인연을 만났다.

울진핵발전소가 보이는 나곡리 도화동산에서

끝은 또 다른 시작

나의 탈핵 벗들에게 보낸 문자로 2020년 여름 탈핵 도보순례를
시작했다.

'7월 1일부터 2020년 여름 탈핵 도보순례를 하려고 합니다.
삼척-동해대진-등명해변-경포대-지경리-동호해변-장사
항-송지호-화진포 등으로 예정합니다. 함께하실 분은 7월 1일
오전 8시 30분에 삼척우체국 앞으로 와주세요~ 탈핵!'

전날 경주시 양남면 나아리에서 삼척으로 가는 길에 빗발이
굵어지더니 비가 세차게 내렸다. 구룡포, 포항, 영덕, 평해를 지
나 밤이 내린 7번 국도 어디만큼 가는데 오른쪽에 시커멓고 둥
그런 테두리와 세로선으로 휘황한 불이 번쩍번쩍 켜져 있었다.

'오징어잡이 배가 이렇게 해안 가까이 있나?'

산만 한 크리스마스트리를 보는 것처럼 도로 옆 화려한 불빛

에 잠시 몽롱했다. 그러나 수초 뒤, 그 형체가 무엇이라는 걸 감지한 순간 온몸이 오그라들며 소름이 끼쳤다. 그건 바로 울진핵발전소 돔이었다. 그리고 연이어 눈앞에 등장한 시뻘건 불빛들. 송전탑들의 행진이었다. 마치 지옥 아가리로 빨려 들어가는 듯한 주행이었다. 전기 생산지와 소비지를 연결하는 송전탑 행렬은 미끄러지는 차를 멈출 수 없는 빗길처럼 절망적이었다. 그 끔찍한 장면이 공포영화의 절정처럼 순례 내내 머릿속에서 떠나질 않았다.

흐린 여름 바다

2020년 7월 1일 수요일

강원특별자치도 삼척시 삼척우체국-동해시 대진 23.4km

비 오는 7월 1일 아침, 노랑과 연두 방수포를 씌운 배낭 둘이 삼척우체국 앞에서 기다렸다. 더는 오는 이가 없었다. 약속했던 8시 30분에 정확히 출발했다.

삼척우체국은 지난 2월 15일, 울진부터 시작한 4박 5일 탈핵 도보순례의 마침표를 찍었던 곳이다. 2019년 핵발전소 부지 고시 철회라는 승리의 기운을 안고, 이어서 다시 도보순례를 시작하고자 했다. 그러나 겨울에 이어 여름에도 순례 첫날엔 비가 왔다. 침낭과 생필품으로 가뜩이나 무거운 짐에 우비와 우산까지 얹히니 어깨와 다리에 느껴지는 하중이 상당했다. 게다가 삼척

시내는 시작부터 오르막길로, 도보순례자를 쉽사리 벗어나도록
놓아주지 않았다.

　동해역을 지나 정오가 지나자 한섬해변이 나왔다. 이번 순례
의 첫 여름 바다였다. 거친 파도의 묵호항을 거쳐 동해시 대진에
다다랐다. 동해안에 '대진'이란 이름은 몇 군데나 등장한다. 겨
울에 갔던 삼척시 근덕면 동막리 대진에 비해 동해시 대진은 드
넓고 밝았다. 그리고 바닷가 인심은 그때처럼 여전히 좋았다.

몽돌과 야영

2020년 7월 2일 목요일

동해시 대진-강릉시 안인진 24km

아침 7시 50분, 어달해변과 대진항 사이에서 출발했다. 망상해
수욕장을 지나 자외선 아래 숨을 곳 없는 도직교 위에 털썩 주
저앉았다. 이때부터 나의 벗은 발바닥에 물집이 잡혀 고생하기
시작했다. 그래도 걸음을 늦출 수도 멈출 수도 없는 게 도보순례
다. 거대한 시멘트 공장을 지나 옥계해수욕장으로 들어갔다. 공
업용수와 교통시설이 확보된 곳에 공장 부지가 있다는 건 사회
시간에 배워서 알지만, 도보순례 중에 보는 절경과 공장이나 발
전소의 조합은 번번이 마음을 무겁게 한다. 옥계해수욕장에서
한식뷔페로 배를 가득 채우고 솔숲에서 소금기에 젖은 몸을 말
리며 한숨 잤다.

금진항 지나 헌화로 초입에 몽돌해변이 등장했다. 푸른 바다가 일렁일렁 달려들었다가 흰 파도로 변해 차르르르 빠지면 다글다글 몸을 굴리며 온몸으로 웃어대는 몽돌들과 함께 나와 벗도 까르르르 웃어젖혔다. 나는 몽돌과 물아일체物我一體가 되었고 벗과 혼연일체渾然一體가 되었다.

심곡리를 지날 때였다. 공공근로를 나와서 그늘에 앉아 쉬고 있던 어르신이 땡볕 아래 등판보다 크고 무거운 배낭을 짊어지고 비척비척 걷는 우리에게 말씀하셨다.

"젊을 때 걸어야지. 늙으면 걷고 싶어도 못 걸어요."

앞으로 얼마를 더 걸을 수 있을까? 걸음마다 적립금이 쌓인다면 얼마나 좋을까?

정동진에는 망상해수욕장과 마찬가지로 개장 준비를 하는 굴삭기들이 사람보다 먼저 백사장을 밟고 있었다. 그네에 앉아 시원하고 유쾌한 휴식을 취하고는 목적지였던 등명해변 솔향 캠핑장에 도착했다. 그런데 야영장은 물론 주차장도 사용할 수 없다는 현수막을 보고는 발길을 돌려야만 했다. 소나무를 지키겠다는 의지인지, 마을 숙소를 유료 이용하라는 의도인지 모르겠지만 종일 그곳에서 쉴 생각만으로 걸어온 터라 마음이 상했다. 그래서 이미 체력이 고갈된 상태였지만 그 마을을 지나쳤다. 그러고는 결국 2킬로미터 더 가다가 해 질 녘이 되자, 터널 위 자전거 쉼터에서 멈출 수밖에 없었다. 물도 화장실도 없는 한데에 텐트를 치고 생수 한 병과 라면으로 밤을 보냈다.

노상 일출

2020년 7월 3일 금요일

강릉시 안인진-순긋해변 22km

노상에서 일출을 본다는 건 살면서 거의 해보지 못할 경험이다. 태양이 회색빛 구름을 주황빛으로 물들이며 서서히 떠오르자 세상의 어둠과 빛은 오전 교대를 했다.

새벽 6시 10분부터 또 걸었다. 함정전시관을 거쳐 안인해변으로 내려가자 가정식 백반집이 있었다. 이른 아침에 가자미를 노릇노릇 따끈하게 구워 노동자들에게 밥상을 차려주는 그 식당엔 제비 식구들이 들락날락했다. 좋은 일이 생길 듯했다. 그러나 낭만적인 기분은 잠시, 한국남동발전 영동에코 발전본부 앞에서 노동자 네 명이 피켓 시위를 하고 있었다. 위험의 외주화를 금지하고 직접 고용을 하라는 요구였다. 2018년 12월, 태안화력발전소에서 김용균이 스러진 지 1년 반이 지나도 달라진 건 없었다. 내가 할 수 있는 건 발전소 앞으로 지나며 3초간 행하는 고인을 기리는 묵념뿐.

공군 제18전투비행장에서 잠시 쉬고 기나긴 가로수 길을 걸었다. 가는 내내 고막을 찢는 듯한 비행 굉음이 아픈 다리보다 더 고역이었다. 하지만 끝이 없을 것 같은 길도 걷다 보면 지나가버린다. 이것이 걷기의 묘미. 고통이든 기쁨이든 영원하지 않다. 그러므로 지나치는 현재, 그 순간을 살아야 한다. 마을로 들어서도 소음은 지독했다. 흙바닥에 아무렇게나 몸을 누였다가

벗과 함께 걷는 탈핵의 길, 강원도 강릉시 안인진

걸으니 큰길이 나왔다.

송정 솔숲에 누워 잠시 낮잠을 잤다. 어디든 머리만 대면 잠이 드는 게 노숙자와 다름없었다. 하지만 솔향이 사람에게 좋은 건 확실히 몸으로 느낄 수 있었다. 사람 많은 경포대는 되도록 빨리 지나치고 싶었다. 서둘러 좀 넓은 숙소를 마련해야 했다. 또 다른 벗들이 오기 때문이었다. 그날 밤, 이름도 예쁜 순긋해변에서 광주에서 여섯 시간, 청주에서 세 시간 걸려서 온 벗들을 맞았다.

독수리 5남매

2020년 7월 4일 토요일

강릉시 순긋해변-양양군 남애3리 해수욕장 22km

아침이 되자 서울에서 또 한 분의 벗이 왔다. 순례자는 둘에서 다섯이 되었다. 두뇌들이 늘자 합리적인 의견이 나왔다. 사흘간 시시포스의 바위처럼 떠메고 다니던 배낭을 차에 실어 보내고 가볍게 걷기로 했다. 고행이 이승의 목적이라도 되는 듯 살아온 나에게 친구들이 선사해준 가벼움이었다.

주문진항 '선화네'에서 니키가 코로나19 긴급재난기금으로 대구탕과 오징어볶음과 막걸리를 사주셨다. 오리진항 근처 바위로 바다를 가둔 자연 수영장에서 잠시 쉬는 시간에 순례자 신고식이 있었다. 침례처럼 바닷물에 몸을 담갔다가 나와서 "탈핵!"을 외치는 신참 순례자를 보고 새로운 순례 역사가 펼쳐지는 듯 모두는 환호했다.

양양군 현남면 지경리 솔밭에 앉아 우리는 돌아가며 노래를 한 곡조씩 불렀다. 니키는 목련화를, 관지는 해당화를, 청명은 통일을, 나는 초록빛 바닷물과 으낭 몫의 미루나무를. 나흘째 무거운 짐을 메고 걸은 으낭은 발바닥 물집마다 오색실을 달았으나 긍휼히 여겨지는 대신 바셀린을 바르지 않은 탓이라는 면박을 들어야 했다. 해변의 솔숲은 햇빛에 반짝였고 우리의 웃음은 여름 공기를 더욱 온화하게 했다. 함께 걸어 같은 길을 간다는 연대의식 속에 사랑은 풍성히 피어나 넘치고 있었다.

주말이라 가는 데마다 빈 숙소가 없었지만, 예약도 안 한 우리는 남애3리 해수욕장 입구에서 슈퍼를 겸한 독채 민박을 관지의 지혜로 저렴하게 구할 수 있었다. 널찍한 공간에서 처음으로 순례 소감 나눔을 했다. 청명은 핵발전소의 전기가 공급되는 길은 불평등의 길이라며, 도시가 쓰는 전기는 핵발전소 주변 주민들의 눈물이라고 했다. 니키는 작년 여름에 이어 1년 만에 함께 걸어서 좋다고 하셨다. 관지는 오지 않으면 알지 못하는 도보 순례가 인생 섭리 속에 있었다고 하셨다. 나는 처음 며칠간 너무 힘이 들어서 대체 왜 걷는지 모르겠었다고, 그러던 중 친구들이 온 것을 보니 (단지 나 때문만은 아니지만) 그동안 내가 헛살지는 않은 것 같다고 말하며 울컥했다. 으낭은 둘이었을 때는 한 명이라도 낙오될까 봐 불안했는데 다섯이 되니 독수리 5형제처럼 든

탈핵 독수리 5남매, 강원도 양양군 현남면 지경리

든하다고 했다. 나눔 후 니키는 서울로 가셨다. 청명 덕분에 그 날 저녁 강릉초당두부와 과일을 먹을 수 있었다.

넷에서 둘

2020년 7월 5일 일요일
양양군 남애3리 해수욕장-수산항 23km

오전 6시 50분에 으낭이 짐 실은 차로 출발하고 관지와 청명, 셋이 걸었다. 12킬로미터 위 38선휴게소에서 목적지에 주차하고 돌아온 으낭과 합류해 다시 넷이 되었다. 하조대를 지나 동호해변 근처에서 청명이 삼겹살과 열무국수와 막걸리를 사주었다. 다들 걷기의 달인들이라 목적지인 수산항에 도착해서, 차로 낙산사 입구까지 들렀는데도 오후 3시에 속초터미널에 도착할 수 있었다.

가는 길 차 안에서 청명이 우리가 걸을 때 누군가는 몸자보의 '핵발전소 없이 안전하게 살자'는 문구를 본다고, 그래서 우리가 걷는 거라고 말했다. 나는 길이 있으니까 걷고, 걸으면서 의미 있는 일을 겸하고, 그 의미로 생명을 지키는 탈핵을 평화롭게 주장하고 있다. 하지만 아무리 아름다운 길도 함께 걸을 사람이 없다면 그저 빨리 벗어나고 싶을 뿐이란 걸 산티아고에서 이미 혹독하게 경험해보았다. 길 위에는 벗이 필요하다.

관지와 청명이 갔다. 수산항으로 돌아가는 길에 눈물이 흘렀

다. 벗들이 먹여준 밥, 얻어준 방, 무엇보다 그 먼 곳까지 찾아와
준 발걸음, 안아준 손길이 정말 고마웠다.

숲의 죽음과 부활

2020년 7월 6일 월요일
양양군 수산항–속초시 장사항 23.6km

장사항에 차를 세우고 다시 수산항으로 돌아왔다. 길을 미리 알
고 나니 갈 길이 더 멀게 느껴졌다. 그러나 우리는 축지법을 터
득한 양, 순식간에 양양 남대천을 지나 조산해변에서 첫 커피를
마셨다. 편의점에서 스테인리스 컵으로 아메리카노를 받으니
종이컵 가격만큼 300원을 깎아줬다. 후진항에서는 바닷가 근사
한 빵집에서 빵을 하나씩 먹었다. 모처럼의 호사였다. 물치항에
선 시소와 그네를 탔다. 속초시에 들어서자 입구에 아바이순대
와 함흥냉면이 기다리고 있었다. 그리고 고향인 북한이 그리워
통일만을 기다리는 피난민촌 아바이마을은 어느덧 관광지가 되
어 있었다. 장사항 직전 언덕 위에 아이보리 색 벽과 올리브그린
색 지붕의 동명동성당이 있었다. 이번 도보순례에서 본 가장 아
름다운 건축물이었다.

　마침내 목적지인 속초시 장사항에 도착해 편의점에서 간단
하게 저녁식사를 했다. 그런데 장사항과 최종 도착지인 솔숲 사
이에는 1.4킬로미터 길이 남아 있었다. 한 사람이 차를 가져가

면 한 사람이 걸어야 했다. 내가 운전을 했다. 그런데 걷기로 한 으냥이 떼었던 몸자보를 다시 가슴에 달았다. 그 모습을 보자 실룩실룩 울음이 터져 나왔다. 고백하자면 지난 몇 년간 몸자보를 달고 걷는 게 부담스러웠다. 작년 여름 순례단이 해체하자 그제야 가방에 몸자보를 달았다. 탈핵 도보순례 때도 배낭에만 달고 몸 앞에는 달지 않은 적이 많았다. 누가 시비를 걸까 봐 눈을 피하고 걸은 적이 대부분이었다. 되도록 고요히 조용히 걷기만 했다. 그런데 이제 겨우 두 번째 탈핵 도보순례를 하는 그가 그렇게 당당하게 몸자보를 옷에 다는 걸 보니 얼마나 고마웠는지 모른다. 그는 순례 내내 나를 '대장'이라고 불렀지만 순수하고 열정적인 '대원'보다 못난 나는 그저 부끄러웠다.

이윽고 우리 눈앞에 펼쳐진 장면은 시커멓게 그을린 솔밭이었다. 드디어 고성에 온 것이었다. 지난해인 2019년 4월 4일 고성군 토성면 원암리 도로변 전신주 개폐기에서 발화한 불씨가 용촌리까지 번진 사고 현장이었다. 전기를 쓰는 인간들 때문에 타버린 나무들의 주검 한가운데서 나는 생과 사의 경계를 찾았다. 애도는 사람에게만 하지 않는다. 죽은 나무들을 위로하며 나도 죽은 듯 밤을 맞았다. 전기를 생산하는 핵발전소를 저지하는 인간과 전기로 인해 희생당한 나무의 길고 긴 침묵의 진혼곡과 같은 밤이었다.

만남의 신비

2020년 7월 7일 화요일

속초시 장사항-고성군 간성터미널 27.5km

아침이 되자 검은 나무의 그을린 살갗 사이에서 진액이 흐른 생살을 보았다. 40여 일 전 나도 정수기 온수로 왼손 등에 화상을 입었다. 한 달 가까이 허물이 벗겨지고 새살이 돋는 아픔을 겪어보았기에 나무의 고통을 조금은 알 듯했다. 그제야 등명솔숲에서부터 해파랑길 내내 붙어 있던 '송림 내 불법 취사·야영·오토캠핑 금지' 현수막의 의미를 알았다. 산불 방지를 위해 취사와 야영 자체를 금지했던 것이었다. 나는 상처받은 나무에게 인간의 과오를 사죄하며, 살아나리라는 믿음을 전해주었다. 자연은 인간보다 훨씬 강해서 반드시 재생으로 부활할 것이다. 그것을 믿는다.

간성터미널에 주차하고 장사항으로 돌아오는 버스를 탔다. 잠시 뒤 수녀님 두 분이 타셨는데 한 분의 낯이 익었다. 그분 역시 내 몸자보를 보시고는 아는 척을 해왔다. 대화해보니 2018년 여름 탈핵희망국토도보순례를 7일간 함께했던 전주 인보성체수도회 수녀님이었다. 만남의 신비, 길이 주는 신비. 어쩐지 나의 신이 이 걸음을 기뻐하신다는 느낌이 드는 아침이었다.

도보순례 일주일째, 걷기에 꽤 자신이 붙어 여유 있게 관동 8경 중 하나인 간성 청간정과 고성 8경 중 하나인 천학정을 둘러보며 걸었다. 백도해변에는 미륵불과 노란 그네가 있었고 삼포에는 한우설렁탕집이 있었다. 식당에서 주민들이 몸자보를 보고는, 혹시 고성에 핵발전소를 유치하느냐고 관심을 보였다. 아니라고 안심을 시켰다. 북한과 인접해 있으니 핵발전소에 민감했다.

북한은 2018년 5월 24일, 풍계리 핵실험장을 폐기했다. 핵무기나 핵발전소나 경중의 차이가 있을 뿐 위험한 건 마찬가지다. 1986년 4월 26일 발생한 체르노빌 핵발전소 사고는 인간의 실수라고 쳐도 2011년 3월 11일 후쿠시마의 쓰나미나 현재 중국 남부 양쯔강 하류 싼샤댐을 붕괴 위기로 몰고 가는 홍수를 인간의 힘으로 어찌 막을 것인가? 만약 세계 최대 수력 발전댐인 싼샤댐이 붕괴하면 상하이 지역에 밀집된 핵발전소 9기가 침수되고, 그러면 그 피해는 중국뿐만이 아니라 539킬로미터 떨어진 우리나라 제주도와 남해안에도 직접 미치는데 말이다.

송지호와 공현진을 지나 가진교회에 들어갔다. 코로나19 바이러스 때문에 성전에서 기도할 수 없었으나 사모님이 텀블러에 냉수를 가득 담아주었다. 요즘 세상에 문 열린 교회에서 물을 얻어 마시다니 감사했다. 간성터미널에 도착하니 오후 5시가 다 되어갔다. 하루 27.5킬로미터, 최장 거리였다.

미완의 완성

2020년 7월 8일 수요일

고성군 간성터미널-통일전망대 출입신고소 22km

간성터미널에서 출발해 거진시장으로 들어갔다. 오전 11시, 제비집이 있는 시장김밥집에서 단정하신 할머니가 김밥과 떡볶이와 어묵을 팔고 있었다. 거기서 이른 점심을 먹었다. 순례 내내 되도록 지역경제를 살리고자 작은 가게, 이름 없는 식당을 이용했다. 화진포를 지나 마지막 대진항을 지나니 통일전망대 출입신고소가 나왔다. 코로나19 바이러스 확산에 따라 2020년 2월 25일부터 통일전망대 운영을 잠정 중단한다고 쓰여 있었다.

전국과 세계를 뒤덮고 있는 바이러스로 마스크를 쓰지 않으면 탈 수 없는 시골 버스, 곳곳에 비치된 소독젤, 사람 많은 곳에 가면 저절로 일어나는 위축감에도 불구하고 나는 사람 없는 곳만을 골라 더욱 가열차게 걸어 바이러스 세상과 따로 놀았다. 그렇게 탈핵 도보순례의 이름으로 걸어서 갈 수 있는 한반도의 마지막 지점까지 갔으나 분단 조국이나 통일에 대

끝은 또 다른 시작

한 만감은커녕 가슴 한편이 씁쓸하기만 했다.

미완의 완성을 좋아하는 으낭에게조차 아쉬운 종착지였지만 끝은 새로운 시작과 이어져 있다. 지난겨울에 이어 올여름에도 처음부터 끝까지 내 곁을 지켜주며 함께 걸었던 도반道伴 으낭. 길치인 나를 위해 지도를 찾아주었으나 도보 길이 아닌 자전거 길로 걸었음을, 그래서 거리가 계속 늘어났던 걸 알게 된 건 순례 일정 절반이 지나서였다. 그렇게 대략 나온 거리는 187.5킬로미터. 그가 있었기에 7박 8일 동안 삼척부터 고성까지 그 긴 거리를 걸을 수 있었다. 일곱 색실을 발바닥 물집마다 달았지만 타고난 도보 순례자인 으낭에게 관절 마디마디에서 나오는 고마움을 전한다. 그리고 사랑하는 탈핵 벗들과 함께 또 다른 길을 걸을 날을 소망한다.

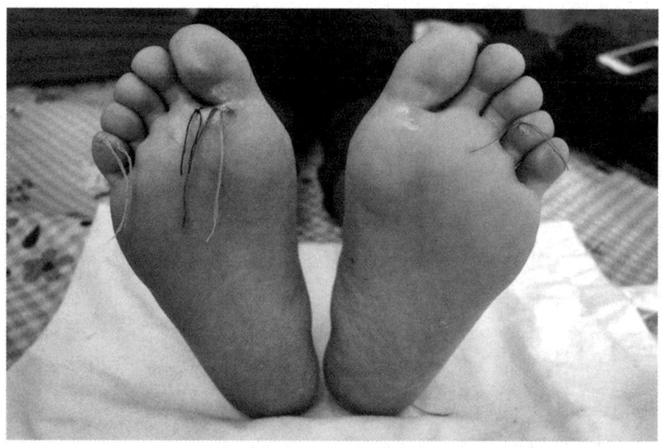

탈핵 길을 수놓은 일곱 색실

깊고 우아한 북파랑길

외로움을 받아들이는 방식

2020년 11월 13일 금요일

경상북도 포항시 북구 월포-화진 7km, 송라면까지 3.5km: 총 10.5km

기다림에는 기한이 있기도 하고 없기도 하다. 있다면 보통 하루, 일주일, 한 달, 한 해 단위로 넘어간다. 해를 넘길 수 없는 기다림은 연말에 더욱 반갑고 고맙다.

새벽 3시 30분에 일어나 서울역에서 5시 40분 기차를 타고 포항역에 내리자 8시가 좀 넘었다. 초행길이라 택시를 타고 내비게이션에도 나오지 않는 목적지에 도착하자 요금이 2만 원을 넘었다. 9시 30분에서 두 시간 뒤 출입증을 반납하고 나오니 정오가 되었다. 봄부터 기다렸는데, 코로나19 바이러스로 개강을 못 하고 있던 차에 극적으로 시작한 대면 강의였다.

버스를 타고 죽도시장에서 내렸다. 아침도 걸렀지만 마땅한 식당이 없었고 차 시간이 불안해 정류장을 떠날 수 없었다. 가려던 칠포해수욕장으로 가는 버스는 하루 일곱 대. 하는 수 없이 월포해수욕장으로 목적지를 바꿨다. 올라탄 버스는 나를 바다로 데려다주었다. 옷을 두껍게 입어서인지 날은 11월인데 바다 느낌은 겨울이었다. 부산 고리핵발전소에서 고성 통일전망대까지 7번 국도에서 아직 못 걸은 경주와 울진 사이 탈핵 도보순례 길을 이으려는 내 발걸음은 그렇게 월포에서 시작했다.

이정표에는 '영일만 북파랑길'이라고 쓰여 있었다. 처음이었다, 혼자서는. 옷은 치덕치덕 무거웠고 노트북에 책까지 든 배낭 역시 가볍지 않았다. 모자도 없었다. 겨우 갖춰 신은 트레킹화는 강의에는 어울리지 않는 차림이었지만 어쩔 수 없었다. 구두를

월포해수욕장

신고 도보순례를 할 수는 없었으니까. 호젓한 해변 바위에 앉아 있는 갈매기들은 항구와는 달리 사색적이었다. 북으로 갈수록 바위가 줄고 모래가 고왔다. 걷다 보니 친숙한 무언가가 몸을 감쌌다. 지난 1년간 홀린 듯 잊고 있었던 감각이 되살아났다. 광목처럼 까슬하면서도 질박한…… 홀로.

목적지는 화진. 올여름 탈핵 도보순례의 정점이던 화진포가 화진인 줄 알고 찾아가게 했던 《곽재구의 포구기행》 때문이었다. 리얼리스트에게도 때때로 사실이 방해될 때가 있는데 그때가 그랬다. 여하튼 7킬로미터를 걸어 목적지에 도착했다. 곽재구는 이렇게 말했다.

외로움이 찾아올 때, 사실은 그 순간이 인생에 있어 사랑이 찾아올 때보다 더 귀한 시간이다. 쓴 외로움을 받아들이는 방식에 따라 한 인간의 삶의 깊이, 삶의 우아한 형상들이 결정되기 때문이다.

그렇다면 나는 그 방식을 아직 정하지 못하고 있었다.

캔커피를 마시며 바닷바람 맞으며 공책에 편지를 썼다. 그러고는 버스를 타러 송라까지 다시 3킬로미터 넘게 걸었다. 고속으로 질주하는 대형차들 옆으로 '핵발전소 없이 안전하게 살자' 배낭을 메고 아슬아슬하게 걷는데 저물어가는 하루가 드문드문한 갈대처럼 쓸쓸했다. 바다에 남겨두려 한 외로움은 피하지방처럼 지친 몸과 마음에 들러붙어 기차까지 따라왔다. 친구란 마음이 통하는 위로의 또 다른 이름일까? 그때 니키에게서 수사님다운 짧은 시가 왔다.

고독은 예수입니다.
혼자 가장 높이 오르셨죠!

기다리던 화요일에 갑작스럽게 청명이 왔다. 지난 11월 11일 청와대 앞에서 '삼척블루파워석탄화력' 즉각 원천 중단 기자회견 후 매일 1인 시위가 있었다. 연대하러 온 청명과 함께 청와대 앞에서 삼척석탄화력발전소 반대 피켓을 들고 한 시간 서 있었다. 371일째 그 자리인 세월호 참사 유족 임경빈 엄마의 얼굴은 날이 갈수록 더 창백해지고 있었다. 생은 어떤 이에겐 애석하게 짧고 어떤 이에겐 못 견디게 길다.

다음 날 밤, 한 주 전에 잠정 합의했던 유성기업 노사교섭이 또다시 결렬되었다는 소식을 들었다. 오랜 기다림만으로 해결되지 않는 게 있다. 간절한 염원만으로 이룰 수 없는 게 있다. 점점 희망을 잃어가고 있는 나는 점차 나락으로 가라앉고 있었다.

아주 작은 교회

2020년 11월 20일 금요일
포항시 북구 월포-칠포 8km

연일 잠옷 바람으로 집 안에만 꽁꽁 틀어박혀 있다가 마침내 금요일이 되었다. 정당한 대가를 받는 노동을 하러 가는 날은 새벽부터 기운이 났다. 한 칸에 세 명뿐인 새벽 기차로 포항에 가서 강의를 마쳤다. 그러곤 다시 버스로 한 시간 반 걸려 월포에 갔다. 한 주 전 출발한 곳에서 이번에는 거꾸로 내려가기 시작했다. 목적지는 칠포였다. 전보다 옷과 배낭이 가벼워서 발걸음이 산뜻했다. 날은 찼지만 걸으니 곧 열이 났다. 그런데도 습관이 무서워 사람도 없는 길인데 마스크를 벗지 못했다. 얼마를 걸었을까? 원래 길치에 도반도 없으니 자꾸만 막다른 길로 갔다 나오기 일쑤였다. 시간은 계속 흐르고 햇빛의 명도가 낮아지며 점점 불안해졌다.

그런데 발길이 닿는 모든 길에는 뜻이 있는 법, 조급한 내 발걸음을 멈추게 하는 건축물이 나타났다. 아주 작고 단아하고 아름다운 교회였다. 운주사 칠성바위의 축소판 같은 돌다리를 밟고 미닫이문을 여니 네 길이가 같은 십자가가 정면 벽에 걸려 있었다. 채 열 사람이나 앉을까 싶은 의자들 양옆으로 벌써 크리스마스트리가 장식된 벽과 그 위로 난 창이 있었다. 자연스레 기도했다. 언제 어디서나 내 기도는 단 하나였다. 기도하고 나오는데 헌금함이 있었다. 나는 늘 감동을 주는 종교시설에선 아끼지 않고 헌금을 했다. 그런데 지갑을 열어보니 세상에나 십 원짜리 동전 두 개뿐. 타 지역에 갈 땐 신용카드 사용이 안 되는 곳이 많으니 늘 가격대별로 지폐를 준비해 다니던 나였다. 챙겨줄 사람 하나 없는 곳에 혼자 덜렁 와 있으면서 나는 무방비 상태였다.

그 순간 과부의 두 렙돈이 떠올랐다. 가진 걸 다 바쳐서가 아니었다. 얼마 전 무심코 자신을 '돈 많은 과부'에 비유한 적이 있었다. 웃자고 한 얘기였는데 불쾌감이 사라지질 않았다. 나는 개 그 프로그램에서도 남을 비하하는 웃음이 나오면 싫어한다. 그런데 나와 상대와 보통명사인 제삼자까지 깎아내리는 그런 농담을 왜 했을까? 나는 그 정도로 자신감이 없었다. 그건 내가 칭찬과 인정에 목마른 사람이었기 때문이었다. 세상에는 의욕과 정성만으로 되지 않는 게 있었다. 무능력으로 인한 거절은 좌절로 이어졌고, 똬리를 틀고 기회만 엿보던 낮은 자존감이 잠식하던 때였다. 그나마 만회할 기회도 잃은 채 어느 날부터 해파랑길을 혼자 걷고 있었다. 길에 나서니 풀 죽었던 내가 서서히 되살아나기 시작했다.

사방기념공원을 지나 억새가 오후 햇빛에 머리칼을 흔드는 공터 맞은편, 어쩌자고 시누대(山竹, 산죽) 앞에 배롱나무 가로수들이 쪼로록 심겨 있었다. 입술 사이로 짧은 탄식이 비어져 나왔다. 그러니까 그날, 아직 구출하지 못한 배롱나무 대신 대나무를 베던 날과 날 사이, 나는 화력발전소 송전탑으로 신음하고 있는 홍원항에 갔었다. 사진을 찍던 그 아침에, 그 마을에서 태어나 70년을 산 주민이 처음 보는, 아무 힘도 없는 내게 꼭 좀 도와달라고 부탁을 했었다. 그렇게 만난 약자들이 늘 가슴에 남아 있다. 내가 종일 전화 한 통 오지 않도록 인간관계를 축소하고 또 축소하는 건 그 많은 사람을 가슴에 모두 담을 수가 없기 때문이다. 나는 조직과 무리를 꺼렸고 늘 혼자 아니면 극소수와만 행동했다. 그러면서도 가까이 있는 사람들을 챙기는 대신 먼 남들

에게 도움이 되겠다고 살면
서, 그걸 두고 대의명분에 충
실하다고 자부했다. 공공선
을 이루기 위해선 나 개인의
삶쯤은 조금 희생해도 괜찮
다고 생각했다.

홍원항 송전탑

그런 내가 지난여름 탈핵
도보순례를 하고 몸과 마음
이 만신창이가 되어 서울에
돌아왔을 때 들은 말은 단
체도 아닌 개인이 '핵발전소
없는 세상 안전하게 살자' 몸자보 달고 걷는 거나 '예수 믿으세
요' 피켓 들고 다니는 게 뭐가 다르냐는 말이었다. 좀 더 영향력
있는 행정 일을 하는 게 현실적으로 효율이 좋지 않겠냐는 말도
들었다. 하지만 내가 할 수 있는 건 딱 그 정도였다. 걸은 만큼 본
만큼 쓰는 일. 나는 이쪽저쪽 모두를 충족시킬 수 없는 영원한
주변인이었다.

해오름전망대를 지나는데 지난여름 자전거 쉼터에서 야영하
던 장면이 떠올랐다. 비록 발목과 무릎이 시큰거리고 발톱이 빠
져도 걸을 때는 행복했다. 인생이란 무엇인가? 좋아하는 일을
하며 사랑하는 사람과 행복하게 살다 가기에도 얼마 남지 않은
시간 아닌가.

두 시간여 8킬로미터를 걸어 마침내 칠포항에 다다랐다. 조

금만 더 가면 칠포해수욕장이었는데 벌써 그늘진 모래밭 800미터를 더 걸을 기운이 없었다. 다시 500미터 되돌아와 칠포1리 정류장에 앉았다. 평소의 나라면 무슨 일이 있어도 목적지까지 갔을 것이다. 그러나 이젠 그게 무슨 소용인가 싶었다. 숭숭 구멍 난 플라스틱 지붕에 뻥 뚫린 정류장이 춥고 배고픈 내 신세 같았다. 기둥에 붙은 낡은 공고문은 포항이 지진 지역이었음을 기억하게 했다. 그 아래로 월성과 고리에 핵발전소 10기가 가동 중, 1기가 정비 중, 2기가 건설 중이었다.

한 시간에 한 대꼴인 버스를 30분 정도 기다렸을까? 도착한다는 4시 40분이 지나도 버스는 오지 않고, 웬 승용차에서 아저씨가 차창 너머로 시내 가면 타라고 했다. 겁도 없이 차에 올랐다. 그럴 때 나는 아이처럼 세상을 순진무구하게 본다. 순례자는 길에서 천사를 만날 수도 있다면서. 문화재 발굴을 하고 좀 일찍 퇴근한다는 아저씨는 일부러 돌아 포항역에 나를 내려주고 갔다. 역에 도착하자 긴장이 풀리며 온몸이 덜덜 떨리기 시작했다. 코로나19 때문에 밥도 못 먹고 뜨거운 레몬유자차 한 잔을 홀짝홀짝 마시며 어둠을 맞았다. 열두 시간 만에 다시 탄 기차 안은 마스크를 쓰고 다닥다닥 앉아 먹지도 말하지도 못한 채 서로 닿을까 도사리는 네모 칸. 흡사 대형 궤짝에 차곡차곡 건어물처럼 담겨 있는 형상이었다. 나는 입관入棺 한 것처럼 두 시간 반 동안 깨지 않기를 바라며 눈을 감았다.

지구의 자전을 느끼지 못하는 것처럼 사람들은 고압선 아래 전자파와 핵 방사능 오염으로 죽어가는 동족의 슬픔과 생태환

칠포1리

경의 위험을 체감하지 못한다. 그들 사이에서 열두 글자를 배낭에 달고 타박타박 해안을 걷는 자그마한 여자, 몸자보를 앞뒤로 달고 백두대간을 북진하는 가무잡잡한 여자, 탈핵 깃발이 있는 곳엔 어디든 달려가는 은발 남자와 맹방해변 석탄화력발전소 건설을 중단하라고 삼척우체국 앞을 매일 지키는 마른 남자, 그리고 유기농 빵을 굽고 시를 쓰고 아픈 이를 돌보고 농사를 짓는…… 수많은 사람들이 품은 저마다의 몸짓으로, 지구는 오늘도 별빛 같은 사랑을 받는다. 탈핵은 결국 사랑이므로.

PART 2

7번 국도와 남도 순례길

겨울과 봄 사이, 다시 화진

華津

뿌옇게 뜨는 해를 응시하며 등원해서 감빛으로 지는 해를 바라보며 하원하는 생활을 한 달여쯤 한 어느 날 아침, 요양보호사 양성과정 강의실에 자리 잡고 앉았는데 한국작가회의에서 부고 문자가 왔다.

백기완 시인 별세

내가 알고 우리가 아는 그분이셨다. 1교시 쉬는 시간에 바깥에 나가 울었다. 그렇게 8교시까지 한숨과 눈물 어림 속에서 하루를 보냈다. 그날 밤, 탈핵 벗들에게 문자를 보냈다. 임을 위한 행진이든 탈핵 도보순례든 길을 걷자고. 그리고 종강하자마자 뒤도 돌아보지 않고 출발했다.

　2021년 2월 마지막 날인 28일, 정읍에서부터 네 개의 시도를 거쳐 다다른 출발 지점은 울진 망양정이었다. 울진 망양정은 탈핵희망국토도보순례의 급작스러운 해체 후 내가 혼자라도 걷겠다고 나선 순례길의 첫 출발지였다.

　1년 만에 다시 그 자리에 오니 그간 일어났던 수많은 작은 역사들의 감회가 뭉클뭉클 솟아났다. 나는 '핵 없는 세상을 위한 기도문' 전에 송경동 시인의 〈백발의 전사에게: 백기완 선생님 영전에 드리는 시〉를 낭송했다.

……

사랑도 명예도 이름도 남김없이

온몸이 한 줌 땀방울이 되어

저 해방의 강물 속에 티도 없이 사라져야 하느니

딱 한 발 떼기에 일생을 걸어라 하셨죠

혁명이 늪에 빠지면 예술이 앞장서야 한다 하셨죠

저항은 어떤 잘난 이들이 대행해주는 것이 아니라

여린 풀들이 숲을 이뤄 서로를 일으켜 세우고

세찬 바람에 맞서 한 걸음씩 나아가는 거라 하셨죠

……

　그렇게 한 걸음을 떼었다. 1년 전엔 북쪽으로, 이번엔 남쪽을 향해.

2021년 2월 28일 일요일
경상북도 울진군 망양정-기성항 21.5km

오랜만이었다. 지난여름 이후 가끔 청와대 앞에서 보던 친구들과 동해 북파랑길을 함께 걷자니 처음 만났던 3년 전부터 이어온 시간이 떠올랐다. 우리는 나이·성별을 막론하고 평등을 표방하며 별명을 불렀다. 각자 살고 있는 곳에서 탈핵운동을 하고 있지만 내가 걷는다고 하면 어디든 와주는 벗들과는 만남이 쌓일수록 우정도 돈독해졌다.

울진은 대게의 고장이었다. 우리는 대게 동상 앞에서 대게 춤을 추는 오십 대와 칠십 대의 재롱에 배를 잡고 웃으며 너 나 할 것 없이 순수한 마음으로 장난치던 어린 시절로 돌아갔다. 하지만 마음이 아무리 젊어도 자연의 섭리를 거스를 순 없으니, 삶이 탈핵 운동인 청명은 맨 앞에서 사람들에게 전단지를 나눠주고 설명하며 시종일관 씩씩했지만, 니키와 나는 적응하는 데 시간이 좀 걸렸다. 특히 나는 한 달 반 가까이 종일 책상 앞에 앉아만 있다가 준비운동 없이 걸어온 차였다. 그렇게 걸은 거리가 10킬로미터 넘으면서 관절이 이상 신호를 보내왔다. 겨우겨우 고개를 넘고 있는데 사순절이라 혼자 지내겠다던 관지의 노래가 도착했다.

오, 놀라운 구세주 예수 내 주~

아~ 관지 목소리는 매우 아름다웠으나 종일 걸은 나는 무척 피곤했다. 막바지에 가서는 왼쪽 다리를 들 수 없을 정도로 서혜부 통증이 심했다. 보다 못한 으낭이 길가에 있는 알루미늄 막대를 꺾어 지팡이로 쓰라고 주었다. 내 배낭도 출발한 지 얼마 안 돼서부터 그가 메고 있었다. 모두의 짐이 되는, 내가 제일 싫어하는, 전에 없던 상황이 벌어졌지만 속수무책이었다. 무조건 종착지까지 가야 했고 대신 걸어줄 수 있는 이는 아무도 없었다. 인생이 그런 것처럼. 하지만 아픈 다리를 끌고서도 기어이 그날의 목표 지점인 기성항까지 도착했다.

첫날, 니키의 소망이던 야영을 했다. 지원 한 푼 없이 자비량

텐트 안 식사

으로 하는 도보순례이니 최대한 아껴야 했다. 그래도 갓 지은 밥과 막 끓인 된장찌개는 꿀맛이었고 텐트 안은 거친 바닷바람 속에서도 아늑했다. 그곳에서 소감 나눔을 했다. 니키는 고맙고 반갑고 기쁘고 느닷없이 불러도 시간 되면 꼭 오겠다고, 으낭은 니키와 걸으며 나눈 인생 이야기가 좋았다고, 청명은 자만과 우정에 대해 그리고 일상이 또 어떻게 환희에 찰까 하는 재미를 이야기했다. 나는 한진중공업 해고노동자 김진숙의 희망 뚜벅이 행진 마지막 날 연설을 들려주었다. 적어도 '저 혼자 강을 건너고 뗏목을 태워버린 자'는 되지 않고 싶다고.

4분의 1

2021년 3월 1일 월요일
울진군 기성항-후포해수욕장 21.6km

월요일인 둘째 날에는 아침 일찍 월성핵발전소 인접지역 이주대책위원회 상여시위에 직접 참여하려고 했었다. 그러나 공휴일이라 시위가 없다고 해서 가던 길을 이어 갔다.

종일 비가 왔다. 삼일절 노래를 부르며 출발한 아침엔 걸을 만했지만 점심식사 후부터는 세찬 비였다. 그래도 니키가 사주신 도토리묵과 곤드레밥과 북어미역국 등 산사랑 한식은 잠시나마 비를 잊게 할 만큼 맛이 있었다.

전날부터 아팠던 내 다리는 이튿날에도 회복이 되지 않았다.

그래도 우비에 우산까지 장착하고 거침없이 걷는 청명 뒤를 따랐다. 그 뒤로는 니키가 첫날보다 양호한 걸음으로, 마지막에는 으낭이 든든히 걸어왔다.

드디어 후포항에 다다랐나 싶었는데 거기서 해수욕장까지 2킬로미터는 더 걸어야 했다. 보통 다 왔다 싶은 데서부터 마지막 목표 지점까지는 걸어온 이상으로 힘이 든다. 그 끝에서 우리는 헤어져야 했다. 떠날 친구들에 대한 고마움을 어떻게든 갚고 싶은 마음에 잠시 눈이 어두워진 둘은 방송 탄 음식점에서 바가지를 옴팡지게 썼다. 그러곤 그날 이후 하루 한 끼 매식으로 보충해야만 했다. 하지만 어떤 식탁에서도 나눔은 필수였다.

청명은 즐겁게 사니까 즐거운 일이 벌어진다고 했고, 으낭은 사람에겐 불편한 비지만 자연에겐 생명력을 주기에 필요하다고 했고, 니키는 느닷없는 장소와 사람 덕분에 신비롭고, 그 신비로움은 아름다움을 만들어낸다고 하셨다. 나는 언제나 모든 일을 혼자 해내려는 습성이 있었는데 넷이 걸으니 4분의 1만 힘이 든다고 했다.

눈 위에 쓴 글씨

2021년 3월 2일 화요일
울진군 후포해수욕장-영덕군 축산항 22.7km

밤새 내린 눈이 아침이 되어도 그칠 줄을 몰랐다. 전날 푹 젖어

밤새 말린 등산화를 또 적셔야 했다. 이틀 내내 다리 통증으로
힘들었던 나는 빗길보다 더 힘든 눈길을 어떻게 걸을까 걱정하
며 몸에 파스를 덕지덕지 붙였다. 도보순례에서 눈은 절대 낭만
이 아니다. 그런데 으낭이 해변 눈밭으로 뛰어가더니 생쥐처럼
오종종한 걸음을 걸었다. 멀찍이서 가만히 기다렸다. 잠시 후 과
업을 마친 그가 성큼성큼 걸어 나왔다. 다가가 보니 그곳에 '탈
핵' 두 글자가 쓰여 있었다.

겨울 바다는 광대하고 강력하게 지침 없는 파도를 밀어댔다.
오고 가고 또 오는 끊임없는 힘의 순환을 보면서 영원한 사랑을
생각했다. 인간의 배신과 절연에도 상관없는 신의 사랑이 그러
할까? 한때 그 사랑에 투신했던 적이 있다. 보이지 않는 것을 믿
어야 믿음이란 말에 매달려 순교라도 할 각오였던 어리고 젊었

'탈핵'

던 날, 부족함 없는 완전한 사랑을 받고 싶어서 보이지도 만져지지도 않는 대상을 향해 미친 듯이 사랑을 고백했던 날들. 그 몸부림 끝에서 무엇을 만났던가? 뫼비우스의 띠 같은 말씀은 아득하기만 한데 눈에 보이는 저 광활한 바다조차 아주 작은 일부인 온 우주를 만드셨다는 신 앞에서 나는 얼마나 작은 존재일까? 그런 미약한 인간인 주제에 생명을 위협하는 핵발전소 대신 거센 파도의 힘을 이용한 대안에너지로 지구를 지킬 방법이 없을까 막연히 궁리하며 걸었다. 하지만 모래사장에 오롯이 서 있는 갈매기나 나나 신의 입장에서는 뭐가 그리 다를까? 풍광에 호사하는 눈은 눈대로, 배는 배대로, 새우깡 한 조각 없는 바다의 갈매기처럼 배가 고팠다.

마침 식당 하나를 겨우 찾았는데 허기져 보이는 손님 행색 때문에 일부러 개시하려는 듯한 주인에게 갈비탕 소고기 원산지를 물었다. 미국산이었다. 나는 2008년 광우병 파동 이후 민족 자존심을 내세워 미국산 소고기를 먹지 않는다. 고기 뺀 갈비탕을 달라는 나를 으냥이 나오라고 했다. 나는 가끔 의도하지 않아도 여러 사람 민망하게 만드는 데 타고난 소질이 있나 보다. 미안함으로 어색한 길을 좀 더 가니 한식 뷔페가 나왔다. 관광 지도에 등극시키고 싶은 식당이었다. 이름하여 '칠보산 휴게소'. 우리는 9천 원을 셈하고 하루치 밥을 거기서 다 먹었다. 바다를 보며 배 터지게 먹는 기분은 세상 부러울 게 없었다. 순례에 수저와 컵은 필수. 커피값도 아까워 인스턴트커피를 스테인리스 컵에 타 마셨어도 포만감은 여느 부자 못지않았다. 무엇을 먹을까 무엇을 마실까 걱정하지 말라는 성경 말씀이 딱 맞았다.

하지만 차로 왔던 니키가 떠난 뒤 한 가지 고민이 있었으니, 두고 온 차를 어떻게 가져오느냐였다. 도보순례를 하는 지역엔 대부분 대중교통 수단이 별로 없다. 그러니 짐 실은 차를 두고 가느냐, 먼저 종착지에 차로 두고 돌아와서 걷느냐가 매일의 문제였다.

이날은 영덕군 대진해수욕장까지 걸어가서 지나가는 버스를 기다려 타고 영해버스터미널로 갔다. 대합실에서 후포해수욕장으로 가는 버스를 기다리는데 한 할머니가 내 몸자보를 유심히 보심을 눈치챘다. 할머니 표정이 온화했기 때문이었는지 모처럼 핵발전소를 줄이기 위해 전기를 아끼자는 설명을 성심껏 해드렸다. 드문 만큼 귀한 소통을 한 터라 기분이 한껏 좋았다. 그러나 버스에 오르면서는 불친절한 기사로 인해 마음이 엉망이 됐다. 그때부터 기침이 나오기 시작했다. 말 한마디가 모르는 이의 기분을 그렇게 망칠 수 있다는 걸 의식한다면 누구도 함부로 말을 내뱉진 못하리라. 나 또한 그런 적이 얼마나 많았는지 반성하며 그 기사가 직전에 무슨 안 좋은 일이 있었나 보다 하고 각본까지 써가며 마음을 다스리려 해도 기침이 멎지 않았다. 바닷가에서 버스를 기다리며 찬 바람을 맞은 데다 마음과 몸이 유독 긴밀하고 예민한 탓이었던 것 같다.

후포해수욕장으로 가서 차를 가지고 다시 대진해수욕장 앞으로 갔다. 가면서 축산항까지 남은 8킬로미터를 어떻게 만회해야 하나 고민했다. 지난 이틀간도 간신히 걸었는데 계속 바닷바람을 쐬다가 감기라도 걸리면 남은 일정을 장담할 수 없었다. 게다가 지금은 코로나19 바이러스 정국 아닌가. 그때 으낭이 차에서 내려 뛰기 시작했다. 남은 나는 차를 맡아야 했다. 그렇게 남은 거리를 으낭 2킬로미터, 나 1킬로미터씩 번갈아 이어달리기로 마무리했다. 걷기도 버거운 다리에 무거운 등산화를 신고 마스크까지 쓰고서. 누가 시킨다면 절대 못 할 극한 체험이었다. 뛰면서 땀이 나니 기침이 멎었다. 마침내 우리는 저녁 6시가 다 돼서 3일 차 종착지인 축산항에 도달하고야 말았다.

양보

2021년 3월 3일 수요일
영덕군 축산항-강구항 20.2km

출발하려는데 기쁜 소식이 왔다. 삼척에서 톰이 출발했다는 것이었다. 순례 후 며칠이 지나도 딱히 온다는 소식이 없어 포기할 때쯤이었다. 톰을 만날 생각에 신이 나서 걷기 시작했다. 그런데 얼마쯤 가다 갑자기 불안이 엄습했다.

'내가 자동차 문을 잠갔던가?'

다리 아픈 나 대신 으낭이 차까지 왕복 2킬로미터쯤 다녀와야 했다. 한 걸음이 아쉬운 처지에 불행 중 다행으로 차 문이 열려 있었더란다. 이제 노화가 시작된 게야. 걸으면서 행복할 때마다 늘 드는 생각, 앞으로 얼마나 더 걸을 수 있을까? 관절에 문제가 생기기 전에 뇌에 이상이 생긴다면 그 또한 문제다. 조기 치매 예방을 위해 뭔가를 해야 할 나이가 되었나.

탈핵희망국토도보순례의 원조인 톰이 온다기에 느긋해진 우리는 청룡과 백호의 기운을 받는다는 경정리에서 잠시 앉아보았다. 눈을 감고 팔을 벌리고 손을 펴서 대자연의 기운을 온몸으로 받았다. 따스한 햇살, 생동감 넘치는 바닷바람, 시원한 파도 소리를 세포마다 가득가득 채웠다. 아픈 신체가 낫고 상한 마음이 치유되는 듯했다.

잠시 후 톰을 만났다. 2019년 여름 탈핵희망국토도보순례를 해체하고 2020년 2월 울진에서 삼척까지 걸을 때 장호항에 잠깐 들렀던 그는 그때 우리가 지나오며 가슴 아파했던 맹방 명사십리를 살리기 위해 지난여름부터 삼척우체국 앞에서 매일 삼척화력발전소 반대 피켓 시위를 하고 있었다.

올 2월, 강원대학교에서 정년퇴직한 그는 배낭에 깃발을 꽂고 청년처럼 선두에 섰다. 언제 보아도 시원스러운 전문 도보순례자의 걸음이었다. 나는 골반 통증에도 불구하고 그의 뒤를 졸졸 따랐다. 그리고 그와 삼척시민들이 일군 핵발전소 반대 투쟁에 이어 화력발전소도 기어이 반대하는 역사적 행보를 들었다. 우리의 탈핵 도보순례에 어울리듯 대안에너지원 풍력발전기가 영덕 언덕 위에서 돌아가고 있었다.

톰은 아침식사도 못 한 우리에게 물가자미 정식을 사주고는 조금 더 걷다가 삼척우체국 앞 오후 5~6시 시위에 맞춰 돌아갔다. 삼척화력발전소 건설 공사는 톰이 투쟁하는 한 언젠가는 중

단될 것이다. 그러면 1년 전 내가 기댔던 맹방해변 벼랑 위 소나무는 더 한숨을 쉬지 않겠지.

톰의 차로 축산항까지 되돌아갔다. 내가 차를 가져오는 왕복 한 시간 동안 으낭은 얼마나 빨리 걸었는지 6.4킬로미터 중 1.7킬로미터 남겨놓고도 700미터를 더 걸었다. 그러더니 대장님이 걸으시라며 운전대를 잡았다. 나라면 기왕 고생했으니 겨우 남은 1킬로미터를 마저 걸어 생색을 냈을 것이다. 첫날 느린 걸음의 니키와 함께 뒤에서 걸었을 때나, 청명이 관광버스 춤을 춘 둘째 날 쌍쌍파티를 열어주었을 때나, 넷째 날 식당에서 톰의 개인 접시 이가 나간 것을 슬그머니 자기 것과 바꿔줄 때처럼, 그는 다른 사람을 위해 좋은 것을 양보했다. 덕분에 나는 지친 어깨에 몸자보를 앞뒤로 달고 강구항까지 걸어갈 수 있었다. 어찌나 터덜터덜 걸었는지 대게집 앞마다 서 있는 호객 요원들도 나를 처다만 볼 뿐 들어오라고 손짓하진 않았다.

이 화진이 그 화진

2021년 3월 4일 목요일

영덕군 강구항-포항시 화진해수욕장 16.6km

마침내 종착지인 화진해수욕장으로 가는 마지막 날이었다. 나는 화진이 화진포인 줄 알고 지난여름 고성 화진포에 갔었다. 그러나 그곳이 화진이 아님을 알고는 지난가을 혼자 포항 월포에서부터 걸어서 화진에 갔다. 2019년 여름 고리핵발전소에서 월성핵발전소까지, 2020년 겨울 울진에서 삼척까지, 여름 삼척에서 고성까지, 가을 포항 월포에서 화진, 월포에서 칠포, 그리고 2021년 겨울에서 봄으로 넘어가는 길목에 울진 망양정에서 포항 화진까지, 그렇게 7번 국도 해파랑길을 걸어서 이어 갔다.

전에 올랐던 전망대는 그대로 있었다. 나는 정류장 근처에 새로 생긴 가게에서 지난번과 똑같은 캔커피를 사 왔다. 그사이 으낭은 내가 종일 짚고 온 스틱에 몸자보를 깃발처럼 꽂아, 내 것이었지만 닷새 내내 자신이 메고 온 배낭 옆에 세워두었다.

기념 촬영을 하고는 전망대에 올라갔다. 화진의 '화'는《곽재구의 포구기행》에서 말한 꽃 화花가 아니라 꽃이 필, 빛날 화華였다. 오히려 꽃 화花는 화진포花津浦의 '화'였다. 그러나 그러건 말건 곽재구는 "이곳에 오면, 이곳에서만 피어나는, 참으로 아름답고 눈부시고 장엄한 꽃들의 화엄을 만날 수 있다"고 했다. 꽃 같은 파도가 잔잔히 밀려오고 또 밀려왔다.

겨울꽃은 지고 봄꽃 찬란히 피어라.

바다 끝자락 하얀 꽃무리를 보며 2021년 겨울에서 봄 사이 탈핵 도보순례 마지막 나눔을 했다. 으낭은 나흘간 걸어오면서 본 바다가 투쟁이었다면, 화진의 바다는 그것이 승리든 승리가 아니든, 다 이루었는지 이루지 못했는지 상관없이 이미 무언가를 이룬 바다라고 했다. 그때 나는 김진숙 복직 투쟁을 생각했다. 이어서 그는 거기까지 이끌어온 대장인 나에게 치하를 했다.

닷새간 102.6킬로미터. 끝까지 걸을 수 있을지 장담하기 어려운 다리 상태로 내가 완주할 수 있었던 건 모두 벗들 덕분이었다. 특별히 홀로 시작한 도보순례의 처음부터 지금까지 함께한 으낭은 다시 걸어도 역시 최고의 도반이었다. 내 소감은 순례 첫날 낭송했던 송경동 시인의 〈백발의 전사에게: 백기완 선생님 영전에 드리는 시〉 일부로 대신했다.

……

그러나 그 외로움마저
전사들의 유산이라면 달게 받겠습니다
그 끝없는 분노와 서러움마저

겨울과 봄 사이에서, 화진

전사들의 긴요한 양식이라면 거부하지 않겠습니다

우리가 흘린 땀과 눈물이 그 누구의 것도 아닌

새로운 인간해방의 밑거름이 되어

모든 생명들의 소외와 고통이 사라지는 그날까지

우리가 저 낮은 거리와 광장에서 맺은 우정은

사랑은 결의는

끝내 잊혀지지 않을 것입니다

……

마석 모란공원

2021년 3월 6일 토요일

도보순례 후 하루 쉬고 여독이 채 풀리지 않은 토요일, 경기 남양주시 마석 모란공원으로 갔다. 노동자 시인 조영관 14주기 추모제와 제11회 조영관문학창작기금 수혜식이 있었다. 4년 전인 2017년 제7회 수혜자인 나는 인생이 바뀐 그해부터 걷기 시작했다. 앞으로도 오래오래 걷고 싶다. 좋은 사람들과 웃으며 걷고 싶다.

조영관 시인 묘소에서 바라보면 오른쪽 건너편에 전태일 열사 무덤이 있고 그 왼쪽 옆에 백기완 선생님께서 계신다. 조영관 시인의 〈산제비〉를 시 중의 시로 치셨던 선생님, 그래서인지 조영관문학창작기금 수혜식 때마다 오셨지만 유독 내가 수혜

할 때만 촛불집회 때문에 못 오셨던 선생님, '혁명이 늪에 빠지면 예술이 앞장서나니'라고 하셨던 선생님께 참배했다. 선생님의 부고를 받고 시작한 이번 순례에서 이보다 더 완벽한 마무리는 없었다.《두 어른》에 실린 백기완 선생님의 글 한 편으로 이 글을 맺는다.

이 세상에는 하늘도 거울로 삼는 맑은 빛깔이 있다.
그게 무얼까.
쪽빛이다.

쪽빛은 어째서 하늘도 거울로 삼을 만치 맑더냐.
쪽빛은 가만히 있질 않는다.

백기완 선생님, 2017년 11월 12일 전국노동자대회 날

구정물이 들어와도 걸러내고
똥물이 들어와도 걸러내고
환경 파괴, 방사능이 들어와도 한사코 걸러내서 쪽빛이다.

그러니까 그 어떤 참과 도덕, 그 어떤 깨우침도
끊임없이 걸러내고 새롭게 깨우치질 않으면
썩는다는 뜻이리라.

18번 국도 시작, 진도

세월호 참사 7주기 40km

해마다 4월 16일은 이루 말할 수 없이 우울하다. 슬픔은 목과 귀의 통증이 되어 몸을 공격했다. 순례를 앞두고 아프니 어떻게든 낫고자 약 대신 차와 죽을 챙겨 먹었는데도 몸이 나아질 기미를 보이지 않았다. 정읍역으로 갔다. 긴 머리채에 맨얼굴, 몸집의 절반만 한 배낭에 계절마다 두 벌씩인 옷과 등산화, 비움 실천 탈핵 투사인 청명을 차에 태우고 진도로 향했다.

팽목항에 가는 건 2015년 8월 이후 6년 만이었다. 진도에 가기 전 목포신항에 들러 바로 세워진 세월호를 보았다. 2017년 10월 21일, 기차 타고 목포역에 내려 택시로 가서 본 세월호는 기울어진 채였다. 4년 전에도 그랬듯이 이번에도 노란 리본에 글을 써서 매달려니 '미안합니다' 다섯 글자 외엔 생각이 나질 않았다.

목포신항 세월호

진도에 들어서 한참을 달려 노란 유채밭을 가로지르자 그림 같은 하얀 집 앞에 관지가 보였다. 짐을 놓으러 오른쪽 북서쪽 방에 들어갔는데 눈물이 훅 끼쳤다. 하얀 천을 덮은 낮은 책상에 십자가와 성경책, 그리고 수녀님 인형 둘과 도자기 전기스탠드가 나를 맞이했다. 마치 기도원 골방에 들어온 듯했다. 서쪽 거실엔 문갑과 원목 탁자가, 동쪽 서재엔 책과 책상이, 그 앞으론 탁 트인 너른 밭과 둥그러미 이어지는 진도의 산등성이가 있었다. 큰 창 앞에 책상 때문이었는지, 관지의 취향이 멋스러워서인지, 내가 늘 소망하던 어떤 공간의 분위기와 비슷했다. 앞에는 꽃밭이 있고 뒤에는 텃밭이 있었다. 잡초가 가득한 텃밭에 내가 아는 거라곤 머위뿐이었다. 숙소가 해결되는 순례는 일단 안심이다. 게다가 관지가 차려주는 밥상은 잡지에서 볼 법한 친환경

진수성찬이었다. 집주인인 관지는 손님인 우리에게 성근 소창으로 만든 스카프와 소변 거즈와 손수건을 선물로 주셨다.

그러므로 무엇이든지 남에게 대접받고자 하는 대로 너희도 남을 대접하라 이것이 율법이요 선지자니라

(마태복음 7:12)

숙식을 제공받으면서 선물까지 받으니 관지가 선지자일지는 몰라도 극진한 대접을 받는 것 같아 송구스러웠다.

추모와 동산

2021년 4월 18일 일요일
전라남도 진도군 팽목항-기억의 숲-진도국악고등학교-진도공용터미널 22km

진도공용터미널에 차를 세우고 7시 20분에 출발하는 버스를 타고 팽목항으로 향했다. 아침 8시 즈음의 팽목항에는 세찬 바람이 불었다. 빨간 등대 앞에서 각자 애도를 했다. 나는 작년 세월호 참사 6주기에 받은 노란 실 팔찌를 내 몫으로, 1년 반 내내 카메라 가방에 달고 다니던 파란 끈 황동 세월호 리본을 만든 이의 몫으로 등대 앞 난간에 꽁꽁 묶어주었다. 언젠가 다시 올 때까지 그대로 있기를 바라면서.

그리고 2015년 8월 22일 팽목항에서 여러 사람들과 함께 불

팽목항, 잊지 않겠습니다

럽던 〈화인〉 뮤직비디오를 보았다. 까마귀 한 마리가 날아왔다가 바람을 이기지 못하고 날아갔다. 세월호가 기울기 시작하던 8시 49분까지 기다리려고 했으나 목장갑 낀 손이 곱을 정도로 무척이나 추웠다. 뭍에서도 이리 추운데 그날 바닷물 속은 얼마나 추웠을까? 7년 전 당시 해역 수온은 12.6도였다.

분향소에 들러 묵념을 하고 순례를 시작했다. 내가 물었다.

"세월호와 탈핵에 어떤 연관성이 있을까요?"

청명은 '자본'이라고 했고 관지는 '믿음'이라고 했다. 자본 때문에 출항하지 말아야 할 배가 출발했고, 가만히 있으라는 말을 믿었기 때문에 아이들은 살아 돌아오지 못했다. 자본 때문에 유해한 핵발전소를 운영하고 그것이 안전하다고 믿게 하는 잘못된 믿음 역시 이와 비슷하다. 그러므로 우리는 분별하고 멈추도록 해야 한다.

답을 듣고 출발하는 순례는 명쾌했다. 관지 옆지기가 만들어 놓고 간 대나무 지팡이를 하나씩 짚고 걷는 우리는 진짜 순례자 같았다. 진도는 제주도와 날씨가 비슷해 유채꽃이 만발했다. 막 경운하기 시작하는 밭의 고동색과 보리의 초록색이 노란 유채와 더불어 싱그러웠다. 4월은 그토록 화려해서, 그 화려함을 즐기려 수학여행을 떠난 아이들이 돌아오지 못했다. 또 4월엔 체르노빌 핵발전소 참사가 있었고, 내 부모님도 모두 4월에 돌아가셨다. 4월이 되어 꽃에 물이 오를수록 내 가슴엔 슬픔이 더욱 차오른다,

'백동 무궁화동산 세월호 기억의 숲'에 도착했다. 배우 오드리 헵번 아들의 제안으로 3천여 명의 시민이 만든 숲에는 계월향이 가득했다. 연못 위 정자 너머 우뚝 솟은 나무 한 그루 아래 배낭과 지팡이를 놓고 사진을 찍었다. 그 뒤 짐을 챙기다 보니 끼고 있던 목장갑 한 짝이 보이지 않았다. 가로질러 온 정자 옆으로 가봤더니 빨간 목장갑이 떨어져 있었다. 땅에 누운 장갑이 내가 찾아주길 기다리고 있었을 것처럼 느껴져 나도 장갑을 주우며 기뻤다. 그 순간, 누군가 찾아와 구조해주리라 믿으며 가만히 배 안에서 기다렸을 7년 전의 아이들이 떠올랐다.

동산 위쪽으로 가니 300여 그루의 은행나무들 앞에 '기억의 벽'이 있었다. 처절한 숫자 304개의 접힌 면으로 만든 벽이었다. 그 앞으로 혼자 앉을 수 있는 의자들이 놓였고 오솔길 건너에는 동백나무들이 서 있었다. 붉은 동백꽃을 보자 4월은 더욱 애상哀

傷에 잠겼다.

8킬로미터 걸어 진도국악고등학교 운동장 옆에서 점심 도시락을 먹었다. 시인인 관지의 지난 출판기념회 현수막을 잔디밭에 깔고 잡곡밥과 짠지, 김치, 머윗잎과 상추, 쌈장과 젓갈, 오이와 방울토마토로 소박한 점심밥을 먹었다. 이번 순례의 특징은 물이나 음료 등 간식을 하나도 사 먹지 않았다는 점이다. 관지의 쑥차와 도시락과 간식으로 충분했다. 언어장애아를 치료하는 청명이나 노인을 돌보는 나에게 철저한 방역은 필수였다. 여러 사람 모이는 식당이나 가게에 들르지 않고 자급한 순례는 안심이 됐다.

밥을 먹으며 니키가 기타 치며 불러 보내주신 위령 성가를 들었다.

자연이 준 도시락

주 날개 밑 내가 편히 쉬리라 어두운 이 밤에 바람 부나
아버지께서 날 지켜주시니 겁내지 않고 잘 쉬리로다
주 날개 밑 즐겁도다 그 사랑 끊을 자 뉘뇨
주 날개 밑 쉬는 내 영혼 영원히 살게 되리라

애초에 4·16 팽목항 추모순례는 니키가 제안하셨다. 사정상 못 오게 된 니키는 무척이나 아쉬워하며 순례 내내 마음으로 우리 곁에 있었다.

오후 순례를 하는 길 위에 보니 참새가 죽어 있었다. 청명은 장갑 낀 손으로 새를 줍더니 길가 밭둑을 지팡이로 파고 새를 흙에 묻어주었다. 청명은 순례길에 종종 로드 킬 현장을 신고한다고 했다. 주검을 몇 번이고 또 죽게 할 수 없다는 것이었다. 죽음을 대하는 청명의 자세에 4·16 추모순례의 의미를 되새겨보았다.

진도공용터미널에 도착했을 때는 오후 4시 즈음, 내 재촉으로 운림산방에 갔다. 운림산방은 남종화의 대가 소치_{小癡} 허련(許鍊, 1808~1893)이 1856년(철종 7년) 49세 때 귀향하여 첨찰산 아래 지은 본채와 사랑채와 연못 등의 주택이다. 소치는 이십 대 후반에 해남 두륜산방에서 초의선사 지도로 공재 윤두서의 화첩을 보고 그림을 공부했고, 33세 때 추사 김정희로부터 본격적인 서화 수업을 받았다. 그리하여 시詩, 서書, 화畵에 모두 능한 삼절이 되었다. 그러나 스승인 추사가 죽은 뒤 고향으로 내려와 초가를 짓고 거처하기 시작했다.

나 역시 은거할 곳을 찾는 중이라 소치의 집을 꼭 보고 싶었
다. 소치가 기거하던 사랑채인 초가집을 보니 내게도 그런 아담
한 집이 허락되면 좋겠다 싶었다. 운림산방에서 가장 눈길을 끈
것은 연못 가운데 있는 배롱나무 한 그루였다. 소치는 어찌하여
배롱나무를 그리 외롭게 연못 한가운데 심어놓고 아무와도 가
까이하지 못하게 했을까? 오고 가는 온갖 눈길을 다 받지만, 누
구와도 닿을 수 없는 배롱나무가 가여워 나는 그 둘레를 빙빙
서성댔다.

걷는 이들을 보는 눈

2021년 4월 19일 월요일
진도공용터미널-군내면 세등리-금골산-진도각휴게소 18km

순례 둘째 날은 월요일이라 청명은 '경주 월성 핵쓰레기장 건설
반대' 조끼를 입었다. 월요일 아침마다 월성핵발전소 앞에서 이
주대책위가 상여시위를 하기에 연대하는 것이었다. 청명은 3월
20~22일에 구미-대구-칠곡-경주-울산-경주 월성핵발전소
까지 탈핵자전거순례를 했다. 그이의 탈핵운동은 순도殉道와 일
관성이 있어 신뢰를 더한다.

안개 낀 가로수 길을 차로 미끄러지듯 달려나갔다. 이날 코스
는 진도공용터미널부터 진도대교까지였다. 지도상으로 13킬로
미터라 간단히 걸을 거라 예상했는데 군내면에서 길을 못 찾아

18번 국도 쪽으로 돌아가더니 자꾸만 거리가 늘었다. 청명과 관지는 길이 아름다워서 많이 걸어도 오히려 좋았다고 했지만, 몸과 마음이 무겁기만 한 내 눈에는 봄의 1악장 같은 환한 꽃길도 밝게 들어오지 않았다.

우리는 금골산 입구에서 간식을 먹었다. 관지가 홈메이드 통밀빵에 치즈 크림과 잼을 발라주셨다. 다 먹은 내가 무심결에 말했다.

"하나 더 발라주세요."

"이거 봐. 앤 공주라니까. 이런 게 자연스럽잖아. 난 또 해달란 대로 하고."

그땐 까르르 웃고 말았는데 돌아와서 그 장면이 자꾸 기억난다. 대접하기를 의무로 여기지만 실은 대접받기 좋아하는 내 모습을 들켰기 때문이었을까? 이틀 내내 10년도 더 어린 우리를 섬기는 관지 모습에서 청명이 반한 예수의 사랑을 목격한 것이었을까? 누구나 사랑하고 사랑받고 싶어 한다. 나는 누군가 본연의 자신을 받아주고 돌봐줄 때 사랑받는다고 느꼈다. 그래서 돌봄이 사랑의 표현이라고 생각했다. 그러나 《올 어바웃 러브All about Love》의 저자 벨 훅스는 "애정과 보살핌은 결코 사랑이 아니지만, 그 속에서는 훨씬 안락함을 느낄 수 있기 때문에 거기 안주하는 것이"며 "진정한 사랑이란 솔직하고 열린 마음으로 상대를 보살피고 애정을 표현하고, 상대에 대한 책임을 지고 상대를 존중하고, 상대에게 충실과 헌신을 다하고, 상대를 신뢰하는 것이다"라고 말했다.

진짜 사랑을 받으면 시간이 지나도 가슴이 뜨듯하고 미소가 지어진다. 딱딱한 빵 한 조각에 치즈와 잼이란 사랑을 얹어준 관지를 지금 이 순간 기억한다. 그러나 당시에는 가뜩이나 발걸음이 무거운데 4~5킬로미터나 빙 돌아 걷게 되니, 대체 인생이 왜 이렇게 빙빙 도는지 신에게 따져 묻고 싶었다. 그러다 안농마을을 지날 때였다. 어떤 아저씨가 한 시간 반 전에 우리가 지나가는 걸 봤다며 망고주스 세 캔을 내주었다. 우리가 걸을 때 누군가는 보고 있다던 청명의 말이 맞았다. '핵발전소 없이 안전하게 살자'를 응원하는 망고 캔을 왼손에 들고 오른손에는 지팡이를 짚고 따가운 햇볕 아래 한 발 한 발 걸었다. 그 눈길과 손길이 내 물음에 대한 답이었을까, 생각하면서.

숙식과 차량이 해결된 진도 추모순례는 매우 안전하고 풍성했다. 관지가 내년에도 올 거냐고 물으셨다. 나는 내일 일도 모른다고 답했다. 만약 간다면 그때는 누구와 가서 무슨 이야기를 할까? 가지 않는다고 해도, 8주기가 되고 18주기가 되어도 기억하겠지. 18번 국도가 가로지르는 진도 팽목항 앞바다에서 무슨 일이 있었는지를.

내 자녀나 조카였다면 해경도 아이들을 열심히 구했겠지. 구조하러 온다는 민간 어선이나 군함을 막지는 않았겠지. 대기업 회장이나 정치인의 아이가 빠졌다면 바닷물이라도 퍼냈겠지. 아니 애초에 그렇게 낡은 나미노우에호를 증·개축한 세월호에 아이들을 태우지도, 안개 자욱했던 그 밤에 출항하지도 않았겠지. 304명이 죽은 지 7년이 지났는데도 사건인지 사고인지 원인이 규명되지 않고 책임자 처벌도 제대로 되지 않는 이 참사를 잊을 수는 없겠지.

죽음과 슬픔의 4월, 4·16 세월호 참사 열흘 후인 26일은 그해 35주기인 체르노빌 핵발전소 사고 발생일이었다. 한순간의 참사를 넘어 방사능 오염으로 땅과 물과 생명체 모두를 죽음으로 몰고 가는 핵사고는 절대 일어나서는 안 되는 인류의 재앙이다. 추모와 생명 지킴을 동시에 한 4월의 진도 세월호 추모 탈핵 도보순례는 짧았지만 특별한 의미의 순례였다. 죽음을 넘어서는 것은 무엇인가? 부활, 영생? 아무리 생각해도 사랑 외에는 답이 없다.

눈물이 마를 때까지

땅끝에서 시작

2021년 6월 14일 월요일
정읍시, 해남군 5.4km

글머리에 밝혔듯이 믿음과 사랑을 잃고 프랑스에서 스페인으로 이어진 산티아고 순례길 800킬로미터를 걸었다. 나머지 소망도 잃고 해남 땅끝마을로 갔다. 혼자 2주간 241.1킬로미터를 걸었다. 2년 전부터 고리·월성·울진핵발전소가 있는 동해안 7번 국도를 걸었으니, 목포에서부터 영광 한빛핵발전소가 있는 서해안 길을 탈핵 도보순례할 계획이었다. 그런데 지난 4·16 세월호 참사 7주기 추모 진도 도보순례길이 18번 국도였다. 18번 국도는 진도 군내면을 시작으로 해남-강진-장흥-보성-순천-곡성-구례 화엄사까지 총 231킬로미터에 이르는 길. 지리산 종주의 시작점인 화엄사가 나를 끌어당겼다. 18번 국도를 선택했다. 거기에 얼마 전 완독한《토지》의 작가 박경리 선생님을 기리기 위한 하동 섬진강 길을 더했다. 그래서 순천에서부터는 광양-하동-섬진강길-구례 화엄사로 도보순례길을 정했다. 배낭 몇 개 빼고는 자동차 트렁크에 겨우 들어갔다. 반년간의 짐이었으니 양호했다.

정읍에서 떠나 길을 나섰다. 홀로 하는 도보순례라 선택과 결정을 오직 직감에 맡기기로 했다. 발길 닿는 대로 가다 보면 때에 맞는 장소가 기다리고 있으리라 생각했다. 어디를 가든 맞아주는 곳에 머물고 거절하는 곳에서는 발의 먼지를 털고 나오기로 했다.

가는 길에 두 번이나 목적지를 바꿔 최종적으로 전라남도 해남 땅끝전망대로 향했다. 끝에서부터 시작하려는 마음이 들었다. 그것을 아는 듯 '희망의 시작 땅끝마을'이란 문구가 보였다. 해가 수평선에 내려오기 전에는 도착하고 싶었다. 전망대에 도착했을 때는 오후 6시가 훌쩍 넘어 7시 가까이였다. '세상의 끝'이라는 스페인의 땅끝마을 피니스테레에서 일몰을 기다린 적이 있었다. 저녁 여덟아홉 시가 돼도 해가 바다로 내려올 줄 몰라 산미구엘 맥주 한 캔을 마시다 마시다 일몰 풍경을 포기하고 말았다. 한국의 해남 땅끝에서는 수월하게 해의 사라짐을 볼 수 있었다.

일몰을 기다리다 근처 숙소를 검색해보니 게스트하우스가

있었다. 전화해보니 투숙 가능, 1인 1박에 25,000원이라고 했다. 망설일 필요가 없었다. 일몰을 보고 난 뒤 숙소로 갔다. 숙소 옆 편의점에서 햇반을 사다가 정읍에서 키워 씻어 온 마지막 상추와 삶은 달걀과 멸치볶음과 신김치로 저녁밥을 먹었다. 우울해질까 봐 작은 호가든 캔맥주를 마셨다. 첫날, 꽤 좋은 진행이었다.

시인과 사찰

2021년 6월 15일 화요일
전라남도 해남군, 강진군 15.4km

새벽 4시 전에 눈이 떠졌다. 다시 잠이 오지 않았다. 5시 넘어 스트레칭을 하고 일어났다. 감자 수프를 편의점 전자레인지에 데워 와 차 안에서 삶은 달걀과 함께 먹었다. 일찍 일어나 나온 게스트하우스 주인에게 남은 삶은 달걀 한 개와 반투명 테이프를 선물로 주며 나주의 3M(쓰리엠)이란 회사에서 해고 11년 된 노동자가 준 것이라고 설명했다. 주인이 손에 받아 든 반투명 테이프를 유심히 쳐다보았다.

2~3킬로미터를 북진하다 다시 차를 돌렸다. 땅끝에 왔는데 전망대에만 올랐지 땅끝을 밟지 않았다는 데 기억이 미쳤다. 이렇게 시작된 되돌아옴은 이날 내내 계속됐다. 선착장 끝까지 갔다가 한반도 최남단 땅끝마을 갈 수 있는 데까지 갔다 왔다. 자,

이제 땅끝에서부터 올라간다.

아침 7시, 미황사에 도착했다.

대웅전 앞에서 스님이 우산으로 줄을 긋고 계셨다.

"뭐 하세요?"

"오늘 초등학교 아이들 아홉 명이 오는데 줄 세워 놓을 지점을 그리는 거예요. 제 자리에 서서 죽비로 치면 (90도씩) 돌면서 사찰을 보는 거예요."

스님의 선량한 얼굴과 부드러운 음성 덕분에 마음이 편안해졌다. 구도자란 그렇게 말 한마디, 표정 한 자락으로도 중생의 마음을 풀어주는 게 당연할진대, 나는 그런 스님을 처음 뵈었다. 단아한 사찰처럼 스님도 청아해 보였다. 한 바퀴 사찰순례를 하고 돌아오니 마당 한복판에 직사각형 위 동그라미 9개가 그려

미황사 맑은 스님

져 있었다. 나는 그중 원 하나에 서서 돌면서 사면을 보았다. 한 지점에서 보는 사방은 무한으로 펼쳐진다. 내 시야는 산 너머 바다 너머로 뻗어나갔다.

다음 목적지는 대흥사 일지암이었다. 그런데 갈림길에서 망설였다. 갑자기 지나쳐 온 도솔암으로 되돌아가야겠다는 마음이 들었다. 13킬로미터를 되돌아가야 했다. 하지만 순례 전에 읽었던 책에서 도솔암이 여러 번 나왔던 게 자꾸만 마음에 걸렸다. 언제 올지 모르는 땅끝, 조금 되돌아가는 게 다시 오는 일보다 쉬울 듯했다.

도솔암으로 올라가는 길은 천애 고도였다. 게다가 곧 쏟아질 비를 몰고 오는 구름이 스산하게 내려앉고 있었다. 오르막 외길 내내 오른쪽 아래로 낭떠러지가 보이자 무서웠다. 문득 9척 장신들도 넘어져 다치던 바람 부는 피레네산맥을 10킬로그램 배낭 메고 넘던 기억이 났다. 맨몸으로 비바람이 몰아치던 피레네산맥도 넘었는데 든든한 차 안에 있으니 그보단 안전할 터였다. 올라가는 내내, 정읍 떠나기 직전에 앞 타이어 두 개를 갈아준 유성기업 친구에게 고마운 마음이 물씬 일었다.

달마산 꼭대기 주차장에서 도솔암까지는 800미터 걸어가야 했다. 곧 비가 쏟아질 듯해 산비탈을 뛰었다. 마침내 바위 사이로 도솔암이 보였다. 갑자기 울음이 왈칵 쏟아졌다. 예상 못 한 반응이었다. 나는 흐느껴 울며 도솔암을 돌아 절벽 아래를 내려다보았다. 마음의 절규가 입 밖으로 새어 나오진 않았다.

대흥사에 도착했을 때는 빗방울이 막 떨어지기 시작했다. 입구 매표소에서 직원이 직접 나와 카드를 받고 매표를 해주었다.

일주문을 지나자 법당에 가기도 전에 길가 법문이 가르침을 주었다.

> 오는 것을 거절 말고
> 가는 것을 잡지 말며,
> 자신에게 잘 대해줄 것을
> 바라지 말고
> 지나간 일을 원망하지 말라.
> 남을 해치면
> 그것이 자기에게 돌아오고
> 세력에 의지하면
> 도리어 화가 따르는 법이다.
>
> (숫타니파타)

비가 제법 굵게 내리고 있었다. 대흥사를 다 돌아본 후 일지암을 찾았다. 동국선원 쪽으로 1킬로미터를 걸어 올라가야 했다. 일지암 대웅전에는 아무도 없었다. 불당에 들어갔다. 불상 오른쪽 옆으로 초의선사의 그림이 있었다. 가운데에 방석이 접혀 있었다. 방석을 폈다. 절을 하기 시작했다. 한 번, 두 번, 세 번…… 계속했다. 박근혜 당시 대통령 집 앞에서 매일 삼천 배를 했던 보인(박문진)이 박근혜를 숭상한 게 아니듯 나 역시 부처님께 절을 한 건 아니었다. 그렇다고 하나님께 한 것도 아니었다. 나는 그냥 생애 최초 어떤 행동을 한 것이었다. 백팔 배를 하고는 오체투지를 했다. 그러곤 통곡했다. 빗소리가 세차게 들려 울음소리와 섞였다.

한참을 울다 돌아누웠더니 천장에 황금등, 일반등이 보였다. 황금등은 백만 원, 삼십만 원, 일반등은 십만 원……. 돈으로 복을 구할 수 있다면, 돈으로 사랑을 살 수 있다면, 돈으로 뭐든 할 수 있다면 세상살이가 단순하게?

대웅전 앞으로 나오니 탁 트인 구름이 눈앞에 펼쳐졌다. 잠시 후 스님 한 분과 개 한 마리가 대웅전 아래 오른쪽에서 왼쪽으로 지나갔다. 스님이 내게 물었다.

"이 빗속에 걸어 올라오셨어요? 대단하시네요."

대체 해남의 스님들은 왜 이렇게 다정하시단 말인가.

"뭘요."

쑥스러워하는 나를 향해 개가 달려 올라왔다. 개는 내 손을 핥고 다리에 머리를 비볐다. 또다시 울음이 터졌다. 내가 댓돌에 주저앉아 펑펑 울자 개가 옆에 앉아 나를 물끄러미 쳐다봤다. '암시랑토 아녀' 하시던 어르신의 대꾸같이 무심하고 평정한 표정이었다. 그 개의 이름은 '금륜'이었다. 일지암 밖으로 나가지 않는다는 금륜이는 오고 가는 수많은 사람을 기억할까? 오는 것 막지 않고 가는 것 잡지 않겠지.

대웅전 옆에는 초의선사가 거처한 소박한 일지암이 있었다. 르코르뷔지에의 케렌시아보다 훨씬 한국적인 최소한의 삶(네 평도 채 되지 않을 듯한 면적)에 자부심이 일었다.

금륜이, 위로

그날의 출발 기점인 해남터미널로 가는 길은 좀처럼 열리지 않았다. 또다시 운전대를 돌릴 이정표가 눈에 들어왔다.

고정희 시인 생가

두 해 전부터 지리산 종주를 꿈꾸던 나는 고정희 시집《지리산의 봄》을 항상 가지고 다녔다. 그 시인이 살던 집이라니, 설렘이 일었다. 대체 오늘 내로 도보순례를 시작할 순 있을까 생각하면서도 차를 돌렸다.

생가에는 '南汀軒(남정헌)'이란 현판이 있었다. 아담한 한옥 내부가 기념관에 가까울 정도로 잘 꾸며져 있었다. 마당 옆에는 귀염둥이 까만 강아지와 갈색 강아지 네 마리가 놀고 있었다. 얼마 전 고정희 시인 추모 30주기를 맞은 생가는 깔끔하게 짜인 책장과 통유리로 마감한 바깥 베란다까지 갤러리처럼 재건축해서 시화전을 하고 있었다. 한쪽 귀퉁이에는 전기 주전자가 있었다. 나는 차에서 컵과 생수와 인스턴트커피를 가져다 물을 끓여 커피를 마시며 시인을 묵상하고 있었다. 그런데 잠시 후 택시 한 대가 집 앞에 서더니 할머니 한 분이 들어오셨다. 일어서서 인사를 하자, "고정희 시인이 내 시누이예요" 하신다.

흑– 또다시 눈물이 눈으로 몰렸다.

"커피 마실래요?"

"저 지금 마시고 있는데요."

"한 잔 더 마시면 안 돼요? 내가 타줄게요."

생가 옆 양옥집으로 건너갔다. 시인보다 열 살 위인, 올케 할머니는 옥수수차에 커피믹스를 타주셨다. 내가 커피를 마시려고 마스크를 내리자, "예쁘고 곱네"를 연발하셨다. 조금 대화를 나눈 뒤엔 급기야 착하다고까지 하셨다.

"제가 착한 걸 어떻게 아세요? 이제 막 봤는데."

"다 보면 알지."

호감이나 사랑은 노력으로 얻는 게 아니다. 우리 할머니가 나를 한없이 사랑하셨던 건 내가 뭘 잘해서가 아니라 뭘 해도 그냥 예뻤기 때문이다. 사랑의 눈으로 상대를 보면 그가 뭘 해도 예뻐 보인다. 그런 게 사랑이다.

사랑 많은 시인의 올케는 고정희 시인이 아궁이에 불을 때면서도 책을 읽었다고 했다. 그래서인지 밥이 참 맛있게 됐었다고.

(하지만) 그렇게 공부 많이 하면 뭐 하냐고, (시누이가) 너무 아깝다고 하셨다.

지리산엔 5월에 가야 한다고, 일행이랑 갔다가 갑자기 불어난 물에 손을 잡고 있다가 휩쓸려 갔다는 시인. 바위에 여기저기 너무 많이 부딪혔다고 했다. 당시 1991년 6월, 시인의 나이 44세였다.

작년 5월, 지리산에 처음 가보았다. 그러고는 올 6월, 다시 잠깐 발 도장만 찍고 왔다. 언젠가는 반드시 종주할 것이다. 그때 거기서 고정희 시인의 시를 읊고 오리라.

시인의 올케가 점심밥을 먹고 가라고 하셨다. 벌써 오후 1시였지만 그러겠다고 했다.

나오는 길, 남정헌 툇마루에 1981년《詩와 意識(시와 의식)》잡지가 찢겨 있었다. 강아지 소행이었다. 어디서 책을 물어 왔나 안으로 들어가 보았다. 메모지 한 장이 바닥에 떨어져 있었다.

洪 선생님,
平安하셨으리라 믿습니다.
언젠가, 부탁드린
詩選集 원고와 詩論 원고 좀 보내주셨으면 합니다.
○○ **拜**
-《詩와 意識》編輯室

잠시나마 시인의 생활을 엿본 듯했다.

터미널을 향해 가는 길, 김남주 시인 생가도 있었다. 고정희 시인의 여운을 깨긴 싫었지만 그래도 가보았다. 아무도 없는 생가에는 낡은 게스트하우스와 멋진 조형물들이 서 있었다. 그중 '자유'와 '사랑'이 눈에 들어왔다. 만약 내가 지금 죽는다면 비석에 새기고 싶은 단어 둘이었다. 그 둘은 이번 순례의 주제이기도 했다.

비가 너무 세차게 와서 도보순례는 단념했다. 다음 이정표는 '다산초당'이었다. 강진으로 가서 다산초당을 찾았다. '丁石(정석), 약천, 다조, 연지석가산'이 초당을 둘러싸고 아기자기하게 있었다. 제자들이 기거했던 동암과 서암도 몹시 협소했다. 대체 선조들의 소박함은 어디까지였을까?

거기서 백련사까지 1킬로미터를 더 올라갔다. 가는 길에 동백나무 숲이 있었다. 비 오는 숲길은 매우 신비롭다. 산티아고 순례길과 비교해도 전혀 손색이 없다. 그런데 그 아름다운 길에 비 때문인지 두꺼비들이 속속 출몰했다. 예전 같으면 징그러워서 기겁했을 것이다. 그러나 이제 나는 두꺼비를 두려워하는 엄지공주가 아니다. 마침내 혜장선사가 기거하던 백련사에 다다랐다. 아주 탐스럽고 거대한 배롱나무가 있었다.

다산초당 해설사가 소개해준 '사의재'를 숙소로 정했다. 온종일 우산 써도 맞은 비로 옷과 몸이 거의 젖었지만 밥을 먼저 먹고 싶었다. 숙소 앞 주막에서 저녁식사를 해결하려는데 주인 혼자 손님을 감당하기가 벅차 보였다. 1인 손님은 안 받는다고 했다. 반찬을 떠다가 갖고 있던 햇반을 전자레인지에 돌려서 먹겠다고 했다. 그래도 뜨거운 아욱국 한 그릇이 속에 들어오니 몸이 좀 풀렸다. 문득 사의재에서 다산을 보필했다는 그 옛날의 주모는 어떤 사람이었을까 궁금했다. 다산의 딸까지 낳았으니 그저 밥집 아줌마는 아니었을 터이다.

순례 첫날, 차로 이동했는데도 휴대전화기로 측정한 도보거리가 15.4킬로미터. 하루에 세 사찰과 두 암자. 발길 닿는 대로 한 사찰순례도 만만한 게 아니었다.

모르는 새 비움

2021년 6월 16일 수요일

강진군-장흥군 22.5km

강진버스여객터미널 근처에 주차하고 터미널부터 장흥 방향으로 걸었다. 등산복에 등산화, 모자와 마스크와 배낭, 목장갑에 대나무 지팡이가 전부였다. 7.3킬로미터를 쉼 없이 혼자 걸으니 대화로 인한 에너지 소모가 없어 수월했다. 그런데 걷다가 지난 4월 팽목항에서 지팡이에 묶어 온 노란 리본이 어느 결에 사라졌음을 알아차렸다. 모르는 새 비움이 시작됐다.

15.4킬로미터를 10분 휴식 포함 3시간 50분에 주파. 외롭지 않았다. 고독했지만 상쾌했다. 17킬로미터 구간 내 카페도 화장실도 없던 산티아고 순례길 어느 구간에 비해 모국어가 도처에 있는 한국 남도길은 매우 쾌적했다. 그러고 보니 360도 빙 둘러

펼쳐진 산맥 어디에도 송전탑이 없었다. 남도길이 편안한 이유였다.

장흥시외버스터미널에 도착하자마자, 때마침 10분 뒤 출발하는 강진행 버스가 있어서 출발지로 갔다. 네 시간 걸은 거리를 15분 만에 다시 돌아갔다. 시간과 돈의 효율성을 따지기에는 마음의 안정이 아주 컸다.

운전해서 다시 장흥으로 갔다. 민박집을 찾아 대나무 숲을 400미터 돌고 배롱나무 군락지를 보고는 발길을 돌렸다. 전통 손두부집에서 순두부 백반을 먹고 정남진 편백숲 우드랜드에서 7킬로미터를 더 걸었다. 햇빛을 받아 피톤치드를 뿜는 숲이 주는 건강한 기운에 입장료가 아깝지 않았다. 친환경 관리로 자연과 어우러진 조경 시설이 무척 편안했다. 그런데 나오는 길에 왼쪽 발목 안쪽이 아팠다. 갑자기 무리해서 많이 걸은 탓이었다. 그러나 고민 끝에 강진으로 돌아가기로 했다. 둘째 날 비가 와서, 또 사찰순례로 걸을 만큼 걸어서 차로 온 해남-강진 코스를 걸어서 메꾸기 위함이었다. 더 늦기 전에 돌아가는 게 두고두고 아쉽지 않을 듯했다.

강진에서 오전 8시 10분 버스로 20분 걸려 해남에 갔다. 전날의 무리로 왼쪽 발목 안쪽이 아파 발목에 닿는 등산화 대신 목 짧은 여름 등산화를 신었다. 18번 국도 따라 다섯 시간 걸려 강진 버스여객터미널까지 걸었다. 터미널 근처에서 국산 콩국수를 먹었는데 얼마나 맛있었는지 모른다. 아침에 전날 남긴 애호박 된장찌개에 햇반 반 개 말아먹고 19.4킬로미터를 걸었으니 배가 고플 만도 했다.

차를 몰고 봇재를 거쳐 보성버스터미널에 갔다. 다음 날 장흥행 첫차 시각을 알아보고는 숙소를 정하려고 빙빙 돌았다. 모텔은 싫으니 민박을 찾고 있었는데 마침 엄청 허름한 여인숙이 보였다. 옛날 2층집을 개조한 곳이었는데 현금가 25,000원이었다. 어쩐지 으스스한 분위기였지만 들어갔다. 그런데 한 평 남짓한 방이 복도 양쪽으로 꽉 찬 2층 끝방에 상주하는 남자가 누워 있었다. 온종일 차도를 걸었으니 씻어야 했는데 공용세면장에서 온수가 나오지 않았다. 이를 악물고 씻고 나와, 방 안 TV 위 뿌연 먼지를 닦아내고 빈 병에 담아 온 전날 된장국물에 햇반과 조미김으로 저녁밥을 때웠다. 창밖에는 새소리가 들렸지만, 창문은 열리지 않았다. 누가 방문을 열까 봐 조마조마한 마음으로 새벽을 맞았다.

제암산과 초암정원

2021년 6월 18일 금요일

장흥군-보성군 15.8km

일어나자마자 보성버스터미널로 가서 아침 7시 5분 첫차로 다시 장흥시외버스터미널에 갔다. 장흥-보성 구간은 순례 전에 노선을 짤 때부터 최난 코스였다. 18번 국도 따라 율포해수욕장으로 돌아가자니 하루에 갈 수 있는 거리가 아니고, 2번 국도로 가자니 터널을 세 번이나 지나야 했다. 일단 터미널 뒤 편의점에서 따뜻한 두유와 삼각김밥을 사 먹었다. 하루 중 언제 밥을 먹을 수 있을지 모르겠는 구간이었으니 먹어두어야 했다. 편의점 주인 남자에게 보성으로 가는 길을 물었더니 길 안내 대신 다른 답이 돌아왔다.

"짝 없어요? 여자 혼자 다니면 위험해요."

남자 혼자 다니면 위험하지 않은가? 여자 혼자 다녀서 위험한 나라라면 우리나라는 아직 좋은 나라가 아니다.

보성행 구 도로를 걸었다. 인터넷 지도에 나오는 산을 관통하는 길을 택했다. 6킬로미터쯤 가니 신기마을이 나왔다. 거기서 제암산을 넘어야 했다. 때마침 비가 내리기 시작했다.

장흥공설공원묘지 앞에 공공근로 나오신 할머니들이 보여서 보성으로 넘어가는 길을 물었다.

"산에 혼자 간다고? 호랑이 나와. 친구 없어?"

짝도 없고 친구도 없이 호젓한 산길로 접어들었다. 띄엄띄엄 사람이 다니는 산 아래 공단보다 아무도 없는 산이 안심되었다. 한 시간쯤 산길을 올랐는데 이정표에 예상 지점이 없었다. 인터넷 지도를 보려고 모처럼 현재 위치를 켰지만, 산속에 있는 나를 인공위성도 잡지 못했다. 숲속으로 들어가려 했지만 비에 자라난 풀들이 길을 덮고 있었다. 옆쪽으로 사자산 자전거 도로 시작 지점이 있기에 그 길로 들어섰다. 방향이 다르긴 했지만, 그 길로 가면 제암산 휴양림이 나올 줄 알았다. 단풍나무와 향나무와 밤나무가 가득한 숲이었다. 겁도 없이 점점 산속으로 들어갔다. 한 시간을 더 헤맸는데 자전거 도로가 끝나는 지점에 나와보니 산을 오른쪽으로 빙 둘러서 옆 마을로 나온 거였다. 기가 막혔다. 이미 10킬로미터 이상 걸었다. 재도전할 기운도 없었고 다시 간다고 길을 찾을 수 있을 것 같지도 않았다.

마을로 내려가 어느 중년 남자한테 보성 가는 길을 물었다. 장흥터미널로 되돌아가란다. 비를 쫄딱 맞은 내 꼴을 보더니 터미널까지 태워다 주겠다고 했다. 엉뚱한 데서 오전 에너지를 다 쓰곤 모르는 남자 트럭에 올라탔다.

"모르는 사람 차 타고, 저 겁도 없죠?"

"그렇게 혼자 걸어가는 게 더 겁나네요."

제주도에서 귀농하러 장흥까지 온 남자는 표준어를 쓰고 있었다. 그래서 낯설지 않았나 보다. 여하튼 장흥시외버스터미널에 이틀 전부터 네 번은 왔다. 해남-강진 구간을 잇느라 장흥에선 숙박도 하지 않았다. 인연이 아닌가 보았다. 장흥-보성 구간은 포기했다. 다시 버스를 타고 보성으로 갔다.

보성버스터미널에 세워둔 자동차를 타고 우리나라 민간정원 3호라는 초암정원으로 향했다. 그래도 '정원 일기'를 썼으니 유명한 정원은 좀 봐줘야 하지 않겠나. 초암정원에 걸맞게 카디건을 걸치고 구두를 신고 갔다. 하지만 입구에서 차로 돌아가 등산화로 갈아 신고 등산 점퍼를 입고 물병을 챙겼다. 조경된 집 입구를 거쳐 3인 이하 입장료 만 원권을 입구 통에 넣으니 인사말이 나왔다.

잔디밭과 과수원과 편백나무 산책길과 대나무숲과 초암정과 산 정상 기도처까지 천천히 걸어갔다 내려왔다. 효심과 가족애로 60년 이상 가꾸어온 정원은 정남진 편백숲 우드랜드의 장대함과는 또 다른 단아함과 정갈함이 있었다. 장흥에서 본 야생 대나무숲과는 차원이 다르게 깔끔한 손길이 구석구석 미치지 않은 곳이 없었다. 눈에 띄는 표어만 아니었어도 좀 더 고풍스러웠겠지만 나름의 친절과 공대를 느낄 수 있었다. 집 뒤에 그런 동산을 지닐 수 있다면, 동산에서 바다가 펼쳐진 득량만을 매일 바라볼 수 있다면 《어린 왕자》에 나오는 소행성처럼 평생 집 밖을 벗어나지 않고도 살 수 있을 것만 같았다. 두 시간 동안 정원의 아름다움을 만끽했다.

점심식사도 거른 채 다음 행선지인 예당역 근처로 갔다. 숙소를 찾아보니 마을에 단 한 군데. 그런데 1인이라고 만 원을 깎아주었는데도 내 수준에선 좀 비쌌다. 1일 5만 원 기준으로 순례를 하는데 숙박비로 다 쓰려니 아무래도 부담스러웠다. 설상가상 과일이 먹고 싶었다. 집 떠나면 가장 못 먹는 음식이 과일이다. 평소에도 반찬보다 과일을 더 챙기는데 닷새째 되니 몸이 필요한 걸 원하고 있었다. 마트에서 방울토마토를 한 팩 사서 화장실에서 씻었다. 차에서 잘 셈으로 화장실에서 세수도 한 뒤였다. 차 안에서 토마토를 걸신들린 듯 먹다가 문득 지금 왜 이런 궁상을 떠나 싶었다. 적어도 씻고 잠은 제대로 자야 다음 날 순례를 할 것 아닌가.

동네 유일한 숙소로 들어갔다. 새 건물이라 방도 넓고 취사도 가능했다. 뜨거운 물로 샤워를 하고 포장된 사골국에 햇반을 끓여 먹었다. 땀이 나니 살 것 같았다. 전날 냉수욕을 하고 이틀간 춥게 잤으니 오죽했겠나. 전날 여인숙이 얼마나 더러웠는지 몸 여기저기가 물려 있었다. 더는 직감에 따라 즉흥적으로 순례한다고 오기 부리지 말고 다음 날 숙소를 예약하기로 했다. 사서 고생도 팔자지만 적당히 하자. 고행이 인생의 목적은 아니지 않은가. 그런데 마침 벌교에 1일 1인 2만 원인 게스트하우스가 있었다. 전화로 예약하고 입금을 했다. 작년까지 쓰던 2G폰으로는 상상도 할 수 없는 일이었다.

쇠실쉼터와 평화

2021년 6월 19일 토요일

보성군-득량면 예당 18.5km, 벌교읍 산책 2.7km: 총 21.2km

아침 6시 46분 예당역 출발, 7시 2분 보성역 도착. 무궁화호에서 내려 걷는데 골반 통증이 시작됐다. 길은 18번에서 2번 국도로 바뀌었다. 한 시간 반쯤 걸은 9시 30분. 그 옛날 나그네가 걷다 딱 쉬기 좋은 재에 쇠실쉼터가 있었다. 아메리카노가 1,500원. 그 정도는 자신에게 선물하고 싶었다. 스테인리스 컵을 드려 원두커피를 담아 마시면서 매장을 둘러보니 상품들 품질이 좋고 깔끔했다. 칭찬을 하자 주인 여자분이 대화를 시작했다.

"해남부터 걸어왔는데 송전탑이 없어서 정말 평화로워요."

"이 마을도 한때 풍력발전소 때문에 송전탑을 반대한 적이 있어요."

탈핵 이야기가 자연스럽게 나왔다. 주인은 일본 후쿠시마 핵발전소 사건 이후 수산물을 쳐다도 보지 않는다고 했다. 다들 핵 방사능의 위험을 알고 있었다. 바닷물이 돌고 돌아 결국은 그 물이 다 합쳐짐도 알았다.

주인은 길 떠나는 내게 "훌륭한 일 하십니다"라고 인사했다. 들어올 때와 나갈 때의 나와 걷는 나는 똑같은데 말을 하고 안 하고가 그렇게 차이가 있을까? 나는 내 정체성을 고정하는 것을 거부한다. 하지만 세상에 겨자씨만큼이라도 보탬이 되고 싶다. 그런데 그냥 걸으면 단지 고생일 뿐이고 몸자보를 붙이고 걸으면 훌륭한 일을 한다고 하니, 어쩐지 겸연쩍다. 여하튼 그 짧은 대화는 이후 내 걸음을 다르게 만드는 데 작용했다.

보성역에서 예당역까지 녹색로 12.9킬로미터를 단숨에 걸었다. 가로수가 배롱나무였기에 힘이 났다. 그런데 다 걷고 나니 조금 미진했다. 편의점에서 우유와 김밥을 사 먹고는 곧장 조성역까지 5.6킬로미터 더 걸었다. 배낭을 차에 두고 천 가방에 텀블러와 수첩 등만 넣고 대나무 지팡이를 드니 단출했다. 땀에 젖은 등이 직사광선에 말랐다. 조성역에서 버스를 타고 예당역으로 와서 차를 몰고 벌교로 향했다. 착착 순탄한 진행이었다.

벌교 평화게스트하우스는 여태 가본 게스트하우스 중 단연 최고였다. 산티아고 순례길 알베르게 수준의 가격에 유럽 게스트하우스를 방불케 하는 인테리어와 국내 최고의 환대, 빨래를 널 수 있는 옥상, 방역을 위해 6인실을 독방으로 쓰게 해주는 위생 개념. 더 바랄 게 없었다.

샤워하고 빨래를 널고는 벌교 산책을 했다. 금융조합, 김범우의 집, 홍교, 소화의 집, 그리고 조정래 태백산맥문학관에서 작가정신을 엿보고 왔다.

문학은 인간의 인간다운 삶을 위하여
인간에게 기여해야 한다.

보성 모자

2021년 6월 20일 일요일
보성군 조성면-벌교읍 13.2km, 벌교 거리 4.8km: 총 18km

처음으로 숙소에서 제공되는 조식을 위해 두 시간을 기다렸다. 갓 구운 식빵 두 장과 수제 딸기잼과 오렌지주스와 원두커피는 마치 오스트리아 게스트하우스에 와 있는 듯한 착각을 주었다. 출발 두 시간 지연이 아깝지 않았다. 고마운 마음에 나주 3M의 11년 된 해고노동자가 준 셀로판테이프와 탈핵 전단지를 놓고 나왔다.

벌교역에서 오전 9시 42분 기차 타고 9시 53분에 조성역에서 내려 벌교까지 걸었다. 거리는 짧았지만 늦게 출발해서 너무 뜨거웠다.

보성소방서에 '순직 소방관의 명복을 빕니다' 근조 현수막이 걸려 있었다. 6월 17일 쿠팡 물류센터 화재 진압 시 숨진 소방대원을 추모하는 것이었다. 잠시 추모와 애도의 마음으로 길을 걸었다.

소설 《태백산맥》의 배경이었던 보성여관에서 묵기 위해 벌교에 이틀이나 머물렀다. 일찌감치 입실해 샤워하고 한숨 잔 뒤 벌교역에서 터미널까지 내일 치를 조금이라도 걸어두기로 했다. 태백산맥문학관 옆 현 부자네와 소화의 집에 다녀왔다.

보성여관은 실내에서 아무것도 먹을 수가 없어 밖에서 식사를 해결해야 했다. 시장에서 자두를 5천 원어치 샀다. 그리고 금융조합 앞길에서 전날부터 눈에 띄던 노란 식당에 들어갔다. 들어가자마자 혼자 먹기엔 너무 많다고 자두를 나눠드렸다. 순례길에 격식 갖춘 식사로는 최초였다. 요리 고등학교를 갓 졸업한 스무 살 청년이 만든 매콤크림파스타는 서울 부암동 정통 이탈리안 레스토랑 요리보다 맛있었다. 내가 극찬을 하자 요리사의 엄마인 주인이 아이스 커피를 서비스로 주었다. 그러곤 내 직업

과 외모로 가늠할 수 없는 나이를 궁금해했다. 이것저것 이야기
해주다가 결국은 '탈핵과 소박한 삶' 이야기가 나왔다. 주인은
내가 개인용 텀블러와 수저를 쓸 때부터 어쩐지 달랐다고 했다.
전단지를 주고 나오면서 사람의 행태는 어쩔 수 없다고 느꼈다.
그렇게 조용히 눈에 띄지 않게 다니려고 해도 결국은 드러나는
게 그 사람의 습성이겠지.

　나에게는 험한 길을 걸으면서도 자신을 아끼고 소중히 하는
몇 가지 비결이 있다. 첫째는 나만의 수저. 개인 수저는 가장 내
밀한 도구로 어떤 식사를 해도 나만의 귀한 식탁으로 바꾸어줄
수 있다. 게다가 내 수저는 공예작가가 은으로 만들어준 생일선
물이니 이 세상에서 오직 나만을 위한 특별함을 담고 있다. 둘째
는 면 시트. 숙박업소의 요나 시트나 베개를 빨지 않게 하여 물

나를 소중히 여기는 방법

을 아끼려는 의도와 더불어 아무렇게나 잠들지 않아 품위를 지
키려는 나에 대한 존중이다. 셋째는 바디오일. 온종일 햇볕과 바
람과 비와 먼지를 맞고 걸어도 저녁에 샤워하고 난 후에는 피부
에 유분을 더해 건조하지 않게 해준다. 항상 걷기 전에 발에 바
셀린을 발라서 물집을 방지함과 같은 이치이다. 더불어 고된 일
정을 소화해낸 몸에 감사하는 시간을 매일 갖는 것이다.

그런데 호텔 수준으로 깔끔히 다려진 보성여관의 순백 순면
이부자리에서만큼은 내 시트를 덧깔지 않았다. 그 역시 최고급
잠자리에 대한 예의였다.

순천의 환대

2021년 6월 21일 월요일 하지
보성군 벌교읍-순천시 22.7km, 순천만습지 3.2km: 총 25.9km

아침 7시 30분, 보성여관에서 정성껏 차려준 조식을 들었다. 토
스트 두 장, 삶은 달걀 두 알, 딸기잼 두 팩, 갓 내린 원두커피. 절
반만 먹고 나머지를 빵 담았던 비닐에 쌌다. 점심밥 대용이었다.

식사 중에 당직과 식사 준비를 맡아 해준 이와 담소를 했다.
어젯밤 평상복 차림과 다른 내 행색을 보고는 관심을 가졌나 보
다. 탈핵 전단지를 드렸다. 그이는 핵폐기물의 심각성을 알고 있
었다. 재생에너지 강의를 들은 적이 있다고. 그런 사람을 만나면
얼마나 반가운지 모른다. 이윽고 그이는 내게 텀블러가 있냐고

확인하더니 메밀차와 현미녹차 티백을 잔뜩 싸주었다. 좋은 일하니 가다 목마르면 물에 타서 마시라는 거였다. 수더분한 응원을 받고 길을 나섰다.

버스터미널로 가는 길, 전날 알아보았던 송경동 시인이 어린 시절에 살던 칠성제유소(현재 칠성떡방앗간)에 들러 백설기 한 덩이를 천 원에 샀다. 점심에 저녁거리까지 확보한 셈이었다.

벌교공용버스터미널에 차를 세우고 오전 8시 30분부터 걸었다. 최장거리였지만 하지라 해는 길었다. 쉬는 틈틈이 자두와 백설기로 허기를 달랬다. 오후 3시 25분, 순천종합버스터미널에 도착. 3시 30분, 벌교행 버스 탑승. 깜빡 잠들고 깨니 오후 4시 벌교터미널이었다. 자동차에 올라 숙소로 향했다. 제암산을 넘는 길에 비를 맞으며 전화했을 때, 영업 중지 상태라고 거절당한 곳이었다. 그렇지만 꼭 가고 싶었던 곳이라 일단 찾아가 정중히 부탁하려고 마음먹었다. 순례자를 맞아주는 곳이라면 복을 받을 것이고, 그래도 거절하면 발의 먼지를 털고 나오면 된다고 생각했다. 주인은 여전히 거절했으나 내가 해남부터 진짜 어렵게 걸어왔다고 하니 마음을 바꿔 한 시간만 주면 청소를

전기는 눈물을 타고 흐른다

해주겠다고 승낙했다. 원칙보다 진심이 통함에 감사했다.

조식 후 먹은 거라곤 떡과 자두와 생수. 하지만 숙박비가 많이 드는 날엔 식비를 줄여야 했다. 아침에 싸 온 토스트와 삶은 달걀과 딸기잼에 작은 빵과 감자 크림 수프와 믹스커피로 저녁 식사를 했다. 재워주신 것만으로도 감사해서 내 시트와 수건과 비누를 썼다. 그리고 고마움의 표시로 탈핵 전단지와 작은 선물을 쪽지와 함께 놓고 나왔다. 가진 건 나주 3M 공장의 11년 된 마지막 해고노동자가 준 선물인 셀로판테이프뿐이었다.

다음 날 아침, 길을 떠나는데 긴 문자가 하나 왔다.

먼저 감사드립니다.

좋은 일에 앞장서 일하시는 순례자님을 존경합니다.

이 나라와 국민을 위해서 노력하시는 마음 국민의 한 사람으로서 깊이 감사드립니다.

언제나 안전운전하시고 건강하시기를 기도합니다~

그리고 선물 주셔서 감사합니다~

가슴에 희망의 싹이 움트기 시작했다.

정읍에서 나와 땅끝마을로 갔다. 해남-강진-장흥-보성-벌교-순천까지 8일간 143.6킬로미터를 홀로 걸었다. 그렇게 걸어서 눈물이 말랐느냐고 묻는다면 그렇다고 대답할 수 있다. 걸어서 마른 게 아니라 마를 때까지 걸으면 되었으니까. 이후 6일간 97.5킬로미터 더 걸었다. 그렇게 2주간 241.1킬로미터를 걸었다. 눈물이 마를 때까지 걸어서 자신의 길을 찾을 수만 있다면 그 정도 못 하겠는가.

송전탑 아래

2021년 6월 22일 화요일

순천시-광양시 11.1km, 여수 3.8km: 총 14.9km

살면서 행복한 순간으로 마음과 마음이 통하는 때가 있다. 내 마음을 상대가 알아줄 때, 상대의 마음을 내가 알 때, 두 마음이 같음을 서로 느낄 때. 물이 밀려갔다가 밀려와서 평형을 이룰 때처럼 마음을 주고받다 하나가 될 때 충일감을 느낀다. 소중한 숙소에서 받은 예상치 못한 문자는 앞으로 무슨 길이 어떻게 펼쳐질지 전혀 모르고 떠나는 마음에 막막함보다는 자신감을 주었다.

그러나 그것도 잠시, 곧 기겁할 광경을 목격했다. 친환경농업 선도마을 농지 가운데 떡하니 버티고 서 있는 고압 송전탑. 34만 5천 볼트 전압으로 8미터 이내 근접 시 감전이 된다는 경고문이 있는데 송전탑 바로 아래까지 농작물이 바짝 심겨 있었다. 지지직지지직 전류 소리에 머리카락이 쭈뼛쭈뼛했다. 마침 사잇길 건너 텃밭에 할머니 한 분이 풀을 매고 계셨다. 차를 세우고 다가가 여쭤보았다.

"할머니, 저 송전탑 아래 밭 누구 거예요? 저기서 농사지으면 위험할 텐데 그분 괜찮으세요?"

"사진 좀 찍어가서 저것(송전탑) 좀 뜯어내게 해줘."

말씀은 그렇게 하셔도 미소는 평화로운 할머니와 마을 주민들이 걱정스러웠다. 순천시 해룡면 신기마을이었다.

충격과 근심을 안고 순천종합버스터미널에서 광양터미널까

지 걸었다. 예쁘게 정비한 자전거 도로가 미끈하게 깔린 길이었다. 순천 길 끄트머리에서 유산균음료 배달원이 전동차를 타고 지나갔다. 10년 전 건강음료 배달원의 삶을 홍보 다큐멘터리로 제작했던 터라 반가웠다. 마침 목이 마른데 물이 떨어져 야채 주스를 사 마셨다. 대부분 생계를 짊어지기 위해 어두운 새벽부터 길을 나서는 배달원들. 멀어지는 전동차를 뒤돌아보며 그들이 조금이라도 더 편하고 안전하게 일할 수 있게 해주는 미끈한 자전거 도로가 고맙다는 생각을 했다.

하지만 편리함은 자원의 소비와 직결되어 있다. 순천부터 속출한 송전탑으로 이미 번화한 광양의 모습을 예측할 수 있었다. 광양제철소의 번영과 더불어 도시계획에 의해 개발된 것으로 보이는 광양은 초입부터 깔끔하게 정비된 모습이었다. 광양예술창고와 전남도립미술관을 보자 어찌나 반가운지. 도시의 예술과 자연 사이에서 내 감각의 갈등은 진자운동처럼 흔들렸다. 그러나 문화보다는 휴식, 서둘러 광양터미널 앞 완행버스를 타고 순천터미널에 돌아왔다.

전기는 한숨을 타고 흐른다

광양에서 만난 윤동주 시인

광양터미널 근처에 주차하고 편의점에서 따끈한 두유와 김밥으로 아침밥을 먹었다. 오른쪽 무릎에 파스를 붙이고 길을 나섰다. 그런데 교차로에서 길을 잘못 들어 4킬로미터 정도를 되돌아왔다. 종일 걸어 광양시외버스터미널까지 가려고 했는데 4킬로미터를 남겨두고는 너무 힘겨워 중마터미널로 종착지를 바꿨다. 중마터미널에서 버스를 타고 광양터미널로 가서 차를 가져왔다. 그길로 인터넷 지도에 있는 광양시외버스터미널로 가보았더니 찾을 수가 없었다. 근처 파출소에 가서 물어보니 광양시외버스터미널은 없어지고 대신 중마터미널이 생겼다고 했다. 헤맨 거리만큼 무리하지 않고 중마터미널로 노선을 바꾸길 잘한 것이었다.

비가 막 오기 시작하는 중마터미널 근처에서 콩나물국밥 한 그릇을 먹고 숙소를 찾기 시작했다. 도심의 모텔이나 호텔에서 잘 거라면 도보순례를 나서지도 않았다.

윤동주 시인 유고가 보존됐던 정병욱 가옥을 찾아 망덕포구로 갔다. 그런데 기대했던 가옥은 보수공사 중이었고, 대신 근처에 농어촌 모텔식 민박이 있었다. 중국에서 온 마사지사가 대기 중이었다. 오래전 태국에서는 발 마사지를, 캄보디아에선 전신 마사지를 받아본 적이 있다. 캄보디아 컴컴한 방에서 어린 여자 노동자들이 온몸으로 해주던 마사지를 그땐 아무것도 모르고 받았었다. 한국에서는 아직 마사지실에 가본 적이 없다. 더듬더 듬 한국말로 자기 마사지 잘한다는 중국 여자 성인에게서 전신 마사지를 받으면 온몸의 근육통이 싹 풀릴 것 같았지만, 도보순 례에서는 어울리지 않는 짓이라고 판단했다. 게다가 월경을 시 작했다. 그러고 보니 길을 헤매고 유달리 피곤했던 이유가 따로 있었다.

　방 안에 플라스틱 생수병 대신 정수기가 있었다. 비록 마실 수 있는 물의 양은 적지만 마음껏 물을 마실 수 있는 시설이 있 다는 것만으로도 안심이 되었다. 도보순례에서 물은 필수다. 대 부분 물병에 수돗물을 받아 마시는 산티아고에서도 나는 생수 를 사 마셨다. 물 갈아 마시고 배탈이 날까 봐 식사비를 아끼는 대신 물을 샀다. 숙소에 비치된 물과 커피믹스 한 봉에 휴식의 차원이 달라진다. 게다가 그날 커피믹스에는 글씨도 찍혀 있었 다. '매우 칭찬해'. 글자들이 날아와 내 머리를 쓰다듬어주는 듯 했다. 피로감이 30분쯤 줄어드는 느낌이었다.

하동 지리산과 섬진강

2021년 6월 24일 목요일

광양시 섬진강휴게소-하동버스터미널 15.1km, 벌교 산책 3.5km: 총 18.6km

오전 8시부터 9시까지 하동군청 앞에서 지리산 산악열차 반대

1인 시위를 한다기에 응원차 망덕포구에서 하동군청으로 갔다. 그날 1인 시위자를 만나 지리산 산악열차 반대대책위원회의 의견을 들었다. 하동 지리산 산악열차와 설악산 케이블카를 둘러싼 관과 민의 갈등 외에도 SNS를 통한 대중의 자기표현과 인정 욕구가 자본과 만나 대규모 관광사업으로 변화하는 문화 전반에 대해 들었다.

1인 시위가 끝나자 하동터미널로 향했다. 차를 주차하고 다시 망덕포구로 가기 위함이었다. 주차장에 잠시 정차했는데 갑자기 앞에 서 있던 파란 트럭 한 대가 후진했다. 어어, 대관절 이게 무슨 일이란 말인가. 트럭은 내 차 오른쪽으로 밀고 들어와 운전석 쪽을 들이받고 말았다. 운전 경력 27년에 안전운전은 기본이고, 생일선물로 받은 중고차 탈핵브리드를 몰던 3년 넘게 무사고였다. 왜 하필 도보순례 기간에, 왜 가만히 서 있던 내게 이런 변고가 일어나는 걸까? 다행히 몸은 다치지 않았다. 트럭에서 운전자가 내렸다. 초로의 남자였다. 내 잘못은 하나도 없었지만, 트럭 운전자라 무턱대고 화를 내지 않을까 하는 선입견이 있었다. 다행히도 운전자가 점잖았다. 심지어는 날 만나려고 나오지 않아도 되는 시간에 일부러 나와 사고가 난 거라고까지 말해주었다. 다소 안심이 되어 보험회사의 처리를 기다렸다. 차는 공업사로 들어갔고 나는 렌터카를 받았다. 동급 신형차였다.

천재지변이나 건강 문제가 아니라면 순례를 중단할 순 없다. 기어이 다시 하동터미널로 가서 주차하려던 그 자리에 렌터카를 두고, 막 떠나려는 버스를 타고 망덕포구 쪽으로 갔다. 섬진강휴게소에서 내렸다. 걸어야 했기에 일단 근처 식당에서 재첩국을 한 그릇 먹었다. 그런데 한 2킬로미터쯤 걷다 보니 계산을 안 하고 나왔다는 걸 알아차렸다. 인터넷 검색으로 식당에 전화해서 당일 순례 후 다시 찾아가 계산을 하기로 했다. 정신이 없긴 없었나 보다.

처음 본 섬진강은 소문대로 너르고 완만했다. 엄마의 자애로운 미소처럼 바라보기만 해도 마음이 편안해졌다. 자전거 도로 정도는 애교로 봐줄 정도로 개발의 발톱이 할퀸 흔적이 별로 없었다. 강 위로 걷다가 강 가까이에 나 있는 길로 접어들었다. 한참을 가다가 보니 여기에선 좀 쉬어줘야겠다는 생각이 드는 의자가 있었다. 의자에 앉아 물 한 모금 마시고 일어서는데 깜짝 놀랐다. 배낭에 달고 다니던 '핵발전소 없이 안전하게 살자' 몸자보가 사라진 거였다. 옷핀으로 달아서 여간해선 떨어지기 어려운데 그게 언제 없어졌을까?

세월호 노란 리본에 이어 탈핵 몸자보까지. 내 신념마저 비워야 한다면 그래야겠구나, 수긍하기로 했다. 모두 지우고 새로 시작해야 한다면, 그게 이번 도보순례의 목적이라면 받아들여야 한다고 여겼다. 어느 것으로도 누구를 대표하거나 상징할 수 없다. 사람은 그렇다. 마음 또한 그러하다. 하루에도 열두 번 바뀌는 게 사람 마음이고, 일체유심조一切唯心造로 좌우되고 조삼모사朝三暮四에 넘어가는 것 역시 사람이다. 사람은 지극히 이기적이며 또한 한없이 이타적일 수 있다. 내가 걷는 것은 먼저 나를 위함이고 그다음이 남을 위함이다. 누가 시킨다고 이 더위에 내 돈

들여 이 고생을 자초할까? 그렇다고 내 힘이나 내 의지로만 걷는다고 말할 수도 없다. 나도 내가 왜 이러는지 알 수 없다. 무작정 길을 나설 때가 많다. 가다 보니 그만둘 수 없어 끝까지 가는 경우도 있다. 완벽주의 성향을 버리고자 일부러 중단하거나 변경할 때도 있지만 좀처럼 포기하지 않는 성미라 어떻게든 완주를 하긴 한다.

세월호 리본을 달아야만 희생자를 추모하는 것도, 탈핵 몸자보를 달고 다녀야만 탈핵운동을 하는 것도 아니다. 하지만 길에서 만나는 차들이나 사람들 옷에 노란 리본이 보이면 반가운 건 어쩔 수 없다. 동질 동류의 사람에게 친근감을 느끼는 건 자연스러운 일이니까. 그건 태극기 부대도 마찬가지일 것이다. 유유상종이 주는 안정감과 즐거움이 사람에겐 필요하니까. 어쩌면 리

저절로 비움

본이나 몸자보는 신념을 자랑하거나 행위로 위세하기 위함이
아니라 마음이나 뜻은 있으나 표현하지 못하는 이들에게 힘과
위로를 주려는 '노란 손수건' 같은 상징이 아닐까? 하루 동안 아
주 큰 사건들이 일어났다. 그리고 나는 그것들을 하나씩 잘 감당
해냈다.

박경리 선생님

2021년 6월 25일 금요일
하동군 하동문화예술회관-악양면 8.8km, 최참판댁 4.7km: 총 13.5km

늦게 출발한 데다 그늘 하나 없는 뙤약볕 아래 강변을 걸었기
때문이었는지 걸음이 두 배로 느려졌다. 세 시간을 걷고는 목적
지를 코앞에 두고 지나가는 버스에 올랐다. 더 걷다가는 일사병
에 걸릴 듯했다. 시골 버스는 만날 때 타지 않으면 몇 시간을 기
다려야 한다. 특히 낮에는 더하다. 하동 강변에 세워둔 자동차로
갔다. 물 먹인 솜처럼 몸이 한없이 처졌다. 찜통 같은 차에서 정
신을 잃은 듯 짧은 낮잠에 빠졌다.

　잠시 후 운전해서 평사리공원을 지나 최참판댁으로 갔다. 윤
씨 부인과 최치수와 서희가 살던 집들을 둘러보았다. 병수가 서
희를 훔쳐보다가 길상에게 멱살이 잡혔던 담벼락이 어딜까 궁
금했다. 서희가 김개주의 아들이자 제 어미와 도망친 김환을 숨
겨준 사당의 마룻바닥도 보았다. 서희가 바라보았을 연못을 별

박경리 선생님과 나

당 툇마루에 앉아 바라보았다.

최참판댁에는 도라지꽃들이 피어 있었다. '투명하고 하얀 모시 치마저고리'의 서희 같은 흰색과 보라색의 도라지꽃. 어딘지 애잔하고 단아한 모습, 꽃잎조차 흐트러지지 않는 절개에 식용으로 사용되는 생활력의 도라지꽃 꽃말은 '영원한 사랑'이다.

1926년생인 박경리 선생님은 1946년에 결혼하셨지만 6·25 전쟁 중에 부군을 잃고 어린 아들도 잃었다. 딸 하나를 키우며 1955년에 등단한 선생님은 1969년부터 1994년까지 25년간 《토지》를 썼다.

소설의 배경이었지만 선생님께서 '지도 한 장 들고 한 번 찾아와본 적이 없는 악양면 평사리'. 그곳에 소설 시작 30년 만에 작품의 현장인 최참판댁이 들어섰고 박경리문학관이 생겼다. 그리고 나는 박경리문학관에서 이번 도보순례의 목적을 깨달았다. 작년 5월 토지문화관에서 시작된 나의 독립, 그리고 정읍을 거쳐 악양에서 다시 만난, 돌아가신 박경리 선생님께서 살아 있는 내게 해주신 말씀, "난 특별히 문학을 내 인생과 갈라놓지는 않습니다".(MBC《토지》완간 10주년 특별대담, 〈작가 박경리〉, 2004) 2021년 6월, 울며불며 내가 왜 걷는지도 모른 채 걸어온 남도 600리 길의 끝에서 살아 있는 내 삶이 문학이고 문학이 내 삶임을 박경리 선생님께서 일깨워주셨다.

인생의 꽃길

2021년 6월 26일 토요일
하동군 악양면 평사리-화개공용버스터미널 8.2km, 쌍계사·쌍산재 3.6km: 총 11.8km

화개공용버스터미널에 자동차를 세우고 완행버스에 오르며 행선지를 묻는데 기사가 농담을 건넸다. 내가 웃으니 이것저것 물어본다. 해남부터 걸어왔다고 하니 "벌 받아요?"라고 한다. 기사는 쌍계사와 칠불사 자랑을 했다. 걷지만 말고 그런 데도 보고 다니라는 조언이었다.

최참판댁 입구에서 내리자 버스가 양쪽 방향지시등을 동시에 켜며 갔다. 버스 타고 온 길을 다시 거슬러 걷기 시작했다. '벚꽃, 녹차가 어우러진 19번 국도' 아래로 섬진강 백리 테마로드가 있긴 한데 수해 복구가 아직 되지 않아 오르락내리락을 반복해야만 했다.

그늘 한 점 없는 섬진강변의 정비되지 않은 들꽃길을 한참 걸었다. '꽃길만 걸으세요'의 꽃길은 결혼식 행진 때 장식된 꽃길이지 이런 꽃길은 아닐 거라고 생각했다. 한참 걷다 문득 아래를 보니 지리산 종주를 위해 작년에 새로 산 이탈리아제도, 여름용도 아닌, 산티아고 순례길을 걸었던 국산 등산화를 신고 있었다. 수년 전 낯선 타국에서 800킬로미터 걷던 나와 지금 한국의 남도길을 걷고 있는 나는 무엇이 어떻게 달라졌을까? 물론 스스로 자신이 얼마나 달라졌는지 잘 안다. 많은 일을 겪었고 여전히 걷고 있다. 다만 나는 꽃길만 원한 적이 없다. 인생에 꽃길만 있다면 얼마나 지겨울까? 꽃길이든 흙길이든 아스팔트 길이든 돌길이든 내게 주어진 길을 걷는다. 한 발 한 발 쉬지 않고 걸어나간다. 그러다 보면 어느덧 목적지에 도달할 것이다. 목적지가 어디인지도 모른다. 생명이 끝나는 날까지 살아나가야 하듯 걸을 수 있을 때까지 걷는 것뿐이다. 시간을 절대 뒤로 돌릴 수 없듯이 인생도 전진뿐이다. 그러나 빠르고 넓은 길을 가느냐 느리고 좁은 길을 가느냐는 각자의 선택이다. 어찌 보면 그것 역시 개인의 선택에 의한 것만도 아니다. 우리 모두는 그저 주어진 각자의 길을 갈 뿐이다.

화개공용버스터미널에서 더 걸어야 했는데 도저히 몸이 말을 듣지 않았다. 즐겨 마시던 캔커피조차 몸에 받지 않았다. 세워둔 차를 타고 쌍계사로 향했다. 쌍계사는 도보순례 일정에 없던 곳이었지만 아침에 만난 버스 기사의 호의를 받아들인 거였다. 쌍계사 주차장에 도착하자마자 또 기면증처럼 쓰러지듯 잠이 들었다. 잠시 후 일어나 사찰로 향했다.

신라 성덕왕 23년(724년)에 삼법, 대비 두 화상이 당나라에서 선종의 육조이신 혜능대사의 정상頂相을 모시고 봉안한 것이 그 시초라는 쌍계사는 입구에 걸린 '미얀마 민주주의 지도자 아웅산 수찌 여사와 88민주항쟁 학생지도자 민꼬나이의 안전과 승리를 기원합니다' 현수막 덕분에 초입부터 호감이 생겼다. 국보인 진감선사대공탑비와 경상남도 유형문화재 제28호인 석등 외에도 보물이 가득한 사찰이었지만, 내 눈에는 5층짜리 소각장과 대형차량 서너 대는 족히 그 그늘에서 쉴 수 있는 아름드리 은행나무와 사적비를 등에 지고 있는 거북 발톱이 인상적이었다.

쌍계사에서 나오는 길에 버스 한 대가 들어왔다. 좁은 교차로에서 차를 돌리는데 혹시나 하고 버스 운전석을 올려다보니 아침에 탔던 그 버스의 기사였다. 나는 함박웃음을 머금고 기사를 향해 손을 흔들었다. 버스에선 마스크를 착용했고 차에선 마스크를 벗은 채였다. 기사 역시 아래 승용차에 있는 나를 알아본 모양이었다. 버스가 아침처럼 양쪽 방향지시등을 깜빡깜빡 켜면서 반대 방향으로 멀어졌다. 버스 기사는 자기 말 듣고 일부러 쌍계사에 찾아온 내 마음을 알겠지? 길에서 스치는 인연들이 반짝이는 순간이었다.

내친김에 다음 날 순례길에 있는 쌍산재로 향했다. 마지막 날에는 관광하지 않고 오롯이 순례만 하고 싶었기 때문이었다. 전라남도 제5호 민간정원인 쌍산재는 조선 후기의 고택으로, 정원이 궁금한 내가 순례길에서 특별히 선택한 두 곳 중 하나였다. 주말이라 입구에 가득한 차들을 보면서 입장 전부터 걱정을 했다. 오후 4시면 마감인데 다행하게도 가까스로 입장이 가능했다. 무조건 택일해야 하는 음료 한 잔에 만 원. 반은 입장료인 셈이다. 아늑한 고택에 어울리는 아기자기한 소품으로 장식한 손님맞이는 일품이었으나 예상대로 인파는 견디기 어려웠다.

손님들이 거의 나가고 한숨 돌리자마자 문 닫을 시간이 되어 막 나온 쌍산재 바로 앞에는 초록빛 가득한 논을 가로질러 대형 고압 송전탑이 주루룩 서 있었다. 해주오씨 문양공 동정공파 조상님이 이 꼴을 본다면 얼마나 통탄할까.

순례 얼마 후 쌍산재에 다시 갔다. 전에도 눈에 띄었던 주차요원이 알고 보니 미국 할아버지였다. 쌍산재 주인의 사촌이 아내라 돕고 있다고 했다. 냉매실차는 여전히 맛있었으며 관광객이 별로 없어 마룻바닥에 앉아 한가하게 선풍기 바람을 쐬고 올 수 있었다. 그런데 그날의 주목적은 그 앞에 있는 당몰샘을 보는 것이었다. 쌍산재 앞 당몰샘은 '천년 된 마을에 이슬처럼 달콤하고 신령스러운 샘'이라 그 물을 마시면 팔순을 산다고 했다. 비치된 플라스틱 바가지로 떠먹은 샘물로는 아마 최초일 것이다. 영롱한 물빛처럼 물맛이 맑고 깨끗하고 달았다.

사생조화

홀로 도보순례 마지막 날이라 모양낸다고 친구가 선물해준 분홍색 소목 천연염색 손수건을 목에 둘렀다. 하동군 화개버스터미널에서 구례군 토지면으로 가는 섬진강대로에는 인도가 거의 없다. 30~50센티미터 되는 좁은 갓길로 걸어가는 건 나뿐만 아니라 차량 운전자에게도 위험하다. 하는 수 없이 기존에 걷던 주행 방향이 아닌 반대 방향으로 걸었다. 앞쪽에서 오는 차량을 봐야 대처할 수 있기 때문이다. 제한 속도 시속 60킬로미터인 일 차선 도로 앞에서 달려오는 차들은 대부분 걸어오는 나를 피해 차를 조금씩 중앙선 방향으로 움직여 지나갔다. 그때마다 나는 운전자를 향해 꾸벅꾸벅 목례했다.

인도나 자전거 도로가 없는 길에서는 어쩔 수 없이 국도변으로 걸어야 한다. 그동안 걸어온 18번 국도, 2번 국도, 19번 국도에서 마주친 수많은 차량이 길가를 걷는 나 때문에 얼마나 불편했을까? 그중 한 대라도 졸음, 음주, 무면허 운전이었다면 나는 무사하지 못했을 것이다. 그래서 걷는 것은 혼자 하는 일이 아니다. 길이 깔려 있고 그 길을 달리는 운전자들의 배려가 있어야 가능하다. 가끔 속도를 늦추지 않고 달리는 덤프트럭이 스칠 때마다 나는 생과 사를 넘나든다.

악양면 평사리 박경리문학관의 선생님 동상 아래에는 '버리고 갈 것만 남아서 참 홀가분하다'라고 쓰여 있다. 비움이란 인생 정리. 탈핵 도보순례를 하면서 비움 실천을 시작했다. 가지고 있는 것들을 버리고 소비를 줄이는 생활을 했다. 그러나 아직 홀가분한 수준에 이르기까지는 어림없다. 밤에 눈을 감으며 내일 아침 눈을 뜰 수 있을지, 아침에 길을 나서면서 저녁에 거처에 돌아갈 수 있을지 의심하며 매일을 사는 사람은 거의 없다. 그렇게 불안하게 살다가는 신경쇠약증에 걸릴 것이다. 그러나 하루하루를 최선을 다해 살고 만나는 이들에게 전심으로 대하고 일어나는 모든 일에 감사한다면 삶이 덜 후회스럽지 않을까.

남도 이순신길 석주관 앞에서 목덜미를 쓸어보다 손수건이 사라졌다는 걸 알아차렸다. 아~ 예쁜 걸 좋아하는 취향마저 비워야 하나?

드디어 화엄사 가는 길로 접어들었다. 구례군 마산면 초입에서 전동휠체어 한 대가 나를 따라왔다. 운전자인 할아버지가 (배낭에 다시 단) 몸자보를 보더니 환경단체에서 나왔냐며, 돕고 싶다고 돈을 주겠다고 했다. 단호히 사양했다. 평소에 땀 흘려 번 돈이 아니고는 내 돈이 아니라고 생각하기 때문이었다. 그래도 깨어 있는 마을 분위기에 기분은 좋았다.

조금 더 가는데 백발에 흰 고무신을 신은 여자분이 담벼락 정원을 가위로 손질하고 있었다. 얼마 전 읽은 정원 관련 책에 나오는 유럽 풍경 같았다. 나도 모르게 뒷모습을 사진 찍었다. 셔터 소리에 뒤를 돌아본 노부인이 이 동네 사람이냐고 물었다. 아니라고, 해남에서부터 걸어왔다고 대답했다. 그분이 들어와서 냉커피를 마시고 가라고 청했다. 4킬로미터만 더 가면 고지인데……. 평소라면 목적지를 코앞에 두고 지체하는 행동 따위는 하지 않았을 것이다. 거절하거나 내려오는 길에 들르겠다고 했을 것이다. 그런데 청에 응했다. 이런 걸 인연이라고 하겠지.

노부인은 냉커피는 물론 과일과 삶은 감자까지 내어주고, 가다 먹으라고 바나나와 살구도 챙겨주었다. 도보순례를 시작하기 전날, 고정희 시인 생가에서 올케분의 점심 밥상을 받은 후 도보순례 마지막 날에도 모르는 사람이 나를 먹여주었다.

너희는 무엇을 먹을까 무엇을 입을까 염려하지 말라

(마태복음 6:31-32)

불자인 노부인이 이야기했다.

"내가 다녀보니까 대한민국에는 좋은 사람들이 더 많아."

그런 사람들이 있기에 대한민국이 좋은 것이다.

피의 역사가 골짜기마다 흐르고 민초의 삶이 등성이마다 피어난 지리산 그리고 화엄사로 가는 길은 성스러워야 마땅했다. 그런데 그 길에 쌍산재 앞에서부터 나를 놀라게 한 송전탑 행렬이 계속 이어졌다. 상상해본 적 없는 광경이었다. 한반도 끝에 있는 발전소들로부터 대도시로 공급되는 전기선로가 묵묵히 역사를 품은 지리산 자락을 휘돌고 있었다. 고압 전류에 영향받을 새와 들짐승과 주민과 그 모두를 감싸안고 있는 산을 생각하니 가슴이 아팠다.

백제 성왕 22년(544년)에 인도에서 온 연기존자가 창건한 화엄사는 입구에서 이미, 사는 데 기본으로 중요한 가르침을 주었다.

불견不見, 남의 잘못을 보려 힘쓰지 말고 남이 행하고 행하지 않음을 보려 하지 말라. 항상 스스로를 되돌아보고 옳고 그름을 살펴야 한다.

불문不聞, 산 위의 큰 바위가 바람에 흔들리지 않듯이 지혜로운 사람은 비방과 칭찬의 소리에도 평정을 잃지 않는다.

불언不言, 나쁜 말을 하지 말라. 험한 말은 필경 나에게로 돌아오는 것. 악담은 돌고 돌아 고통을 몰고 끝내는 나에게 되돌아오니 항상 옳은 말을 익혀야 한다.

(법구경)

그리고 벽암국일도대선사비 옆과 천왕문 옆에 있는 배롱나무들로 맞아주었다.

화엄경에서 이름을 딴 화엄사는 자장율사가 부처님 진신사리 73과를 봉안한 4사자 3층 사리탑이 있는 적멸보궁(사찰에서 석가모니불의 진신사리를 봉안하는 불교 건축물)이다. 국보 제67호인 동양 제일의 목조건물 각황전이 대웅전보다 더 웅장한 화엄사. 그 옛날 자장법사, 원효성사, 의상대사, 도선국사, 의천 등이 중창하여 조선 세종 6년(1424년)에는 선종 대본산으로 승격한 위용이 지리산의 기운과 어우러져 경내에 가득했다.

화엄사에 처음 가보았다. 홀로 하는 도보순례 대장정의 종착점으로 정하면서도 지리산 종주의 출발 지점이란 것 외에는 아무 정보도 없었다. 그런데 이유 없이 이끌리듯 구층암으로 올라갔다. 구층암을 막 돌아섰는데 "악" 소리가 나왔다. 죽은 모과나무 두 기둥이 집을 버티고 있었다. 탄성이 터진 것은 있는 그대로의 자연물을 인공의 건축물에 가감 없이 합친 과감한 존중 때문이었다. 그런데 자세히 보니 그 앞에 살아 있는 모과나무 두 그루가 있었다. 석등에 배낭과 지팡이를 기대어 놓고 작은 연못 건너편 건물에 앉아 모과나무 두 기둥을 한참 바라보았다. 死(사)와 生(생)이, 죽음과 삶이 한자리에 있는 풍경이었다.

구층암은 이번 도보순례의 마지막 시간을 맞기에 가장 합당한 장소였다. '핵발전소 없이 안전하게 살자!'에서 중요한 것은 핵발전소 없이 보다 안전하게 '살자!'였다. 그리고 그것보다 더 중요한 건 해남에서부터 구례까지 걸어가 그 순간 '살아 있는

사생조화(死生造化)

나'였다.

도보순례가 끝나고 지리산 자락 청명 집으로 갔다. 탈핵 벗들이 왔다. 친구들의 환대와 우정과 사랑으로 두 주간 뭉쳐 있던 긴장과 불안과 곤핍이 서서히 풀렸다.

며칠 뒤 통영의 박경리 선생님 생가에 들러 묘소로 갔다. 작년 5월과 6월, 원주 토지문화관 집필실을 마련해 내어주신 박경리 선생님, 도보순례길에 악양의 선생님 문학관에 들러, 꼭 1년 만에 드디어 찾아뵙는 통영의 선생님. 원주에서는 '꿈꾸는 자가 창조한다'고 말씀해주시고, 악양과 통영에서는 '버리고 갈 것만 남아서 참 홀가분하다'라고 되새겨주신 박경리 선생님. 그분의 무덤 앞에 무릎을 꿇자 마른 줄 알았던 눈물이 오열로 터져 나왔다. 사람이 이 세상에 태어날 때 한 가지씩 소명을 가지고 나왔다면 그것을 완수해야 할 것이다. 선생님께서 그러셨던 것처럼 나도 정히 그 길을 가야 한다면, 그것이 내 운명이라면 그러겠노라고 다짐했다. 눈물이 멈추자, 선생님 묘소 왼쪽에 솔방울로 쓴 '탈핵'이라는 흔적 하나가 남았다. '살아 있는 것들의 생명은 다 아름답습니다'라고 하신 선생님이시니 귀엽다고 하실 것이다.

통영에서 차를 타고 달렸다. 두 주간 길고 뜨거웠던 그 길을 한 발자국씩 떼어 옮긴 고통의 시간을 되감듯 직진했다. 하동-광양-순천-벌교-보성-장흥-강진-해남 땅끝마을까지 갔다. 그리고 18번 국도가 시작된 진도, 지난 4월의 팽목항으로 갔다. 거기 두고 온 증표를 확인하고는 돌아섰다. 발걸음이 떨어지지 않아 멈칫멈칫 가다 서다를 반복하다 결국은 목포신항으로 가게 되었다. 내 의지가 아니었다. 다시 세월호를 보자 지난 7년간 휘몰아친 인생의 급류를 감당하기 벅차 눈물이 또 터져 나왔다. 지는 해의 안타까운 열정이 옮겨붙은 듯 즐비한 자본의 대열 뒤 낡고 바랜 세월호를 온몸으로 촬영했다. 언제 해가 지고 말았는지도 몰랐다. 결국은 어둠 속 세월호 옆에서 하룻밤을 보냈다.

큰 무대의 막이 내린 듯 며칠간 기억을 들춰볼 수조차 없이 기진맥진했다. 허공에 떠 있는 듯한 몇 날이 지나서야 겨우겨우 조심스럽게 그날의 촬영본을 컴퓨터에 연결했다. 그런데! 저장 장치가 열리지 않았다. 사진을 한 4년 반 동안 처음 있는 일이었다. 내 혼과 정신을 담아 사진 찍었던 그 일몰의 시간은 영영 어디로 간 것인가.

그럼에도 불구하고, 마음이 평안했다. 무언가를 이룰 수 있을 듯하던 욕망마저 내려놓아야 한다면? 물음이 떠오르자 미소가 지어졌다. 그래, 답은 하나지. 비움.

역사 위에서

쉼과 우체국

2021년 7월 14일 수요일
전라남도 곡성군 죽곡면 연화가든-목사동우체국 왕복 3.6km

7월에는 쉼이 필요했다. 그리하여 월초에는 강빛마을을 중심으로 남북 마음 내키는 대로 산책을 했다. 산책과 순례의 차이는 정한 노선과 진지한 목적의 유무 정도일까? 민중 엣센스 국어사전 제6판을 찾아보았다.

　산책(散策) 휴식을 취하거나 건강을 위하여 멀지 않은 거리를 천천히 거닒.
　-흩뜨리다, 풀어놓다 散(산)에 채찍질, 지팡이 策(책)

순례(巡禮) 종교상의 성지·영장 등을 차례로 찾아다니며 참배함.
—돌다, 어루만지다 巡(순)에 예절 禮(례)

종교 목적은 아니지만 매주 월요일은 순례였다. 경주 월성핵
발전소 인접지역 이주대책위원회 상여시위와 연대하기 위하여
'월성 2·3·4호기 조기 폐쇄' 조끼를 입고 걷기 때문이다. 두 번
의 월요일에 연화사까지 2킬로미터를 걸어갔다 왔다. 그리고
수요일, 드디어 18번 국도 보성-구례 도보순례 구간을 이어보
기로 했다.

먼저 강빛마을에서 북쪽보다 훨씬 긴 남쪽을 택했다. 몸자보
를 단 얇은 배낭을 메고 보성강을 거슬러 대황강로를 따라가다
다리를 건너 죽곡로 목사동면으로 갔다. 친환경 농산물 유기농
재배단지 논밭이 청정하고 단아했다. 보도용 나무 데크를 원래
있던 나무가 다치지 않도록 깔아놓은 친환경마을이었다. 데크
에는 '끝까지, 곁에서' 세월호 7주기 현수막과 '일본 정부는 후쿠
시마 원전 오염수 방류 결정을 즉각 철회하라!' 현수막이 걸려
있었다. 약속 없이 친구를 만난 듯 반가웠다.

227년 된 왕버드나무를 지나자 목사동우체국이 있었다. 시골
우체국처럼 발길을 사로잡는 게 또 있을까? 잠시 멈춰 서서 우
체국을 사진 찍었다. 그런데 우체국에서 막 나온 한 여자가 내게
말을 걸었다. 운동하냐, 어디 사냐 등등. 나는 걷는 중이고 곡성
에서 한 달간 산다고 했다. 여자는 자기 집에 한번 놀러 오라며
연락처를 알려주더니 노란 자두 두 알을 내 얇은 배낭 주머니에

넣어주었다. 밀짚모자를 쓰고 개량 한복을 입은 여자에게서 귀농인 느낌이 났다. 다 찌그러진 스포츠 범용차량SUV을 타고 황황히 가는 모습이 황야에 내놓아도 손색없었다. 관제엽서를 사러 들어가 이날 처음 만난 목사동우체국장은 이후 곡성에서 여러 인연을 이어주었다.

곡성 인심

2021년 7월 15일 목요일
목사동우체국-곡재마을 왕복 5.4km

18번 국도를 잇는 둘째 날, 돌아오는 길에 고물을 잔뜩 실은 1톤 트럭 한 대가 저만치 섰다. 나를 기다리는 게 분명했다. 석곡에 산다는 운전자는 차에서 내려 내게 뭔가를 해주고 싶어 했다. 옆자리는 고물로 꽉 차서 태워줄 수가 없었고, 점심밥을 사주고 싶어 했으나 시간이 맞지 않았다. 별수 없이 명함을 내밀면서 줄게 이거밖에 없다며 먹다 남은 분홍색 목캔디를 주었다. 어쩜 곡성 사람들은 이렇게 스치기만 해도 따뜻할까.

이사 소식

2021년 7월 17일 토요일
곡재마을-신전마을 왕복 3.2km

곡재에서 신전으로, 걸은 지 얼마 안 됐는데 강빛마을 이장님에게서 전화가 왔다. 집을 보러 왔으니 문을 열어달라는 것이었다. 예고 없던 소식에 한달음에 되돌아갔다. 내일 일을 모른다더니 날마다 크고 작은 일들이 생겨난다.

사유재산에 대한 사유

2021년 7월 18일 일요일
신전마을-순천시 순천농협 오산지점 왕복 6.6km

삼복 중에는 오전 도보순례가 어렵다. 날이 금방 뜨거워지기 때문이다. 그래서 오후 4시가 넘으면 채비를 차리고 5시쯤 되면 산책 삼아 걷기 시작했다. 카메라 가방과 노트북을 챙겨 차에 실었다. 전날 갑자기 살고 있는 집을 보러 사람들이 왔었다. 이후로 언제 누가 집을 보러 올지 모르니 문을 열어놓고 다녀야 했다. 강빛마을에는 문을 잠그지 않고 다니는 사람들이 많다고 했다. 그래도 여태 도난 사건이 없었단다.

차를 타고 목사동을 지나 전날 걸어갔던 지점에 세워두고 곡성군에서 순천시로 넘어갔다 왔다. 매일 왕복을 걸으니 이동 거

리의 두 배씩 걷는다. 갈 때는 새로운 길이라 설레고 돌아올 때
는 아는 길이라 빠르게 온다. 약 7킬로미터에 1시간 40분쯤 걸
렸다.

차에 막 오르자 빗방울이 떨어졌다. 와이퍼를 작동시키지 않
고 서행했다. 지열로 달아오른 아스팔트에 떨어진 비가 안개처
럼 피어올랐다. 구름에서부터 땅까지의 거리를 굳이 계산해보
지 않아도, 그렇게 멀리서부터 내려와 땅에 떨어지자마자 기화
되어 곧장 다시 올라가다니 소나기의 순환은 짧아서 아쉬운가.
그렇게 멀리까지 걸어갔다 걸어오는 나의 순례는 대체 빗물만
큼이라도 어디에 도움이 되는가. 나는 왜 길을 걷는가. 왜 걷는
지는 모르겠지만 걷고 있으면 많은 것들이 정리된다.

하루 사이, 다시 소유에 대해 사유한다. 탈핵 도보순례를 하
며 사유재산을 축적하지 않기로 한 결심. 남의 빈집을 전전하며
살고 있는 생활. 한 달 살이 하고 있는 강빛마을 집의 주인이 바
뀌는 것과 나와는 아무 상관이 없다. 그런데 왜 동요하는가? 착
한 부자가 가난한 예술가를 돕는 선행을 못 하게 돼서? 공유경
제로 인한 부의 재분배가 이루어지지 않아서? 현행 부동산법 원
리원칙의 한계와 형평성 때문에? 만약 내게 집값만큼의 돈이 있
다면 탐나는 그 집을 홀랑 사버리겠지. 그러곤 꾸미기 시작하겠
지. 이 사람 저 사람 오라고 부르겠지. 집들이가 끝나면 붙박여
살겠지. 그러다 또 다른 세상을 궁금해하겠지. 그러면 집에 싫증
을 내겠지. 더 다녀야 할 세상이 많고 다녀본 뒤에 정착해도 늦
지 않다. 아직 소유욕이 이리 팽팽히 살아 있으니 풍족하지 않길

천만다행이란 생각이 들었다. 산책 혹은 도보순례가 정리해준 마음이었다.

여순사건 특별법 제정

2021년 7월 19일 일요일
순천농협 오산지점-오성가든 2km, 2.7km: 총 4.7km

세 번째 월요일 아침, 월성 조끼를 입고 순천시 주암면 문길마을을 지나가는 중이었다. 18번 국도 옆 논길로 가는데 논물 길에 할머니 한 분이 들어가 들깨 옆 잡초를 매고 계셨다. 그 좁은 도로에도 밭을 일궈 김을 매는 할머니. 여든이 다 되신 할머니는 거머리 걱정을 하는 내게 다 늙어서 뜯어먹어도 된다고 했다.

"아니 왜 혼자 다녀? 둘이 다녀야 재밌지."

'그걸 누가 모르나요. 함께 다녀줄 사람이 없는 걸 어떡해요, 할머니.'

얼마큼 가다 기온이 급속히 올라갈 거라 예상되어 금세 되돌아왔다. 왔던 그 길로 다시 가는데 그때까지 그 할머니가 물속에 있었다. 나를 보고 길로 올라온 할머니는 낫으로 옥수수를 툭툭 끊어서 하나하나 다듬어주었다.

"물 자박자박 넣고 소금이랑 설탕 넣어서 끓이면 아주 맛있어. 남으면 냉동실에 넣었다가 다시 쪄먹어도 진짜 맛있고."

'냉동실이 없는데요, 할머니.'

얼굴도 귀여운 할머니는 인심이 더 예쁘셨다. 남자 얼굴도 모르고 시집와서 입때까지 살았다는 할머니는 옥수수를 아홉 개나 주셨다. 얇은 배낭에 옥수수를 넣으면서 나도 뭐 드릴 게 없나 뒤져보았지만 사탕 한 알이 없었다.

"저도 뭘 드리고 싶은데 아무것도 없어서 어쩌죠?"

"아이고, 맛있게 먹어주면 고맙지. 주긴 뭘 줘."

아~ 세상의 할머니들은 어찌 이리 따뜻하고 정이 많은지.

문길마을을 사이에 두고, 오산마을과 순천농협 오산지점이 있다. 커다란 당산나무가 있는 오산마을은 '마을이 자라처럼 생겼다고 하여 鰲山(오산)이라 이름 붙은 유서 깊은 동네였지만, 1948년 여순 10·19(항쟁)에서 6·25전쟁에 이르는 시기에 참혹한 피해를 입었다'고 한다. 순천농협 오산지점에 '여순사건 특별법 제정 환영-유가족 여러분, 고생 많으셨습니다' 현수막이 세로로 걸려 있었다.

여순사건은 1948년 10월 19일 전남 여수 신월리에 주둔했던 국방경비대 14연대 군인들이 제주4·3사건 진압 출동 명령을 거부하면서 발생했다. 1948년 10월 22일 자 〈자유신문〉 헤드라인을 보면 '국군제14연대내서 반란 여수순천점령코 북상'이라고 나와 있다. 여수와 순천, 그래서 여순사건이다. 당시 진압 과정 중 전남 여수·순천·구례·광양·보성·고흥 등지에서 군과 경찰 및 무고한 시민이 희생됐다. '당시 보도에 따르면 사망자는 여수에 1,200여 명, 순천 1,134명이다. 이 피해가 정확하다고 말한 것은 아니다'라고 〈순천광장신문〉 '역사별곡-3'에 나와 있다.

같은 신문에서 알게 된, 73년 전 극악했던 학살의 현장에서 시작된 이야기가 하나 있다. 1935년 4월 12일과 7월 10일 자 〈동아일보〉에 '오양독창회吳孃獨唱會' 기사가 실릴 정도로 주목받던 소프라노 오경심은 당시 순천사범학교 음악 교사였다. 그이는 여순사건 당시 부역하여 구법원 앞에서 사형 집행을 하려고 할 때 〈봉선화〉를 불렀다고 한다.

울 밑에 선 봉선화야 네 모양이 처량하다

길고 긴 날 여름철에 아름답게 꽃 필 적에

어여쁘신 아가씨들 너를 반겨 놀았도다

오경심이 죽음 앞에서 불러 군중들의 가슴에 박혔던 노래 〈봉선화〉는 나 어릴 때 할머니가 '봄의 교향악이~'로 시작되는 〈동무 생각〉과 함께 가르쳐주신 노래다. 한글도 배우기 전인 서너 살 때 식구들이 노래를 시키면 나는 그 노래를 불렀다. 할머니는 어쩌자고 고 어린 손녀에게 그리도 처량 맞은 노래를 가르쳐주셨을까. 〈고향의 봄〉보다 〈봉선화〉를 즐겨 불렀던 그때부터 내 애수哀愁가 시작되었을까. 그 노래를 누구보다 잘 아는 나는 살벌하고 황량한 처형장을 휘돌았을 오경심의 애절한 목소리가 귀에 들리는 듯했다.

그런데 사실을 더 깊이 들어가보면 당시 오경심은 사형되지 않고 무기징역을 선고받았다. 그러므로 그가 사형 직전 〈봉선화〉를 불렀다는 이야기는 평소 오경심이 즐겨 불렀던 〈봉선화〉

와 당시 무고한 많은 이들이 즉결처분으로 사형당한 이야기의 조합이었다. 입에서 입으로 전해지는 역사는 반드시 검증이 필요하다. 물론 당시 상황의 반영이니만큼 그 참상은 기억해야만 한다. 무고한 가족과 친구와 이웃들이 학살당한 그 사건의 진상 규명과 명예회복이 73년 만에 이루어진다니, 한 많은 세월을 생각하면 억울하지만 이제라도 다행이 아닐 수 없다, 고 그리 간단하게 말할 수 있을까. 그런데 여순사건 특별법이 공포된 지금 내가 왜 그 땅 순천에 있는가.

내 나이 열 살 때, 국립4·19민주묘지가 있는 서울시 우이동에 살았다. 나는 가족들과 놀러 가 사진을 찍던 4·19탑이 귀에 들리는 대로 '복숭아꽃 살구꽃'의 '살구탑'인 줄 알았다. 나이를 먹으면서 '4·19의거'는 '4·19혁명'이 되었고 '5·18광주사태'

오산마을 당산나무

는 '5·18광주민주화운동'이 되었다. '제주4·3사건'은 '제주4·3
항쟁'이 되었고 '여순반란사건'은 '여순사건'이 되었고 혹자는
벌써 '여순민중항쟁'이라고 명명한다. 사실과 진실과 거짓 속에
서 역사는 누구에 의해 어떻게 쓰이는가. 그리고 그 역사의 흐름
속에 나는 그리고 우리는 어떤 점을 찍고 있는가. 그리하여 나는
이번 보성-구례 18번 국도의 종착지를 구례 현충공원 여순사건
희생자 위령탑으로 정했다. 그리고 약속을 하나 기억했다.

걷지 못한 날

이틀간 몸 상태가 좋지 않아 집 밖에 못 나갔다. 걷지 못하면 뇌
도 멈추는 듯하다. 그러고 보니 강빛마을 집주인 인터뷰 기사에
서 '뇌는 운동을 위한 기관'이라고 읽은 기억이 난다.

**인간의 발달된 뇌는 기억된 수많은 운동 조합을 가지고 있다고 해
요. 발생학적으로 보면 운동을 위하여 뇌가 생겨났고 원래 운동이
없으면 뇌도 없게 돼요.**
-《길목인》인터뷰, '시골 정형외과 의사: 고한석', 2018년 4월

칸트는 매일 오후 5시에 산책을 했고, 니체 역시 산책을 했으
며, 브람스가 매일 아침 이탈리아 베네치아 카페 플로리안에 에

스프레소를 마시러 나온 길 역시 산책이다.

　서울에 살 때 나는 오후 4시 즈음이면 집을 나와서 동네 산등성이를 산책했다. 일이 없을 때는 산책이 아니면 집 밖에 나가질 않았다. 그런 내가 정면에 산이 보이는 집을 떠나, 산과 하늘 대신 다른 집들이 보이는 집에서는 살 수가 없었다. 서울에서 부富와 뷰view는 비례하므로 어쩔 수 없는 현실이다. 그것이 내가 집을 떠난 이유 중 하나다. 창과 풍경은 내게 생존 조건이었다. 적어도 집 안에 있는 동안은 창을 통해 우주의 빛과 초록 자연의 생명력을 받아들이기 때문이다.

　강빛마을에 처음 왔을 때, 바로 얼마 전 갔던 지리산 둘레길 끝자락 카페 나마스테에 다시 온 게 아닌가 싶었다. 서울에서 산을 보며 살던 8년의 세월도 가끔 기억났다. 나는 여름 한복판 7월에 푸르른 산의 정기를 마음껏 마시고 그 산 아래 강 따라 나 있는 길을 실컷 걸었다. 뇌가 즐거워했을 것이다.

융통성과 농민회장

2021년 7월 22일 목요일
곡성군 대황강로 출렁다리-압록 7.6km

중복이 지나고 대서를 맞아 호기롭게 길을 나섰다. 이번에는 북쪽으로. 대황강로 출렁다리 앞에 차를 세우고 걸었다. 걸음은 걸을수록 탄력이 붙어서 일이 킬로미터 가다 보면 삼사 킬로미터

가게 되고, 돌아올 일이 걱정되면서도 자꾸만 나아가게 된다. 이날 잠정적인 목적지는 8킬로미터 위 압록이었다. 그런데 목적지를 삼사백 미터 남겨두고 버스 한 대가 왔다. 두 손을 흔들어 버스를 세워 탔다. 운전기사에게 감사 인사를 하고 휴대전화에 꽂힌 교통카드 겸용인 신용카드를 댔는데 요금이 찍히질 않았다. 이걸 어쩌나. 산책 삼아 나온 길이라 지갑도 없었다. 기사님께 이체해드리겠다고 했다가, 차 앞에 세워주면 바로 갖다줄 수 있다고 했다. 마침 버스가 우회전하는 삼거리에 내 차가 있었다. 잽싸게 차로 뛰어가서 톨게이트 요금용 병에 담긴 500원짜리 동전 두 개를 갖다주었다. 두 시간 걸어가서 10분 만에 돌아오니 세상에 이런 비경제적인 일이 또 있을까. 그런데 기분이 왜 이리 상쾌할까? 목적지까지 꽉 채우지 않고 목전에서 돌아온 것도 재미있었다. 융통성 없던 내가 조금 변했음을 알았다.

들뜬 기분의 연장으로 일주일 전 목사동우체국 앞에서 전화번호를 적어준 여자에게 전화해서 다음 주면 마을을 떠나니 시간이 되면 만나자고 했다. 여자는 다음 날 맛있는 점심밥을 사주겠다고 했다. 대체 처음 본 내게 왜 밥을 사준단 말인가?

다음 날 동네 맛집에서 여자를 만났다. 알고 보니 곡성군 농민회장이었다. 우체국장도 여성, 농민회장도 여성이라니, 곡성이 인심 좋은 마을에서 의식 있는 마을로 보이는 것 자체가 나스스로 사회적 성 역할에 대한 보수적 편견이 있었기 때문이 아닌가 돌아보게 되었다. 농민회장은 일주일 전 우리가 우체국 앞에서 대화하기 전에 걷고 있는 나를, 그리고 내 배낭에 달린 몸자보를 보았다고 했다. 역시 몸자보가 있는 나와 없는 나는 다르구나. 그때 물어본 '운동하냐'의 운동은 체력단련이 아니라 조직활동이었구나.

식사 후에 삼태마을 농민회장 집으로 가서 차를 마셨다. 덕분에 한동네 부회장도 만났다. '쌀은 생명과 평화다'를 표방하는 곡성군농민회의 회장은 800평 밭을 멀칭 비닐도 쓰지 않고 맨손으로 모종도 심지 않고 씨앗으로만 농사짓고, 부회장은 벼농사도 짓고 있었다. 농민회장은 씨앗을 아기처럼 다루었다. 그런데 이 방 저 방 구경하다 기이한 광경을 목격했다. 빈방에서 바싹 마른 채로 싹을 틔우고 있던 열매마. 성덕대왕 신종 에밀레종의 비천상은 내려오고 열매마 줄기는 올라가니, 둘이 사람 눈길 손길 닿지 않는 어두운 빈방에서 춤을 추고 있었다. 한 방울의 물기에라도 뿌리내릴 듯한 악착같은 생명력에 질기디질긴 목숨이었다. 그 마르디마른 열매마를 본다면 죽음의 문턱을 오르락내리락한다 해도 함부로 희망이 없다고는 말할 수 없을 것만 같았다.

농부 인심은 직접 키운 콩, 호박, 오이 등을 내게 잔뜩 안겨주었다. 넉넉히 주어도 축나지 않고 한 아름 받아 와도 부담스럽지 않은 선물로 손수 지은 농산물만 한 게 있을까? 거기에 먹는 내내 키운 이의 노고가 생각나니 땅의 산물이 땀의 결실임을 알고 더욱 소중히 하게 된다.

두 분 소개로 조태일시문학기념관과 태안사에 가보았다. 첫 연에서 이미 감동이 벅찬 시가 있었다.

국토서시

-조태일

발바닥이 다 닳아 새살이 돋도록 우리는
우리의 땅을 밟을 수밖에 없는 일이다

숨결이 다 타올라 새 숨결이 열리도록 우리는
우리의 하늘 밑을 서성일 수밖에 없는 일이다

야윈 팔다리일망정 한껏 휘저어
슬픔도 기쁨도 한껏 가슴으로 맞대며 우리는
우리의 가락 속을 거닐 수밖에 없는 일이다

버려진 땅에 돋아난 풀잎 하나에서부터
조용히 발버둥치는 돌멩이 하나에까지
이름도 없이 빈 벌판 빈 하늘에 뿌려진
저 혼에까지 저 숨결에까지 닿도록

우리는 우리의 삶을 불지필 일이다
우리는 우리의 숨결을 보탤 일이다

일렁이는 피와 다 닳아진 살결과
허연 뼈까지를 통째로 보탤 일이다

송광사와 〈탈핵신문〉 읽기

2021년 7월 25일 일요일

순천시 장동마을-송광면 곡천삼거리 10km, 송광사

오전 6시 30분에 토스트와 커피와 과일을 먹고, 니키와 함께 길을 나섰다. 7시 40분, 전날 종착지인 출발지 장동마을에 차를 세우고 출발했다. 보성까지 46킬로미터 남은 지점이었다. 걷는 내내 오른쪽 옆으로 보이는 주암호 왼쪽 옆으로 터널을 뚫는 벌교 주암간 도로공사 중이었다. 평촌마을 주민들이 소음으로 인한 괴로움을 현수막에 실어두었다. 잠깐 걸으면서 들어도 시끄러운 그 소음을 앞으로 6년이나 더 들어야 한다니. 게다가 그 분진은 또 어쩌고.

조계산 도립공원과 송광사가 있는 지역이었다. 주암호 따라 구불구불한 18번 국도를 걷는 게 나라고 좋아서만은 아니다. 곡선을 두고 직선을 만들어서 조금 빠르게 가는 데 얼마나 많은 돈과 시간이 들까? 전문가들이 알아서 했겠지만, 그 견적서에 자연과 사람이 파괴됨으로 인한 보상할 수 없는 계산은 포함되었을까?

여럿이 걸을 때는 모르다가 둘이 걸으면 알게 되는 것들이 있다. 나는 벗들과 월, 화 이틀 걸을 계획으로 초대를 했었다. 그런데 니키가 하루 일찍 오셨다. 착각을 한 줄 알았다. 그런데 니키는 그 걷는 하루가 천금과도 같다고 하셨다. 그에게는 탈핵 도보 순례가 영적으로 나아가는 길이었다.

우리는 길을 걸으며 자연과 사람을 만난다. 그 속에서 보이지 않는 신의 섭리를 느낀다. 대답 없는 신에게 질문하는 게 묘미라는 수사 니키. 나 역시 끊임없는 질문 속에 걷고 또 걷는다. 산티아고에서도 7번 국도에서도 18번 국도에서도 신은 여전히 대답이 없다.

10킬로미터를 걷고는 니키의 인도로 송광사에 들렀다. 신라말 혜린선사가 창건한 후 고려 중엽 보조국사가 크게 중창한 송광사는 아늑하게 둘러싼 조계산 산세에 꼭 맞게 자리하고 있었다. 계곡 위 청량각과 우화각은 여름날 냉수처럼 시원했다. 유서 깊은 승보종찰僧寶宗刹 송광사 대웅보전 앞으로 그날도 장삼자락 휘날리며 참선 수행하는 승려들의 행렬이 배롱나무를 지나쳐 갔다.

오후에 청명이 왔다. 마지막 김장김치를 물에 씻어 볶아서 저녁식사를 했다. 어딘가에 정착하면 꼭 하고 싶은 일로 '《녹색평론》 읽기'와 '〈탈핵신문〉 읽기' 모임이 있다. 그날 셋이 〈탈핵신문〉을 읽었다. 〈탈핵신문〉에서 톰(성원기 삼척화력반대투쟁위원회 공동대표)을 보았다.

울진에서 시작해 신가평까지 가는 제2 송전선로는 10년 전 삼척, 영덕, 울진에서 짓겠다던 핵발전소 때문에 만들어졌다. 지금은 이 모든 핵발전소가 백지화되었는데 이상하게 송전선로 계획만 살아 남았다.

-〈탈핵신문〉 90호 중에서

작년 여름부터 지금까지 톰이 삼척우체국 앞에서 날마다 탈석탄·탈송전탑 시위를 하고 있는 이유다. 핵발전소를 위한 송전탑 건설 계획이 핵발전소가 백지화되었는데도 그대로 있고 이제는 그 송전탑 때문에 다른 발전소를 짓는다는 역발상이 문제의 시초였다. 동해안 석탄화력발전소 건설 백지화, 동해안-신가평 500kV 송전선로 건설사업 백지화, 주민 배제·금전 매수로 송전선로 추진하는 한전 해체 등 초고압 송전탑·석탄화력 저지 공동대책위원회가 산업부에 전달한 서한문 내용을 읽으며 내 머릿속에는 홍원항의 서천화력발전소가 떠올랐다. 강원도가 이리 단결할 때 외로운 충청도의 '홍원마을 미세먼지·철탑·고압선 피해대책위원회'는 어떻게 싸우고 있을지 걱정스러웠다.

독립문과 친구들

2021년 7월 26일 월요일
순천시 송광면 곡천삼거리-보성군 문덕버스정류장 13km

매주 월요일 오전 8~9시에는 월성핵발전소 인접지역 이주대책위원회 상여시위와 연대한다. 그래서 우리 셋은 형광색 '월성핵발전소 2·3·4호기 조기 폐쇄' 조끼를 입었다. 니키는 손수 만든 '월성핵발전소 인접 주민 이주 대책 즉각 이행하라!!!' 손팻말을 들고 걸었다. 서울 서대문과 똑같은 보성군 문덕면 용암리 가내마을 서재필기념공원 독립문 앞에 우뚝 선 니키는 정의와 평화를 수호하는 은발의 탈핵 수사였다.

　도보순례 후 곡성군 농민회장 집으로 갔다. 부회장도 만났다. 15년 가까이 맨손으로 농사짓는 농민회장과 부회장, 진짜 농부들과 만나자 자급자족농업을 목표로 하는 청명은 놀이공원에 온 아이처럼 신이 났다. 나로 인해 좋은 사람들이 연결되는 모습을 바라보고 있으니 건강한 기운이 알곡처럼 넘쳐흘러 연연히 행복했다.

　이날 밤 나는 품격에 대해, 니키는 길동무와 공동체에 대해, 청명은 떠남에 대해 순례 소감을 나누었다. 똑같은 길을 걷고도 우리의 나눔은 항상 다르다. 함께 걸어도 길에서 얻는 건 각자가 다르기 때문이다. 그것 역시 도보순례의 묘미다.

떠난 친구들

2021년 7월 27일 화요일
보성군 문덕버스정류장-복내면 행복노인복지센터 12.5km,
복내사거리-문덕버스정류장 6km: 총 18.5km

뜨거운 18번 국도 보성 구간을 셋이 함께 걸었다. 니키는 곡성역에서, 청명은 곡성버스터미널에서 떠났다. 혼자 남을 나를 안쓰러워하며 갔다. 둘 다 나보다 먼저 탈핵 도보순례를 했고 각자 활동영역이 다양하다. 그럼에도 번번이 내가 어디에 있든, 그곳이 아무리 멀든, 도보순례를 한다고 하면 와서 걷고 가는 그들에

대한 고마움을 내가 어찌 잊겠나. 그 고마움보다 미안함이 더 커지는 날이면 나는 그들을 부르지 못하리라. 그러나 그들의 속 깊은 배려심은 늘 불러주어서 고맙다는 인사를 남기고 간다. 그리고 무슨 일을 하든 '해주는' 게 아니라 '한다'는 주체성, 그게 청명이 가르쳐준 삶의 태도이다. 그들은 와준 게 아니라 와서 함께 걷다 떠났다. 하지만 아무리 주체적으로 살아도 셋이 있다가 혼자 남아 감당해야 하는 커다란 집의 정적은 휑했다. 원래보다 더욱.

코로나19 바이러스로 외부인 출입을 엄격히 단속하고 있는 시골 마을에 아무리 백신 접종자라도 타지 사람을 불러들임은 매우 조심스러웠다. 해남에서 구례까지 혼자 240여 킬로미터 걸었으니 그 절반도 안 되는 보성에서 구례까지 혼자 걷는 데 어려움은 없었다. 하지만 나는 그리 호화로운 집을 혼자만 누릴 수는 없었다. 그렇게 만난 우리는 조심조심 말소리도 크게 못 내고 조용히 걷기만 하다 스르르 헤어졌다. 이 위축된 생활을 언제까지 해야 할까.

선글라스를 찾아서

2021년 7월 28일 수요일
보성군 복내면 주암호 생태습지 입구 메타세쿼이아 길 3km,
보성버스터미널-미력면 용정리 춘정마을 7.2km: 총 10.2km

하루는 쉬려고 했다. 10킬로미터 더 걷겠다고 왕복 100킬로미터 자동차 연료를 쓰는 건 낭비라고 생각했다. 그런데 전날 아끼던 선글라스를 잃어버렸다. 포르투갈에서 사 온 이탈리아제 선글라스. 몇 년째 오래 써서 몇 주 전 렌즈를 새로 갈았는데 8년이나 애용한 얇은 배낭의 찢어진 구멍으로 빠진 듯했다. 그 애가 밤새 풀숲에서 나를 기다리고 있을 것만 같아 다시 길을 나섰다.

아침 8시 넘어, 복내면 메타세쿼이아 숲 초입부터 땅바닥만 보며 3킬로미터쯤을 걸었지만 찾을 수 없었다. 그때 뒤에서 버스가 왔다. 내가 돌아보자 세워주기에 그냥 타버렸다. 보성버스터미널까지 가는 버스였다. 지난 6월 도보순례 때 몇 번이나 갔던 역과 터미널이 눈에 익었다. 18번 국도 도보순례 내내 차를 두거나 가지러 가야 했기에 적어도 세 번씩은 한 마을에 들렀다. 한 번 스쳐 지나가는 것과는 완연히 달랐다. 사람도 두고 봐야 제대로 알 수 있듯이 마을도 그렇다. 적어도 가본 만큼 친숙해지는 건 확실하다.

9시 30분, 보성버스터미널에서부터 걸어 올라와 11시, 전날 갔던 행복노인복지센터를 3킬로미터 앞두고 버스를 탔다. 그날 아침에 생긴, 12시 목사동우체국 점심식사 약속 때문에 더 걸을 수도 없었지만, 당일 목표 거리만큼 다 걸었다. 그것으로 18번 국도 곡성-보성 도보순례를 마쳤다.

마지막 곡성 구례 순례

2021년 7월 29일 목요일
곡성군 압록 사거리-구례군 구례현충공원 마지막 14km

마지막 곡성-구례 구간은 세실과 함께 걸었다. 작년 겨울부터 함께 걷고 싶다고 했던 그이와의 약속을 드디어 지킬 수 있게 되었다. 거기에는 약속은 어떻게든 지키려는 내 성격에 역사의 운명이 스토리텔링처럼 더해졌다. 여순사건의 발단이 제주4·3사건인데 마침 여순특별법 공포일과 제주 제2공항 건설사업에 관한 국토부 전략환경영향평가서를 환경부가 최종 반려하면서 사업 절차가 중단된 날이 7월 20일로 같은 날이었다. 극적인 연관이었다.

제주 제2공항 건설사업 반려의 구체적인 내용은 조류 및 그 서식지 보호 방안에 대한 검토 미흡, 항공기 소음 영향 재평가 시 최악 조건 고려 미흡 및 모의 예측 오류, 다수의 맹꽁이(멸종위기야생생물 2급) 서식 확인 영향 예측 결과 미제시, 조사된 숨골에 대한 보전 가치 미제시 등이다. 부동의가 아닌 반려로 사실상 결정을 다음으로 넘긴 건 아쉽지만 최선이 아닌 차선으로도 만족할 수밖에 없는 게 현재 상황이다. 찬성 측은 비판하고 반대 측은 기뻐한다. 6년간 이어진 주민 갈등의 골은 종지부를 찍는 날까지 더 깊어질 것이다. 그 후에도 그들의 상처 입은 가슴은 회복되기 쉽지 않을 것이다. 공항 부지 건설 하나 놓고도 이런데, 살육의 현장을 겪은 4·3사건이나 여순사건으로 생긴 트라우마는 어떻게 치유할 것인가.

여하튼 재작년 가을부터 작년 초까지 제주 제2공항 건설 반대 투쟁에 연대했고 추이를 지켜보던 나로서는 여순사건의 현장이 있는 18번 국도를 제주의 딸 세실과 함께 걷는 것이 의미 있겠다고 판단했다. 그래서 고심 끝에 초대했고 세실은 곧바로 응했으며 철저한 방역 속에 도착했다. 그동안 함께해오던 탈핵 벗들이 아닌 사람과의 동행은 최초였기 때문에 나로서는 새로운 장을 여는 도전이었다.

출발지로 가는 대황강로에서 고라니 주검을 보았다. 차를 세우고 120번에 전화해서 로드 킬 신고를 했다. 18번 국도에서 만났던 동물의 주검이 연상됐다. 그간 걸으면서 신고했던 고양이, 족제비 등은 잘 치워졌을까?

오전 6시 50분, 보성강과 섬진강이 만나는 압록에서 출발했다. 우리는 뚝 떨어져 말없이 걸었다. 그래서 좋았다. 얼마 걷지 않아 순천시 황전면으로 넘어갔다. 트럭 한 대가 저만치 정차를 하고 기다리고 있었다. 반대 차선으로 걷던 내가 다가가자 운전자가 소리쳐 물었다.

"뭐 하는 거예요?"

"핵발전소 멈추게 하려고요. 너무 위험해서요."

"좋은 일 하시네요."

궁금증이 풀린 트럭은 다시 출발했다. 새벽부터 걸은 한나절, 14킬로미터 걸음이 그 한 번의 관심과 한마디의 설명으로 충분히 가치 있었다.

등산용 샌들을 신고 흐트러짐 없이 걷던 세실이 순례 내내 말을 건넨 건 두세 마디가 전부였다.

"별, 저기 좀 봐요."

뒤에서 가리키는 손가락 끝을 보니 섬진강가에서 흑두루미 한 마리가 강물을 관조하고 있었다. 곡선의 미를 간직하고 있는 섬진강에 비친 산 그림자와 교각. 더는 개발하지 않기를, 나는 두루미의 마음으로 강과 산을 바라보았다.

구례 시내에 들어서서 농협은행에서 물을 받아 구례성당에서 마시고는 목적지였다. 마침내 구례 현충공원 여순사건 희생자 위령탑 앞에서 묵념으로 도보순례를 마쳤다. 그리고 탑 아래 정자에서 짧은 순례 나눔을 했다.

세실은 6·25참전 유공자 기념탑과 여순사건 희생자 위령탑이 마주 보고 있는 것에 주목했다. 시대에 따라 나라를 지키다가 명령에 의해 학살자가 될 수밖에 없었던 군인과 그들에 의해 무참하게 희생된 민간인. 그 둘은 죽어서도 한곳에서 기념되어 마주 보고 있었다. 그리고 이제 서울에서도 걸을 수 있겠다고 했다. 어디서든 걸음을 뗄 수 있다는 건 축하할 만하다. 걸음의 기쁨과 의미를 알 수 있다면 어디를 걸어도 좋다.

나는 무엇보다 해남-구례 241.1킬로미터에 보성-구례

여순사건희생자위령탑

104.5킬로미터 도합 345.6킬로미터를 걸을 수 있었음에 감사했다. (보성-구례 구간 83여 킬로미터 중 20여 킬로미터는 되돌아가느라 걸은 거리라 원래 거리보다 길어졌다.) 그리고 품격品格에 대해 숙려했다. 품격은 젓가락질을 제대로 하고 쩝쩝거리지 않고 먹으며 아무 데나 침 뱉고 오줌 누지 않고 거짓말도 거친 말도 하지 않는 행동 이상의 배려와 존중을 하는 친절한 성품과 태도이다. 품위 또는 기품이라고도 한다. 공손히 거짓말하는 사람이 있고 막말로 진실을 말하는 사람도 있다. 말은 거칠어도 속이 여린 사람이 있고 표현은 못 해도 진심이 있는 사람도 있다. 하얀 손가락으로 주가 조작을 하거나 악성 댓글 쓰는 이가 있기도 하고 굵은 마디 때 묻은 손톱으로 공구를 만지고 흙을 일구는 이도 있다. 그러므로 품격이란 우아하게 드러나면 좋지만 그렇지 못할 때도 있다. 그

것은 남의 비밀을 누설하거나 상대를 무시하거나 제 자랑만 일삼는 일반적인 기준보다는 좀 더 미묘한 지점에서 드러난다.

나는 농협은행에서 텀블러에 정수기 물을 따를 때 몇 밀리미터를 더 담으려고 물을 넘치게 했다. 남의 물을 공짜로 마시면서 욕심으로 바닥을 더럽히는 나를 보며 스스로 품위가 없다고 생각했다. 욕심 없이 소박하게 살아야 품위를 지킬 수 있다. 품위는 고급 옷과 교양 있는 대화로만 대변되지는 않는다. 품격과 품위는 영어로 'dignity'. 존엄도 같은 영어를 쓴다. '디그니티'라고 발음했을 때 느껴지는 위엄이 있다. 이 단어의 라틴어인 어원 'dignus'는 '적절한, 가치 있는'이란 뜻이다. 그러므로 때와 장소에 적절하고 가치 있는 생각과 행동의 완성이 품격과 품위라고 할 수 있겠다. 나는 몇 평짜리 집, 몇 cc 배기량 차가 부의 기준인 이 세상에서 가장 낮고 느린 두 발로 걸으며 천천히 세상을 보면서 품격 있는 순례를 하고 싶다. 내가 먼저 품격이 있어야 품위 있는 친구들과 걸을 수 있다. 품위란 게 별건가. 나보다 남을 낮게 여기면 되지 않겠나.

구례구역에서 세실을 보냈다. 헤어지기 직전, 기다리던 다음 거처에서 연락이 왔다. 집필실 입주작가 공모에 합격한 것이었다. 그곳은 올여름 18번 국도 도보순례를 시작한 곳, 바로 해남이었다. 운명이 나를 남도땅에 계속 머무르게 하는구나. 혼자도 좋았고 친구들과도 좋았던 18번 국도 보성-구례 도보순례를 그렇게 기쁨으로 마무리했다.

전라남도 곡성군에서 보낸 7월, 처음으로 길에서 낯선 사람

18번 국도

들을 만났다. 혼자이기에 가능했다. 마음과 시간의 여유가 있었기에 그러했다. 나는 이제 조금씩 낯도 덜 가리고 점점 만남의 폭을 넓힐 것이다. 받기만 하던 자세에서 섬길 준비도 조금은 되었다. 길과 길에서 만난 사람들이 내게 선의와 품격에 대해 가르쳐주었다. 나는 또다시 짐을 싸서 길을 뜬다. 길을 뜬다는 것은 비움이요 성찰이고, 길에 뜬 것은 존재요 생명이고, 길에서 찾는 것은 이상이요 운명이다. 새로 걷는 길 위의 그 하늘에도 여전히 별이 떠 있을 것이다.

18번 국도 완주, 해남

아나키스트의 도덕과 해창막걸리

2021년 8월 23일 월요일
전라남도 해남군 해남읍 해남세무소-옥천면 학동마을 왕복 7.4km

해남 백련재 문학의 집에 와서는 집필이 목적이었기에 주로 월요일에 도보순례를 하기로 했다. 기다리던 8월의 셋째 월요일은 광복절 대체 공휴일이었다. 월성핵발전소 직원들이 출근하지 않기에 이주대책위 상여시위도 쉬었다. 그리하여 전국의 연대도 쉬었다.

넷째 월요일인 8월 23일, 비가 왔다. 이상하게도 도보순례만 하면 첫날에 어김없이 그래왔다. 생일선물로 받은 주황색 우비를 입고 그 위에 형광색 '월성 2·3·4호기 조기 폐쇄' 조끼를 입었다. 오전 8시, 공영주차장에 주차하고 해남세무서부터 걷기 시작했다. 해남서초등학교와 해남중학교 앞 건널목에 어린 학생들이 가방을 메고 서 있었다. 문득 내 어린 시절이 떠올랐다.

나는 국민학교(현 초등학교)를 다섯 군데나 다녔다. 1년에 두 번 전학 간 적도 있다. 그 시절에는 전세 기간이 1년이었나 보다. 서울 변두리의 가난은 그러했다. 국민학교 5학년에 전학 간 동네에서 6학년이 되어서야 처음으로 우리 집이란 게 생겼다. 졸업을 2년 앞두고서야 전학을 그만해도 됐으니 친구란 걸 사귀어볼 기회조차 없었다. 3학년 때까지는 엄마가, 그 이후에는 대가족이 내 생활의 전부였다.

중학교는 버스 한 번 갈아타고 가야 하는 꽤 먼 곳이었다. 명색이 대학교 부설 중학교라 전통과 교육철학이 확고한 학교였다. 1학년 도덕 시간에 선생님에게서 들었던 첫 질문이 아직도 생생하다.

"학교 앞 건널목에 서 있는데 신호등이 빨간불이에요. 그런데 그 신호를 무시하고 건너면 지각이 아니고 다음 신호인 초록불에 건너면 지각이에요. 차도에는 차도 없고 보는 사람도 없어요. 이럴 때 여러분은 건널까요, 건너지 않을까요?"

도덕 선생님은 학생들에게 건넌다와 건너지 않는다를 골라 손을 들라고 했다. 나는 건너지 않는다에 손을 들었다. 남들에게 도덕적인 척하려던 게 아니었다. 원리원칙주의자인 나에게는 그게 당연했다. 하지 말라는 계명투성이인 성경 말씀을 매주 듣고 자란 기독교 모태신앙에게는 준법이 곧 도덕이었으니까. 나는 아무리 짧은 횡단보도라도 신호를 지켰다. 그랬던 내가 위험 없는 건널목에서의 불필요한 신호를 무시하기 시작한 건 한 권의 책 때문이었다. 바로 제임스 스콧James C. Scott의 《우리는 모두 아나키스트다》. 이 책에 나온 실험에서는 신호가 없을 때 교통사고가 훨씬 줄어드는 결과치를 공개했다. 사람들은 스스로 판단할 때 더 조심하므로 군이 불필요한 법적 제재를 가할 필요가 없다는 내용이었다.

여러분은 앞으로 정의와 합리의 이름으로 중요한 법을 어기라는 요청을 받게 될 겁니다. 여러분은 그에 대한 대비를 해야 합니다. 그것이 여러분의 운명을 좌우하게 될 그날을 위해 여러분은 어떻게 준비할 작정입니까? 그 중요한 날이 올 때를 대비하기 위해 여러분은 마음자세를 제대로 갖춰야 합니다. 여러분이 필히 익혀둬야 할 것은 '아나키스트식 유연체조'입니다. 합당하지 않은 사소한 법들을 매일 어기도록 하세요. 교통법규 위반이라 하더라도 말입니다. 어떤 법이 정의롭고 합리적인 것인지 아닌지 자신의 머리를 사용해서 직접 판단해보세요. 그렇게 하다 보면 여러분은 날렵하고 민첩한 정신자세를 유지하게 될 겁니다. 그리고 언젠가 중요한 날이 오면 여러분은 이미 준비가 되어 있을 겁니다.

-《우리는 모두 아나키스트다》 중에서

곧이곧대로인 나는 책에서 하란 대로 차 없을 때 신호 지키지 않기를 시도해보았다. 법이란 사람이 제정하고 개정하는 것이다. 그런데 언제부턴가 법이면 무조건 따라야 바르고 착한 시민이라는 강박관념이 생겼다. 잘못 하면 벌금을 부과하니 마치 돈으로 죗값을 보상할 수 있는 것처럼 보이는 자본주의 제도 속에서 돈이 아까워 죄를 짓지 않는 이상한 풍조로 변해버린 공중도덕. 그 책 출간 직전이 온갖 벌금으로 민주시민사회를 통제하려는 정권이었기에 그에 대한 반발심이었는지도 몰랐다.

그런데 그 바로 다음 페이지에는 자신의 '선동'에 대해 아이들에게 나쁜 본이 될까 봐 신호를 지키라는 네덜란드 학자 이야기가 나오면서 저자의 마음이 누그러지는 장면이 나온다. '섬세한 시민적 책임의식'의 승리였다. 나는 다음 세대가 고리타분한 원리원칙자가 되길 바라지 않는다. 그렇다고 그들에게 남의 눈을 의식해서 기준을 이리저리 옮기는 기회주의자가 되라고도 하고 싶지 않다.

돌아오는 길에 해창주조장에 들렀다. 곡성에서 받은 선물 '달팽이'의 공예작가가 알려준 막걸리였는데, 내가 해남에 가게 되면 보내드리겠다고 했기 때문이었다. 인터넷 주문도 가능했지만 궁금해서 주조장까지 찾아가보았다. 술에는 아무 관심 없는 내게 상호 위에 붙은 '정원이 아름다운 양조장 1927'은 생각지도 않은 특별 보너스처럼 반가웠다. 아기자기한 정원에는 기기묘묘한 나무들이 이리저리 어울려 있었다. 그중 내 눈을 맨 먼저 사로잡은 건 분홍색 직선으로 된 상사화, 그리고 700년 된 백일홍, 바로 배롱나무였다. 전혀 예상치 못한 곳에서 군중 속 유명 배우를 만난 듯 배롱나무는 그렇게 거기에 있었다.

곡성을 떠나던 날, 곡성군 농민회장이 알려준 담양 후산리 명옥헌에 들렀다. 마침 7월 말이라 나무도 흙바닥도 연못도, 원림 전체가 꽃분홍으로 물들었던, 연꽃마저 분홍이던, 그래서 2011년 제12회 아름다운 숲 전국대회에서 공존상 수상이라는 설명이 무색할 만큼 배롱나무의 진수가 무언지 보았다. 그뿐 아니라 그 마을엔 '인조대왕 계마행'이라는 높이 31미터 둘레 7.8미터의 거대한 은행나무도 있었다. 배롱나무가 있는 곳이라면 어디든 갈 듯한 내 행보에 양조장 배롱나무는 아담한 정원의 군계일학으로 보였다. 하지만 뭐니 뭐니 해도 내 집 정원에 있는 배롱나무가 최고 아니겠는가. 해창양조장에선 그 배롱나무가 최고였다. 나는 알코올 함량 9도짜리 해창막걸리가 아닌 배롱나무에 취해 정원을 떠났다.

금쇄동을 찾아

2021년 8월 30일 월요일

옥천면 학동마을-마산면 호교마을 5km, 현산면 금쇄동 4km: 총 9km

해남읍 명량로 학동마을 휴게소에서 해남 첫 주유를 하고 주차한 뒤 걷기 시작했다. 장동마을 지나 마산면 호교마을을 지나는데 정류장마다 어르신들이 한 분씩 계셨다. 9시 버스 다음인 10시 버스를 기다리시는 중이었다. 한 시간에 한 대꼴인 버스를 마냥 기다리는 시골의 시간. 아직 10시가 되려면 좀 남아서 호교마을 지나 된재 지나 이목리까지 가려고 했다. 그런데 버스가 한 대 지나가는 거였다. 어, 왜 이렇게 일찍? 되돌아보는 나를 기사님이 발견했나 보다. 한 50미터쯤 가던 버스가 멈췄다. 냅다 달려가서 버스에 올랐다.

정류장에 설 때마다 걸으면서 만나 뵈었던 어르신들이 한 분 한 분 타셨다. 그때마다 그분들이 자리에 앉으실 때까지 버스는 움직이지 않았다. 기사님 인내심은 안전운전의 기본이었다. 태워줄 때는 아무 데서나 세워준 기사님은 휴게소가 정류장이 아니라며 학동마을에서 내려주었다. 800미터를 되돌아왔지만 4킬로미터 넘게 걸은 거리를 생각하면 그 정도는 감지덕지였다.

돌아오는 길에 이번에는 금쇄동에 가보았다. 언제나 드는 생각이지만 나는 아무래도 다큐멘터리 작가라기엔 매우 즉흥적이다. 자료 조사가 기본인 다큐멘터리 작가가 어딘가에 불쑥 갈 때 아무런 사전 조사를 하지 않는다. 그도 그럴 것이 나도 내가 어디로 갈지 모른다. 그날그날 내키는 대로 가는 데다가 스마트폰 사용도 미숙하여 뭔가를 미리 검색해볼 생각조차 못 한다. 금쇄동이 고산 윤선도의 원림이라는 것만 알고는 내비게이션에 '금쇄동'이라고 찍고는 무작정 간 것이다. 도착지에는 굵은 철제 바리케이드와 2016년 6월 알림 표지판이 있었다.

이 지역은 사적 제432호 해남 윤선도 유적 복원 정비를 위한 1차 발굴 조사를 완료하고 2차 발굴 조사를 실시할 예정 구역으로 유적의 훼손 방지 및 보존 관리를 위하여 차량 통행을 일부 제한하오니

협조하여주시기 바랍니다.

차량 통행을 일부 제한한다고 했지 사람 통행은 제한한다고 쓰여 있지 않아서 바리케이드를 넘어 들어갔다. 200미터쯤 가니 낡은 표지판이 있었다. 원림이라고는 하지만 산 하나를 통째로 만든 정원이었다. 거대한 규모가 상상 초월이었다. 찻길이 양쪽으로 나 있는 흙길이 앞으로 계속 나 있었다. 그런 걸 임도林道라고 하나 보다. 전날까지 내린 비로 낙석과 파인 도로가 곳곳에 출몰했다. 다행히 100미터마다 '본선 거리 3.69km 현재 위치 0.3km', 이런 식으로 친절하게 이정표가 있었다. 길옆으로는 물소리가 끊이지 않았다. 나는 어디까지 올라갈지 계획 없이 계속 걸어 올라갔다. 가도 가도 정원은 보일 기미도 없이 원림園林이 아니라 원림原林이었다. 혼자였고 정오 가까이 먹은 거라곤 물 100밀리리터가 전부였는데 손과 주머니엔 휴대전화기와 소형 카메라뿐이었다.

1.8킬로미터 지점에 갔을 때 고산 윤선도 묘소 이정표가 나왔다. 그런데 그 방향으로는 풀이 무성해서 갈 수가 없었다. 산 너머로는 송전탑 하나가 또렷이 보였다. 추석 때면 자손들이 벌초하겠지. 추석 이후에 다시 와야겠다고 생각하고는 발길을 돌렸다. 아는 만큼 보인다고 했는데 사전 조사도 안 하고 해설사도 없이 발품만 팔았구나.

구연산 사러 가다가

2021년 9월 4일 토요일

해남읍 백련재-나라서점-자연드림 6km

월요일도 아닌데 길을 나섰다. 20년 지기로부터 선물 받은 커피포트 사용법에, 처음 사용 시 세척이 필요한데 '구연산 한 스푼을 넣고 초고속 가열 버튼을 눌러줍니다'라고 적혀 있었다. 그래서 구연산을 사러 나갔다. 지난번에 풀숲 입구까지 가다 자빠졌던 길로 향했다. 이번엔 밀짚모자 쓰고 평상복에 양말과 여름 등산화를 신었다. 예상보다 풀이 높았다. 허리춤까지 오는 풀숲을 헤치고 산속으로 들어갔다. 조금 가다 보니 포장도로가 나왔다. 긴장이 풀려서인지 더워서인지 목덜미로 땀이 줄줄 흘렀다. 4킬로미터쯤 가니 대형마트가 있었다. 그런데 제품을 보니 구매욕이 생기지 않았다. 더 좋은 걸 사고 싶었다. 그건 품질보다는 포장재의 문제였다. 혼자 쓰니 가뜩이나 절약하는 습관에 뭘 들여도 오래 쓰는데, 맘에 들지 않는 디자인이 내 공간 한구석에 있는 걸 볼 때마다 스트레스가 될 듯했다. 좋은 주전자에 좋은 구연산이래 봤자 원료는 거기서 거기일 텐데, 쫄쫄 굶고 유기농 매장까지 2킬로미터 더 걷는 허영심을 나 자신조차 이해할 수 없어 자책하며 걸었다. 그런데 매장에 거의 다 왔을 무렵, 놀라운 건물을 보았다. '나라서점'.

곡성에 있을 때 이메일을 통해 서점 프로그램 공모를 알게 되었다. 한때 1인 출판사를 차려 회고록을 출판한 적 있는 내가 한다면 누구보다 잘할 수 있는 생활 글쓰기반, 생애사 쓰기반 등 사업이었다. 지금은 출판계에 있는 방송작가 후배에게 부탁해서 괜찮은 출판사 목록을 받았다. 검색해보니 이미 좋은 프로그램들을 차고 넘치게 하고 있는 곳들이었다. 그런 곳보다는 문화 혜택을 풍성히 받지 못하는 소외된 지역 서점에 유익한 지원이 가야 한다고 생각했다. 그때가 7월 중순, 백련재 문학의 집 4기 입주작가 공모에 신청한 이틀 후였을 거다. 그래서 왠지 내가 해남으로 갈 듯한 예감에 해남 소재 서점을 검색했었다. 해남의 두 군데 서점 중 내가 선택한 곳은 '나라'. 다른 하나는 지명이 상호였다. 주류보다는 비주류에 끌리는 게 내가 '나라'를 선택한 이유였다. 인터넷에 등록된 번호로 전화해서 간략하게 취지를 말하고 단체 이메일로 받은 문건을 이메일로 전달했다. 그 뒤 한참 연락이 없었다. 보통은 좋은 프로그램을 제시해도 귀찮거나 서류 준비가 복잡해서 포기하는 경우가 있어서 그런 줄 알았다.

그 후 정말로 내가 해남에 오게 되었다. 해남에서 첫 도보순례를 하던 8월의 넷째 월요일, 어떤 공사 중인 공실 유리문 아래쪽에 '나라서점' 로고가 남아 있는 걸 보고는 망했다고 생각했었다. 요즘 같은 불경기에 누가 책을 사 읽겠어, 하면서. 그런데 그 나라서점이 버젓이 있는 것이었다. 그것도 매우 도회적으로 늠름하게. 한달음에 계단 옆 장애인용 경사로로 올라가 서점 문을 열고 들어갔다. 아름답고 어질게 보이는 젊은 여자가 계산대에 앉아 있었다. 당시 전화 받았던 젊은 남자가 의논해야 한다던 누나 같았다. 통화했던 남자를 찾았다. 창고에서 젊은이가 나왔다.

그때 전화했던 사람이라고 내 소개를 했다. 그들은 공모에 응모했는데 불합격했다고 했다. 적어도 시도는 해본 것이었다. 누나가 커피를 주겠다고 창고로 들어갔다.

그사이 서점을 둘러보았다. 이전한 지 얼마 안 돼 온통 새것들이었다. 서울 교보문고를 본뜬 긴 원목 테이블과 다양한 의자들. 테이블 끝쪽 선반 중앙에 놓인 명품 스피커와 양장본 책들. 고흐, 모네, 그리고 내 눈을 확 사로잡은 자줏빛《앙리 카르티에 브레송 그는 누구인가?》. 갑자기 울컥하더니 눈물이 철철 흐르기 시작했다. 7월에 곡성에서 전화하고 그게 끝인 줄 알았던 서점, 8월에 망했구나, 그럼 그렇지 하필이면 문 닫을 데를 연락하다니, 하던 9월에 만난 그 서점이 이렇게 좋은 곳에 근사한 모습으로 건재하다니, 그리고 책들도 내가 좋아하는 것들로 진열돼 있다니, 게다가 브레송이라니……. 그냥 그럴 때 난 운명을 느낀다. 뭔가의 오브제에서 연상되는 것들에서 스토리가 생겨날 때. 아마 그건 작가로서 훈련돼온 내 사고의 구조가 이젠 어떤 전형을 띠었기 때문이었는지도 모른다.

르포작가가 되기 직전에 사진 공부를 시작했다. 막연히 내 글에 내 사진을 싣고 싶었기 때문이었다. 사진 공부를 하는 사람이라면 기본적으로 브레송을 안다. 빗물을 뛰어넘는 그 유명한 순간의 포착을 못 본 사람은 거의 없을 것이다. 필름 카메라 시절의 그 '결정적 순간'을.

나의 열정은 사진 '자체'가 아니라, 자기 자신을 잊어버리고 피사

체의 정서와 형태의 아름다움을 찰나의 순간에 기록하는 가능성,
다시 말해서 보이는 것이 일깨우는 기하학을 향한 것이다. 사진 촬
영은 내 스케치북의 하나다.

-《영혼의 시선》 중에서

해남이 좋아졌다. 그런 나에게 누나가 밥을 사주겠다고 했다.
서울 종로에서 보던 김밥집에 갔고, 먹고 싶은 것 다 고르라고
해서 김밥, 떡볶이, 메밀국수를 남김없이 먹었다. 그러고는 기어
이 유기농 매장에 가서 구연산을 샀다. 누나가 백련재까지 차로
태워주었다.

이 모든 일이 걸어갔기에 가능한 일이었다. 그 유기농 매장에
세제 사러 처음 자동차로 갔을 때는 근처 맞은편 길의 나라서점
을 보지 못했다. 고급 주전자를 오래오래 잘 쓰기 위해 첫 물에
구연산 한 스푼 넣어 끓이겠다고 4킬로미터 걸을 때까진 평소
엔 읽지도 않고 전원부터 켜는 전자제품 사용법을 새삼스레 지
키겠다는 내 원칙주의가 부담스러웠다. 보통 구연산을 살 수 있
었는데도 더 좋은 구연산 사겠다고 2킬로미터 더 걸을 땐 나도
내 과도한 수준 맞춤이 감당되지 않아 싫었다. 그런데 내가 그렇
게 이상한 짓을 한 이유가 밝혀지는 순간, 그 지점에 나라서점이
있었다. 독립운동가의 후예인 주인 부부가 33년 전인 1988년에
문을 열어, 지금은 책을 보고 자란 그 자녀들이 함께 운영하는,
故(고) 신영복 선생님 서체로 상호를 쓰는 나라서점이. 나는 그
곳에 가기 위해 오전 10시에 밥도 안 먹고 길을 나서서 땀을 뻘

뻘 흘리며 한 시간 반을 걸은 거였다. 모든 걸음에는 이유가 있는가? 이 질문엔 자신이 없다. 그렇다면 세상살이는 정말 더 피곤해질 것이다. 하지만 그날의 걸음에는 이유가 있었다. 곡성에서 통화한 나라서점과 나는 그렇게 해남에서 만나고야 말았다. 만날 운명은 결국 만나게 된다고, 나는 그렇게 믿는다.

묶인 개의 비애

2021년 9월 6일 월요일
문내면 이목마을-황산면 송호마을 6.3km

다시 월요일 아침, 된재마을부터 주차할 곳을 찾다가 이목리경로당까지 갔다. 거기서부터 30분쯤 걷다가 내 이름이 연상되는 수산업체 컨테이너를 지나치는 길이었다. 큰 개가 점잖게 앉아 있고 그 뒤에는 강아지가 나를 보고 캉캉 짖으며 팔딱팔딱 뛰었다. 두 마리 모두 1미터 남짓한 쇠로 된 목줄에 묶여 있었다. 개 옆에는 똥 무더기가 가득했다. 목줄에 묶인 개는 갈 수 있는 한 제일 멀리 가도 집 앞 밥그릇 근처에 똥을 가득 쌓아놓을 수밖에 없는 처지였다. 결정적으로 두 마리는 서로 닿을 듯 말 듯한 거리에 있었다. 둘이 만약 어미와 새끼라면 그보다 더한 고문은 없을 것이다. 견주의 심리가 무심한 건지 잔인한 건지 궁금했다. 발길이 떨어지질 않았다. 그렇다고 내가 무얼 어떻게 해줄 수 있단 말인가. 그저 가만히 서서 쳐다보았다. 그러자 강아지 옆에 있는 플라스틱 빗자루와 쇠 부삽이 눈에 들어왔다. 빗자루로 강아지 똥을 쓸어 부삽에 담아 담벼락 흙 위로 옮겨주었다. 적어도 눈앞에서는 치워주고 싶었다.

개들은 사는 데다 똥 싸는 걸 좋아하지 않는다. 영역 표시를 위해 되도록 집에서 멀리 가서 싸고 돌아온다. 똥이 제집 앞에 있다는 건 개에게는 견딜 수 없는 일이다. 하지만 묶여 있고 산책도 시켜주지 않으니 어쩔 수 없이 집 앞에 싸는 것이다. 개똥이 어찌나 많은지 서너 번을 퍼담아 날라도 남아 있었다. 그래도 몇 번을 더 반복하니 강아지 똥은 다 치울 수 있었다. 하지만 성견의 똥은 너무 크고 많고 더러워 도저히 치울 수가 없었다. 그렇게 오랜 시간 개를 방치한 것이다. 그래도 밥은 주겠지.

가끔 시골 마을에 철골로 가로세로 철망을 짜서 육각형 틀을 얼기설기 엮은 다음 다리를 만들어 띄워놓고 그 안에 개를 키우는 집들을 보았다. 개는 평지 흙에서가 아닌 공중에 붕 뜬 구멍이 뻥뻥 뚫린 사각 틀 뜬장 안에서 산다. 철창 아래로 개똥이 수북이 쌓여 있다. 개가 똥을 싸면 철장 구멍으로 떨어진다. 결국 개는 제 똥 위에서 사는 것이다. 산책도 시켜주지 않고 제자리에 똥을 싸게 하는 사람들은 한 번도 그 개 입장이 되어보지 않은 사람들이다. 그런 사람들에게 재래식 변소 위에서 밥 먹어보라고 하고 싶다. 얼마 전 모 PD가 그런 개들 입장이 되어보겠다며 개처럼 목줄을 제 몸에 묶고는 하루를 살아보는 다큐멘터리를 찍었다. 철물점에는 1미터짜리 개 목줄만 파나? 대체 왜 묶여 있는 개들은 거의 그 길이의 목줄에 매여 있는 걸까? 1미터 반경에서 먹고 자고 싸야 하는 개의 삶을 견주가 단 하루만이라도 겪어본다면 절대 그렇게는 키우지 못할 것이다.

월성핵발전소 인근 주민들도 마찬가지다. 체내에서 방사성 물질인 세슘이 검출되고 갑상선암에 걸려 한수원을 상대로 집단소송을 하면서도 집이 팔리지 않아 이사도 못 가고 핵발전소 1킬로미터 거리에서 살고 있다. 목줄만 없다뿐이지 거주 이전의 자유가 없는 건 마찬가지다. 어디 거기만 그렇겠는가. 고리는, 울진은, 영광은, 그리고 밀양은?

똥을 다 치운 나는 그 강아지가 자기를 얼마나 쓰다듬어주길 바라는지 알면서도 도저히 손을 댈 수가 없었다. 해남에 와서 생긴 풀벌레 알레르기에 또 다른 어떤 알레르기가 생길까 봐 겁이 나서 아무리 귀엽고 불쌍해도 차마 더러운 개를 쓰다듬어줄 자신이 없었다. 내가 점점 멀어져 더는 자신을 쓰다듬어줄 생각이 없다는 걸 아는 강아지는 짖음이나 팔딱거림을 멈추었다. 더 가여운 건 처음부터 별 요동이 없던 큰 개였다. 그 개는 앉았다 엎드렸다만 반복하고 내가 쳐다보면 앉아서 꼬리를 살랑살랑 흔드는 것으로 마음을 표현할 뿐 짖지도 않았다. 어른이 된다는 건 어떤 저항도 반항도 도전도 호기심도 없이 순응하고 체념하고 포기하고 주저앉고 마는 걸까? 그것을 사람들은 의젓하다고 하는 걸까?

묶여 있는 개 때문이었을까? 그날 해남을 벗어나고 싶었다. 그러나 8월 말일부터 고산윤선도유물전시관과 땅끝순례문학관 휴관이었고 백련재는 입주작가 외 출입 금지령이 내린 상황이었다. 송호마을에서 11시 버스를 기다려 타고 차를 세워둔 이목마을로 돌아왔다.

마음을 추스를 길 없어 해남우체국으로 갔다.

"104번, 104번 고객님!"

나를 부르는 소리에 번호표를 손에 쥔 채 밖으로 나와 한 시간을 멍하니 있었다. 타 지역 방문이 자유롭지 않은 이 유배 아닌 유배 상태의 마음을 어디든 갈 수 있는 우편물에 실어 보낼까 말까 망설이다 품에 안고 돌아왔다.

약속에 대하여

2021년 9월 13일 월요일
황산면 송호마을-관두마을 2.2km

월요일 아침에는 약속이 하나 있다. 월성핵발전소 인접지역 주민들이 핵발전소 직원 출근 시간에 맞춰 오전 8시 20~40분에 하는 이주를 위한 상여시위에 연대하는 것이다. 지난 6월 말, 내 남도 도보순례길 후 남원에서 모인 네 명이 청명의 제안에 따라 즉석에서 한 약속이 점점 자리를 잡아가는 중이다. 8월 첫 도보순례 때, 사진 인증샷을 보낸 후 배고프고 돌아갈 차편도 없고 비는 온다고 문자를 보내니 청명도 같은 신세라고 했다. 그러면서도 월요일 아침이면 우리는 약속을 이행하고 있다.

그즈음 '약속'에 대해 극심한 고민을 하고 있었다. 이를테면

법에는 상위법 우선의 원칙과 신법 우선의 원칙과 특별법 우선의 원칙이 있다. 그것을 약속에 적용하면 하위 약속은 상위 약속의 내용을 벗어나지 않는 범위에서 유효하다. 그리고 약속의 내용이 배치될 경우 신규 약속을 따른다. 중요한 약속이면 특별 약속으로 지정한다. 일단 뱉은 말은 어떻게든 지키려고 하는 나는 상황이 어려워질수록 그것이 약속 당시의 순수한 의도인지 남에게 미칠 영향 때문인지 약속을 지키는 자아상에 대한 자기애는 아닌지 분석해야 했다.

그럴 때 늘 떠오르는 일화가 있다. 故(고) 신영복 선생님의 '청구회 추억'. 아무리 작은 약속이라도 아이들은 기다린다는 걸 나는 잘 안다. 나 역시 아이 때 지켜지지 않았고 절대 지켜지지 못할 약속이 있었기에 지킬 수 없는 약속이 있다는 걸 안다. 하지만 그 약속을 철석같이 믿고 있는 아이 입장이 되면 상황이 아무리 명명백백 이해돼도 영세불망永世不忘하는 것이 있게 마련이다. 나는 그래서 중학교 2학년 때 급훈이 '약속을 소중히 하자'였기 때문이 아니라 약속을 잊지 못하기에 어기기가 어렵다.

그런데 그것이 상위와 하위 약속끼리의 갈등뿐만이 아니라 어떤 특수한 상황과 엉키면 더욱 해결하기 어렵게 꼬이고 만다. 그 실타래를 풀기까지는 극렬한 내적 갈등을 해야만 한다. 그럴 때는 생각하고 또 생각하며 내면의 소리에 집중한다. 그러려고 그러는 게 아니라 여타 모든 걸 할 수가 없기에 그럴 수밖에 없다. 답이라고 떠오르는 것도 일단 미루며 기다려본다. 그리고 마지막 순간에는 정면 승부를 한다. 지키냐 안 지키냐 반반이다.

성패는 예상할 수 없다. 이행에 따른 결과의 득실도 알 수 없다. 하지만 분명한 건 마음의 엉킴은 매듭이 풀리거나 없어져야 사라진다는 사실이다. 가끔 아무리 걸어도 길에서 해답이 나오지 않을 때도 있다.

다음 날, 고산윤선도유물전시관 전통문화강좌 '다산 정약용의 《목민심서》를 만나다'에서 답을 찾았다. 1860년 우포청등록(영인본 상권)에 실린 첩실에 과부로 살다 큰아들은 병으로, 작은 아들은 무고하게 고문을 당해 죽자 전임 포도대장집에 난입한 이주례 사건과 그보다 63년 전인 1797년 황해도 곡산에서 신임 부사 행차에 전임 관리의 비리와 억울함을 낱낱이 쓴 소첩을 들고 출현한 이계심 사건. 두 사건은 '공권력에 대한 도전'이라는 공통된 사건이면서 '효수'와 '방면'이라는 정반대의 판결로 기록되었다. 둘 중 시대를 앞서 방면한 신임 목사가 다산 정약용이었다. 결국 법이란 '목민牧民', 사람을 다스리는 데 있어 한 사람이라도 은택 입기를 바라는 마음이 우선이어야 한다. 이것은 앞서 언급했던 《우리는 모두 아나키스트다》의 "어떤 법이 정의롭고 합리적인 것인지 아닌지 자신의 머리를 사용해서 직접 판단해 보세요"와 연결된다. 법이나 규정은 사람을 위한 것이지 무조건 지키라고 만든 게 아니다. 공동선에 위배되지 않는 한도에서 도덕적 판단은 각자가 한다.

개인의 약속은 일방적 규칙이나 법과는 다르다. 약속을 지키느냐 마느냐는 자신의 의지와 상황이 빚어내는 결과다. 함부로 약속해서도 안 되지만 약속이 깨지라고 있는 것도 아니다. 최선

을 다해 약속을 지키고 나면 적어도 마음은 평안해진다. 그 평안
의 토대에 믿음이 쌓인다.

**그리고 언젠가 중요한 날이 오면 여러분은 이미 준비가 되어 있을
겁니다.**

-《우리는 모두 아나키스트다》 중에서

늦은 걸음에 대하여

2021년 9월 27일 월요일
황산면 관두마을-소정삼거리 4.8km

막 배추밭이 시작인 해남 황산면 길을 걸었다. '국립농식품 기후
변화대응센터 해남 유치'를 축하하는 현수막이 가는 내내 길을
가로질러 있었다. 나도 축하한다. 인도가 없는 1차선 도로라 길
가 넝쿨들이 자꾸만 바짓자락을 잡아당기다 떨어진다. 올은 좀
뜯기겠지만 그 정도로 찢기진 않을 것이다. 나를 상처 내고 주저
앉히려는 온갖 상념도 그렇게 저절로 떨어져나가길 바란다.

1킬로미터쯤 걷다가 불현듯 관두 농협주유소에 주차하고는
문을 잠그지 않고 왔음을 알아차렸다. 누가 가져가봤자 트렁크
에 있는 등산화, 텐트, 압력밥솥 등등. 물건 몇 가지에 연연하고
싶지 않았고 돌아갔다 다시 걸을 기운도 없어서 시골 양심을 믿
기로 했다.

남리에 들어서자 특이한 가옥들이 눈에 띄었다. 구 가옥에 증축해서 길쭉하거나 높은 건물들이었다. 아리랑다방 옆 타이식당을 지나는데 한 소년이 가방을 메고 걷고 있었다. 오전 9시가 좀 넘었으니 분명히 지각일 텐데 뛰지도 않고 터덜터덜 걷는 품이 나처럼 뭔가를 포기한 듯했다. 한때 내가 가장 많이 꾸던 꿈이 지각하는 꿈이었다. 집을 나섰다가 뭘 빠뜨리고 나와 다시 집으로 돌아가고 또 돌아가거나, 수강 신청을 제때 못해 절절매는 따위의 꿈이었다. 그래서 그 소년이 어떤 마음일지 충분히 알 듯했다.

지나치며 힐끗 보니 마스크 쓴 얼굴을 덮은 머리카락이 덜 말랐다. 학교에 늦으면서도 머리는 감은 모양이다. 많이 아프진 않은 것 같아 좀 안심이 되었다. "학교 늦었구나" 따위의 너스레를 떨지 않았다. 선생님으로부터의 책망과 염려, 반 아이들의 눈총과 관심, 그런 것을 상상하며 걷는 그 발걸음이 얼마나 무거운지 누구보다 잘 알기 때문이었다. "늦었지만 괜찮아. 다음에 더 잘하면 되지" 하는 무책임한 말도 하지 않았다.

교칙을 못 지킨 아이는 이미 불안하다. 걷는 속도로 보아 다음에 더 잘하려는 의욕도 현재로는 없는 상태다. 당장 교실 문을 어떻게 열어야 할지가 고민인 아이에게 먼 미래는 별 소용 없다. 그렇게 지겹고 힘겨운 학창시절이 지나고 나면 사회가 기다리고, 반 아이들을 떠나도 또 어딘가에서 사회생활을 해야 한다. 소년은 그날만 늦었을까? 늦는 게 습관일까? 늦은 걸음이면 또 어떤가. 결석하는 것보단 낫지 않나. 완전히 포기하는 것보다는 늦더라도 가보는 게 잘한 선택이라고 아이에게, 또 나에게 말해주고 싶다.

황산남리시장, 전남식물병원, 제일분식, 해남황산우체국 지나 미성세탁소에서 일본 영화의 한 장면을 본 듯했다. 유니폼처럼 단정한 옷을 입은 여자분이 가느다란 눈썹으로 다림질을 하고 있었다. 부지런하고 빈틈없어 보였다. 지각하는 사람들의 생활 태도를 전혀 이해하지 못할 듯한 정갈함이었다. 하지만 그런 이가 풀 죽은 아이에게 천 원짜리 쥐여주며 군것질하라고 토닥여줄지 누가 아나.

고향상회 지나 황산초등학교를 지나며 아까 본 그 소년이 혼나지 않기를 바랐다. 모자를 삼킨 구렁이처럼 긴 에덴문구는 하교 시간이 아니라 그런지 어두운 문이 굳게 닫혀 있었다.

연당마을에 들어서자 250년 된 팽나무와 조성연대를 알 수 없는 연당리 미륵불이 있었다. 높이 17미터 둘레 3.4미터, 둘이 하나로 붙은 건지 하나가 둘로 나뉜 건지 모르겠는 팽나무를 보니 그 섬 제주에서 육지로는 해남이 제일 가깝구나 싶었다. 암 미륵불은 묻혀버렸고 남아 있는 수 미륵불 앞에 옥천막걸리와 송편 아홉 개. 마을의 안녕을 비는 누군가의 정성이 말라붙고 있었다.

관춘마을을 지나니 배추가 제법 튼실했다. 소정삼거리에서 자그마한 노란 버스를 탔다. 마을버스 같은데도 교통카드가 됐다. 7분 만에 돌아온 출발지에 자동차는 그대로였다.

해남 배추

해남-진도 18번 국도 완주

2021년 10월 4일 월요일

황산면 소정삼거리-문내면 원문-용암리-장포-제2진도대교-진도군 녹진시외버스터미널 11km

새벽에 잠을 설치고 눈을 뜨니 아침 8시 30분. 월요일이면 월성 핵발전소 인접지역 이주대책위 연대시위 날인데 청명의 알림 문자가 없었다. 후다닥 챙겨서 길을 나섰다. 가는 도중 청명과 통화가 됐는데 개천절 대체 공휴일로 시위가 없는 날이란다. 출 퇴근하지 않는 자에게 공휴일 개념은 없다. 작가인 나는 하루도 쉬지 않고 글쓰기 노동을 하는데 아무도 알아주지 않는다. 4대 보험은 고사하고 주5일제 근무에 따른 기본급여와 휴일수당 같

은 걸 받고 싶다. 대체 쉰다
는 건 뭘까?

18번 국도 옆 801번 도로
를 따라가다 보니 일제강점
기에 국내 최대 강제 동원되
었다는 옥매광산 이정표가
보였다. 같은 거리인 2.5킬
로미터에 '118인 희생광부
추모비'도 있다고 하니 땅끝
해남도 일제강점의 압제를
피해 갈 수 없었나 보다.

나무도 외로운가요

원문길에서 농로로 접어들어 한참 동안 키를 넘는 잡초를 헤
치며 나아가다 보니 군데군데 높이 30센티미터쯤 되는 뻘건 식
물들이 있었다. 20여 년 전 시화호 다큐멘터리를 제작할 때 알
게 된, 염수와 담수가 만나는 지점에서 자란다는 염생식물이 떠
올랐다.

선두리에서 18번 국도와 내가 걷는 농로가 아래위로 만났다.
해남우수영여객선터미널 건너편에 있는 바다가 보였다. 백련재
에 와서 처음 보는 바다였다. 진도대교를 건넜다. 울돌목 푸르른
바다 위로 건너편에 케이블카들이 지나갔다. 쇠줄에 매달린 상
자에 앉아서 가는 것보다 다리 위로 걸어서 섬으로 가는 게 더
멋졌다.

마침내 지난 4월, 관지와 청명과 함께 도착해서 점심밥을 먹

었던 진도휴게소까지 갔다. 셋이 왔던 곳에 반년 만에 혼자 도착했다. 봄에 갔던 식당에서 점심을 먹을까 하다가 코로나19 바이러스가 우려돼 그 아래 녹진시외버스터미널에서 캔커피를 사서 빈속에 꿀꺽꿀꺽 마셨다. 3분 뒤 온 오후 1시 40분 버스로 우수영터미널에 도착했다. 버스에서 내리기 직전 우수영성당을 지나쳤다. 스치며 보는데도 건축양식이 단순하면서도 범상치 않음이 느껴졌다. 버스에서 내려 길을 건너갔다. 문이 열려 있었다. 사선으로 된 천장과 오크 원목으로 된 의자와 제단, 예수의 일생을 담은 조형물과 단순한 스테인드글라스, 제단 상부에서 내리 들어오는 햇빛, 국화 화분 받침조차 목공예품인 품격. 공기 중에 인력이 있는 듯 저절로 맨 앞으로 나아가 의자에 앉을 수밖에 없었다.

불편하게 살아야 수도(修道)다
-故 이일훈 건축가를 추모하며

기도했다. 사랑하는 이들의 평화와 평안과 사랑을 기원했고 내 죄에 용서를 구했다. 소원을 빌 순 없었다. 하찮은 눈물이 일어서서 나가려는 발걸음을 자꾸만 붙잡았다. 일어서려다 앉고 나가려다 또 들어가게 하는 성당이었다. '우연히 만난逅' 우수영성당은 순례 후 찾아보니, 석 달 전에 고인이 되신 후리逅理건축 '불편하게 살기-채나눔 건축론'의 이일훈 건축가 작품이었다.

우수영버스정류장에서 시내버스를 탔다. 비포장 농로를 따라 걸어갔는데 돌아가는 명량로는 시원하게 뻗어 있었다. 세 시간 걸어간 길을 10분 만에 돌아왔다. 이것으로 진도항부터 구례 화엄사까지 18번 국도 도보순례를 432. 3km로 모두 마쳤다. (지도상 18번 국도는 277.1킬로미터인데, 나는 보성에서 순천-광양-하동-구례로 가서 다시 보성으로 내려온 데다 국도를 중심으로 일반도로나 자전거 길이나 인도나 농로로 다니고 왕복 걸은 구간도 있어 거리에 큰 차이가 있다.)

미황사역사길

도토리 주우러 다산초의교류길

2021년 10월 11일 월요일

백련재 문학의 집-삼산면 나범리-평활리-대흥사 11km

백련재 문학의 집에서부터 걸었다. 녹우당 길 코스모스는 여전히 피어 있었지만, 왼쪽으로 나 있는 대흥사 자전거 길을 따라 걸었다. 풍작인 벼들이 논에 가득한 가을이라 그런지 만물이 평화로워 보였다. 삼산면 축사 안 소들의 표정이 있는 눈과 눈을 맞추었다. 독일 최초의 소 양로원 '호프 부텐란트'를 다룬 영화 〈낙원〉의 방목보다는 못하겠지만 그런대로 축사가 넓고 깨끗해 보여 안심이 되었다. 그런데 조금 더 가다가 길에 배를 깔고 엎드려 있는 노란 줄무늬 고양이를 만났다. 근처 토사물로 보아 상한 음식을 먹은 듯했다. 내가 가까이 다가가 쭈그리고 앉아서 쳐다보자 고양이는 아픈 몸을 질질 끌고 풀숲으로 들어갔다. 검붉은 밭 흙에는 뭔가가 또 심겨 막 자라길 꿈꾸고 있는데 한쪽에서는 고양이가 죽어가고 있었다.

길고양이에 대해 아는 바가 없기에 120번에 전화해서 해남군청으로 연결해 고양이 구조를 요청했다. 그러곤 계속 지켜볼 순 없어 걸음을 옮겼다. 잠시 후 해남군청에서 전화가 왔다. 신고한 현장에 왔는데 고양이가 보이지 않는다고. 아픈 고양이가 그새 어디로 숨어버린 것일까? 여름부터 로드 킬을 볼 때마다 신고했는데 확인 전화가 온 건 해남이 처음이었다.

농익은 벼는 노랗게 쓰러져가고 멀리 파랗고 빨간 창고는 호안 미로의 그림처럼 감각적이었다. 부슬부슬 내리던 비가 굵게 쏟아지기 시작했다. 자그마한 우산이 배낭에 준비돼 있었지만 평활리 회관 앞 정자에 몸을 피했다. 가을비를 맞는 너른 논을 바라보며 죽어감과 죽음과 새로 움트는 생명에 대해 생각했다.

비가 잦아들 즈음, 낌새가 이상해 뒤를 돌아보았다. 길가에 한 남자 노인이 보행보조차(실버카)를 세운 채 내 쪽

평활리 미로

을 향해 서 있었다. 양철 울타리에 가려 주요 부위는 보이지 않았지만, 분명히 소변을 보는 중이었다. 마을 앞 찻길까지 굳이 나와서 건너편 정자에 앉아 있는 젊은 여자의 뒷모습을 보며 뭔가를 배설하는 심리는 팔구십 대 남자의 긴박뇨인가 성욕인가? 일방적인 폭력에 그냥 당할 수만은 없었다. 나는 일어서서 뒤를 돌아 노인을 향해 카메라를 들었다. 굵은 기둥 옆으로 그를 찍었다. 그는 서서히 옷을 추스르고 보행보조차를 끌고 되돌아갔다. 만약 그가 젊었다면 나는 대낮인데도 공포를 느꼈을 것이다. 품위의 유무가 드러나는 순간은 그렇게 급박하거나 주체하지 못하는 상황에서가 아닐까. 백번 양보해서, 노인이 눈이라도 잘 안 보였을까? 늙어보지 않은 다음에야 늙음에 대해 말할 수 없을 것이다. 부디 품위 있는 노인으로 늙고 싶다.

나무 이정표를 보니 땅끝천년숲옛길 중 3코스 대흥사 입구부터 세곡재까지 12.5킬로미터 '다산초의교류길'을 걷는 중이었다. 초의선사의 차와 시서화 삼절의 재주를 사랑했던 다산 정약용과 다산의 학식과 인품을 사랑했던 초의. 유배지 강진의 다산을 찾아 해남의 초의가 오고 갔을 1800년대의 그 길을 200년 후의 내가 걷고 있었다. 용전마을 지나 달마산 미황사, 금쇄동, 고산윤선도유적지 갈림길에서 대흥사까지 가는 길은 수월했다.

대흥사에 들어가 차도가 아닌 1.5킬로미터 산책로를 택했다. 산책로 끝 구 주차장에는 도토리가 무수히 떨어져 있었다. 그중 두 알을 골랐다. 도토리 두 알을 주우러 11킬로미터 걸어온 것처럼.

땅끝천년숲옛길 2코스 미황사역사길(1)

'화창하다!'가 무엇인지 절로 알 수 있는 날씨였다. 대흥사 마지막 주차장에 주차하고 좁은 찻길을 거슬러 내려갔다. 땅끝천년숲옛길 오도재삼거리와 덕흥리로 가는 이정표가 나왔다. 드디어 지난주부터 내 호기심을 발동시키던 길로 들어섰다. 산길이었지만 오도재삼거리 0.5킬로미터와 덕흥리 2킬로미터라는 짧은 거리가 도전해봐도 되겠다는 의욕을 북돋웠다.

땅끝천년숲옛길은 '미황사 창건 설화가 있는 땅끝에서 미황사 구간의 총 52킬로미터 옛길을 정비하여 국토순례 및 도보여행을 위'해 낸 길이다. 그중 2코스인 미황사역사길은 대흥사부터 미황사까지. 산길에 발을 내딛는 순간 천 년 전 선조들의 숨결이 느껴지는 듯했다. 돌로 잘 다진 후손들의 노력으로 그 길이 잘 복원되어 참으로 고마웠다. 500미터 올라가니 '땅끝마을 37킬로미터' '오도재'라고 쓰인 '바다가 내려다보이는 산자락길' 이정표가 있었다. 중국 승려 정관존자가 포교를 위해 해남군 현산면 백당포에 도착해서 두륜산 아래 덕흥리를 절터로 정했는데, 오도재 정상에서 다시 산맥을 짚어보니 중국의 곤륜산 혈맥이 백두산, 금강산, 두륜산으로 뻗어 흐르다 그곳에서 잠시 숨을 돌린 후 제주도 한라산으로 이어지고 있었고, 그곳에서 지금의 대흥사 터를 발견했다고 한다. 그래서 깨칠 오悟 길 도道 자를 써

오도재라 했다고 한다(혹은 터를 잘못 잡을 뻔했다고 해서 그르칠 오誤 자를 쓰기도 한단다).

대흥사에서 오도재를 지나면 나오는 덕흥리는 돌담이 아기자기한 마을이었다. 커다란 나무 두 그루가 마을 입구를 든든히 지켜주고 있었다. 조금 내려가다 보니 김장철 인기인 절임배추 농업회사법인 건물이 있었다. 1년에 한철 북적일 그림이 그려졌다. 아직 해남의 배추는 밭에서 푸르르게 무성하다.

덕흥리에서 4.5킬로미터 떨어진 봉동계곡을 찾아가는데 저수지가 보였다. 봉림저수지를 끼고 가니 길섶 숲 통나무에 버섯 종균을 넣어 재배하는 중년 남자들 몇이 있었다. 낯설고 외딴 길에서 사람을 만나는 건 아무래도 불안하다. 조금 더 가다 보니 굴삭기가 길을 통째로 막고 서 있었다. 발길을 돌렸다. 거기서 다시 대흥사로 돌아가려 했다. 그런데 가다 보니 3.5킬로미터 봉동계곡 이정표가 나왔다. 계속 가보았다.

해남 땅끝에서 30킬로미터 지점에서 임도로 들어갔다. 땅끝 천년숲옛길 이정표와 나란히 있는 산자락길 이정표에는 구산제 윗길, 구산제 아랫길, 구산제 뒷길이란 예쁜 이름이 붙어 있었다. 재를 또 넘으니 구산제가 보였다. 그 옆에 편백림이 어우러진 봉동계곡이 있었다. 화장실은 폐쇄되었지만 나무 탁자와 의자에서 쉴 수 있었다. 물이 없는 계곡은 메말라가는 내 육신과도 같았다. 하필이면 전날 내 몸의 변화가 마음의 문제가 아닌 나이 듦이란 걸 알아챘다. 생로병사는 누구에게나 각자 처음 경험해보는 것이다. 뭐든 처음 겪을 때는 얼마나 당황스러운지……

지금까지 다시 젊어지고 싶은 적이 없었다. 불안하고 빡빡하던 젊은 시절보다 여유로워지고 이해심이 생기는 나이 듦이 좋았다. 삶의 경험이 늘수록 지혜도 조금씩은 더해지는 듯했다. 그런데 육신의 노쇠함은 예상치 못한 일이었다. 언니들에게 말로만 듣던 증세가 내 몸에도 일어나기 시작하고 있었다. 걸으면서 점점 건강해져서 체력은 나아지고 있었다. 하지만 호르몬 감소는 어쩔 수 없는 현상이었다.

주차장으로 통하는 콘크리트 다리 위에서 보니 계곡에 시퍼렇게 세 칸짜리 수영장을 만들어놓았다. 마을청년회에서는 정자와 평상과 탁자와 텐트와 주차비를 책정해놓았다. 여름이면 물이 고이게 해서 피서객에게 요금을 징수하는 모양이었다. 계곡을 보러 온 사람들에게 흉물스러운 구조물을 제공하다니. 그 시퍼런 틀 아래 시멘트에 묻혀 숨이 막힌 자갈과 돌들의 신음이 들리는 듯했다. 자본주의가 훼손한 자연의 참상이었다. 서울의 화려한 청계천에서 자연미를 느낄 수 없듯이. 하지만 그렇게 조성해놓아도 자연의 역습인 코로나19 바이러스로 지구 관광은 지금 휴업 중이다. 인간이 이 경고를 깨달아야 자연과 상생할 텐데 자본의 탐욕이 과연 멈출 수 있을지 걱정스럽다.

고압 송전탑 바로 옆에는 축사와 비닐하우스와 인가가 있었다. 전자파에 시달릴 말 못 하는 소들과 알게 모르게 병이 생길 마을 주민들의 고통을 그들 자신은 알고 있을까? 문득 송전탑이 먼저 생겼을까, 집과 축사가 먼저 있던 걸까 궁금해졌다.

황산리길과 봉동길 중 황산리길로, 현산남초등학교와 주민자치센터 중 자치센터로. 갈림길에서마다 선택해야만 했다. 인생이 그렇듯이. 다섯 시간 만에 화장실에 들렀다가 대흥사 가는 버스를 탔다. 그리고 대흥사 입구에서 다시 산책로를 걸었다. 과연 전설 속 정관존자가 발견한 혈맥 자리답게 대한불교조계종 제22교구 본사 대흥사는 계곡도 물이 맑고 흐름도 그치지 않아 심심울창深深鬱蒼 했다. 가다가 뒤엉킨 나무뿌리 뭉치를 보았다. 인연이든 관계든 마구 뒤섞을 게 아니다. 정연하고 진실하지 않을 바에야 비우고 홀로 걷는 게 낫다. '올바르고자 하는 욕망은 천박한 마음의 징조다'라고 알베르 카뮈는 말했지만, 나는 그저 순리를 따르고 싶을 뿐이다. 흘러 흘러 해남까지 왔듯이 내 인생이 여기서 어디로 흘러갈지 알 수 없다.

목적지는 일지암이었다. 일지암은 초의선사가 만 40세이던 1826년부터 선종한 1866년까지 40년간 머물던 곳이다. 지난주 금·토 초의문화제를 했지만, 지척에 거주하는 나는 망설이다가 끝내 가지 않았다. 북적이는 연중행사가 내 정서와는 맞지 않을 거라 미루어 짐작했기 때문이었다. 아니 그보다는 백련재에서 가장 예뻐하던 노랑 아기 고양이가 목요일에 독사에게 물려 죽었다는 소식에 슬픔을 가눌 수 없었는데, 사흘 만인 일요일 오후에 우연히 장례를 치러주고서야 기운이 회복되었다. 노랑이도 어쩌다 백련재에서 이 사람 저 사람 먹을 걸 주니 집고양이처럼 되었지, 따지고 보면 길고양이 새끼니 길에서 죽는 게 이상한 일은 아니다. 다만 생生에서 늙음老과 병病을 거치지 않고 너무 일찍 죽음死으로 가는 건 애석하고 비통하다. 세월호 아이들의 죽음이 그래서 더 슬픈 것처럼.

언제 가도 고요한 일지암에는 지난 8월에 법강 스님이 만드시던 수곽이 완성돼 있었다. 어디에 가도 뭔가를 자꾸만 채우는 사찰. 그래도 가보는 사찰마다 진행 중인 거대한 공사에 비하면 손수 만든 수곽은 돋보인다. 일지암에는 초의선사 때문에 가기 시작했지만, 지금은 금빛 강아지 금륜이가 보고 싶어 가곤 한다. 금륜이를 봄으로 그날의 도보순례를 완성했다.

땅끝천년숲옛길 2코스 미황사역사길(2)과 에루화헌

2021년 10월 25일 월요일

현산면주민자치센터-매화리-월송리-미황사 9km

미황사 가는 길은 세 번째인데도 설렜다. 현산면주민자치센터 뒤로 난 길을 걷는데 찻길에 트럭들이 줄지어 서 있었다. 정미소로 들어가는 차들이었다. 짐칸에는 커다란 쌀자루들이 그득했다. 1년 농사 대풍이니 그보다 더 배부른 일이 있을까. 덩달아 여유로워진 발걸음에 시등마을에서 달마로 매화마을로 가는 어귀에서 웃음이 팡 터졌다. 아주 근사한 담과 소나무가 있는 집에 현수막이 걸려 있었다. '불러만 주시면~ 평양이라도 갑니다'라는 호출택시 광고였다. 실제로 통일되고 북한에서 해남 택시 한번 불러주면 경사겠다.

매화리회관 앞에서 잠시 앉아 쉬었는데 '결사반대·군공항 해남 이전 절대 안 돼' 현수막이 걸려 있었다. 그와 같은 내용의 '결사반대·군공항 이전 밀실논의 해남군민 분노한다' 현수막을 지난 9월 초 해남 읍내 가는 길에서도 보았었다. 군사공항을 염두에 두었다는 설이 난무하던 제주 제2공항 건설 중단이 결정된 지 석 달. 보도기사를 찾아보니 광주 군공항 이전이 2017년부터 무안, 신안, 영암, 해남 등 후보지를 놓고 아직도 분분한 상태였다. 해남군청에 물어보니 해남은 군민들 반대로 설명회조차 못 하는 실정이라고 한다. 암~ 그래야 시인 고정희와 김남주의 고향 해남이지.

매화마을과 향교마을과 송촌마을 지나 대단위 농장을 막 지났는데 아담한 할머니가 마주 오셨다. 인사를 꾸벅하면서 보니 얼굴이 상아색 장미 꽃봉오리처럼 고우셨다. 할머니는 대뜸 커피를 마시고 가라고 하셨다. 빈속이었지만 막 지나쳐 온 할머니 댁으로 쫄래쫄래 따라갔다. 할머니는 내게 밥도 안 먹었겠다며 커피보다 밥을 먼저 먹으라고 하셨다. 그렇게 길에서 스친 할머니 댁에서 아침 겸 점심 밥상을 받고 커피도 마셨다.

할머니 정을 듬뿍 받고 나와 달마로에서 미황사 쪽으로 가는데 정류장이 하나 있었다.

'호박창고에서 정을 나눠요'

남도 순례 내내 정류장 사진을 찍어왔지만 그렇게 재치와 온기가 있는 정류장은 처음이었다. 서정마을에서 좌회전하자 성근 억새 너머 반짝이는 물이 고인 서정제가 나오고 조금 더 오

호박창고에서 정을 나눠요

르자 미황사가 보였다.

사찰순례 좀 해봤다는 이들에게 해남을 얘기하면 조계종 본사인 대흥사보다 말사인 미황사가 더 좋다고들 한다. 그렇게 아름다운 절로 소문이 났는데도 불구하고 입장료가 없다. 여느 교회나 성당에서도 그렇듯이. 그래서인지 입구에서부터 종교시설다운 편안함이 있다. (BBS에 따르면, 문화재보호법에 의거해 문화재구역 입장료를 받는 사찰은 2천여 개의 조계종 사찰 중 약 3퍼센트인 60여 곳이라고 한다.)

신라 경덕왕 8년(749년)에 창건했다는 미황사에는 설화가 있다. 인도에서 경전과 불상(금인)을 실은 돌배가 사자포구(현 갈두항)에 닿자 의조화상이 이것을 소등에 싣고 오다가 (소가 커다란 울음소리를 내며) 드러누운 산골짜기에 절을 지어 미황사라 했단다.

아름다운 소의 울음이 미美, 금인의 색이 황黃이라 미황사美黃寺라 이름 붙였다고 한다.

윤장대를 돌리며 지나갈 수 있는 천왕문을 지나면 자하루가 있다. 자하루는 정면 7칸 측면 2칸의 거대한 누각. 자줏빛 노을 자하紫霞는 신선이 사는 곳의 노을이라는 뜻으로, 전설에서 신선이 사는 궁전을 비유적으로 이르는 말이다. 그래서인지 서울 청와대 근처에는 자하문紫霞門이 있다.

창건 이후 조선 중기까지 열두 암자를 거느리는 대찰이던 미황사는 1597년 정유재란 때 대부분 전각이 소실되고 1601년에 중창, 2008년에 삼창되었다. 보물 제947호로 지정된 대웅보전에는 시선이 저절로 위로 가는 궁륭형 천장이 있고 대들보에 천불도가 그려 있다. 달마선원으로 올라가 오층석탑 너머 바다를 보았다. 일지암에서 보던 바다가 더 가까이 있었다.

미황사에서 갈 수 있는 길은 둘, 달마고도 17.74킬로미터와 땅끝천년숲옛길 1코스 땅끝길 15.4킬로미터 코스이다. 하지만 시월 마지막 월요일 도보순례는 거기서 끝내야만 했다. 서둘러 갈 곳이 있었다. (2시 버스를 기다리려 했는데, 마침 그곳에 오신 나주 수녀님께 달마고도 입구를 묻다가 함께 오신 분 차를 얻어 타고 출발 지점으로 돌아왔다.) 이틀 전인 토요일 제22회 미황사 괘불재 산사음악회가 있던 날 저녁, 북일면 흥촌리 두륜산 주봉인 투구봉 아래 에루화헌에서 내가 보고 들었던 것을 확인해야만 했다. 그날 그곳에서 매우 신비로운 여인 둘을 만났다. 한 사람은 내 이름을 듣자마자 초롱초롱한 내 글을 읽었다며 나를 꼬오옥 안고 한참을 무언가

가슴으로 말하던 나무. 그리고 또 한 사람은 주방에서 음식 준비를 하며 내게 미황사 괘불재에 대해 알려주고는 마지막까지 궂은 설거지 다 하던 송하頌荷. 서울을 떠나 있던 1년 넘게, 바랄 수 없던 예술에 대한 목마름을 폭 적셔준 한 시간 반은 작년까지 미황사 괘불재에 모였던 사람들이 폐사에 가까웠던 미황사를 20년간 지금의 모습으로 만들어놓으신 금강 스님을 보내고 아쉬움에 모인 자리라고 했다. 하지만 불교 내용 하나 없는 시와 노래와 연주와 춤으로 가득했다.

그날의 시공간이 한국과 인도 사이 그 어딘가의 국적 불명 꿈과 같아서 나는 그 꿈에서 깨지 않도록 다음 날 방에 틀어박혀 온종일 나무의 노래 〈봄날의 새 이파리〉 CD 아홉 트랙을 듣고 또 들었다. 나무의 음색과 발음과 호흡으로 들은 곽재구의 노랫말과 한보리의 가락과 악기들의 연주로 나는 산수유와 들국화와 민들레와 찔레꽃이 핀 강에서 마음을 풀어 별을 보다 첫눈을 맞았다. 노래를 듣다 창밖의 날벌레들이 첫눈인 줄 알고 문을 벌컥 연 적도 있었다.

그리고 그다음 날인 순례 날, 눈 뜨자마자 현산면에서 미황사까지 9킬로미터 걸었다. 그러고는 미황사에서 부처님 제자의 길을 가기 위해 6년을 지냈던 송하가 해남을 떠나기 전 다시 만나기 위해 에루화헌으로 갔다. 잠시 송하를 만나고 보낸 후, 나무와 함께 세월호 참사를 애도한 시간은 되고 진하여 단번에 쓰기에는 다소 힘에 벅찼다.

그런데 불과 이틀 후 송하에게서 미황사 이야기를 더 듣고 싶었다. 그래서 수요일 오후 온라인 강의를 마치자마자 길을 나섰다. 송하는 하루이틀 미황사 부도암에 있을 거라고 했었다. 미황사가 마치 옆집이라도 되듯이 31.1킬로미터 거리를 자동차로 달렸다. 미황사 일주문과 천왕문 사이 바위 밑 나뭇가지들은 대체 무슨 뜻인지, 천왕문 사천왕상은 왜 꽃미남들인지, 송하에게 물어보면 알 수 있을 것 같았다. 그게 무슨 중요한 질문이라고……. 사람 사이에는 설명할 수 없는 끌림이 있다. 그리고 그것은 다른 어떤 것보다 매우 강렬하다.

미황사 주차장에 차를 세우고 다시 일주문과 천왕문과 자하루와 대웅보전과 응진당을 지나 달마선원 옆 도솔암 가는 길로 접어들었다. 700미터쯤 가니 부도전이 보였다. 그 옆에 암자가 있었다. 거기 같았다. 저만치서 늑대처럼 건장하고 날렵하며 시커멓고 얼룩덜룩한 개가 다가왔다. 약간 움츠러들긴 했지만, 사람을 알아보는 개라면 날 물진 않을 거라 믿었다. 댓돌에 신발들이 있었다. 담 안으로 들어가지도 못하고 그 자리에 서서 옆집 아이처럼 큰 소리로 불렀다.

"송하~ 송하~"

잠시 후 현공 스님이 나오셨다. 스님이 송하는 몇 시간 전에 떠났다고 하셨다. 그러면서 전화번호를 알려주셨다. 송하를 입력하려면 누군가를 삭제해야 한다. 인간관계도 최소한으로 비우고 있기 때문이다. 송하를 만나지 못했지만 나쁘지 않았다. 바람처럼 가다가 어디에선가 다시 만날 인연이라면 또 만나겠지. 스님께 개 이름을 물었더니 '달프(달마산 울프)'라고 하셨다. 미황

자줏빛 노을, 紫霞(자하)

사로 내려가는데 달프가 따라왔다. 내가 뒤돌아보면 풀을 뜯는 척하고 걸음을 옮기면 또 따라왔다. 앞서거니 뒤서거니 배웅이나 호위해주는 것 같았다.

미황사 대웅보전으로 갔다. 템플 스테이 하는 청소년들이 쌓아놓은 황토색 방석들이 저무는 햇살을 받아 작은 탑처럼 보였다. 대웅보전 삼존불상 앞에서 자하루 왼쪽으로 지는 해를 보았다. 자하루 배면 편액에는 만세루萬歲樓라고 쓰여 있지만, 홍시빛 태양이 서쪽 섬 너머로 지는 하늘에는 역시 자하紫霞였다.

바위산을 타다

2021년 11월 1일 월요일

미황사-도솔암-마봉리 주차장-도솔암-달마산-부도전-미황사/땅끝천년숲옛길 1코스 땅끝길 19km

11월 첫날, 도반에게서 소포로 온 가을 밤을 입고 길을 떠났다.

아침 9시, 미황사 주차장에 차를 세우고 부도암 가는 길로 들어섰다. 해남에서 잇고 있는 땅끝천년숲옛길 1코스였다. 숲에 들어서자 송하와 나무가 "맨발로 2~3킬로미터 걸으면 참 좋아요"라고 한 말이 떠올랐다. 등산화와 양말을 벗어들었다. 땅의 기운을 피부로 느껴보았다. 차갑고 촉촉하고 따갑고 탄력 있기도 했다. 맨발로 30분을 걸었으니 2킬로미터를 채 못 갔을 즈음, 규암이 가득한 너덜 구간이 장관으로 펼쳐졌다. 맨발로는 흙보

땅끝천년숲옛길 1코스이자 달마고도 4구간

다 바위를 밟는 게 더 편하다. 거기 좀 앉아 해남 땅을 내려다보았다. 돌산에 앉아 돌이 굴러 내려오지 않을까 불안하지 않은 게 신기했다. 흙 묻은 발을 양말로 닦고 등산화를 신었다. 속도를 내지 않으면 그날 안에 예정했던 땅끝까지 가기 어려웠다.

거기서 숲길로 몇 걸음 떼자마자 "으악" 비명을 질렀다. 오른쪽 땅바닥에 스르륵 뱀이 지나갔기 때문이다. 방금 신발 신은 게 선견지명이었을까. 양 갈래 길에서 삼나무 숲을 지나 미황사에서 3.65킬로미터 지점에 이르니 도솔암 이정표가 나왔다. 0.25킬로미터면 250미터. 평지에선 몇 분이면 갈 거리지만 나는 도솔암이 얼마나 높은지 알고 있었다. 차로 빙 돌아가는 그곳을 걸어서 올라가려면 암벽 등반 수준일 것이었다. 게다가 샛길로 새서는 그날 땅끝까지 가기 힘들지도 모르겠다는 생각도 했다. 하지만 혼자인 그때가 아니면 그 길로 도솔암에 가보기는 어려울 듯했다. 그래서 산길을 택했다. 역시나 밧줄이 있었다. 오르고 또 오르니 도솔암이 있었다.

대한불교조계종 제1교구 조계사 말사 달마산 도솔암은 통일신라 말 의상대사가 창건한 천년 기도 도량이다. 미황사를 창건한 의조화상이 미황사 창건 전 수행 정진했다는 암자라고 한다. 조선 정유재란 때 명량해전에서 패배하고 해상로가 막혀 달마산으로 퇴각하던 왜구에 의한 화마를 면치 못했는데, 2002년 오대산 월정사 법조 스님이 복원했다고 한다.

깎아지른 절벽 위 암자 앞 댓돌에 앉아 있는데 오른쪽 옆에 있는 팽나무 가지 사이로 얼굴이 하나 보였다. 부처의 얼굴 같기도 하고 스핑크스의 얼굴 같기도 했다. 바위가 있어 팽나무가 외

도솔암 바위 얼굴

롭지 않고, 팽나무가 있어 도솔암이 외롭지 않아 보였다.

얼마 걷지도 않았는데 벌써 정오가 지나 있었다. 올라갈 때 봐둔, 커다란 바위 아래 암자 터 같은 데 앉아보았다. 고요하고 편안했다. 비박을 해도 무리 없을 자리였다. 그곳에서 전날 싸둔 마른 김밥을 통째로 씹었다. 도솔암 위는 사람들 발길이 그치지 않았지만 바로 아래 바위 밑에는 아무도 없었다. 거리는 얼마 차이 나지 않지만, 전혀 다른 세상 같았다. 인간 세상에 살면서도 속세를 떠난 듯한 그런 곳에 나도 자리 잡고 싶었다.

다시 땅끝천년숲옛길로 내려와 임도 끝까지 걸었다. 콘크리트 길이 나왔다. 어디로 가야 할지 몰랐다. 맞은편 숲길에는 밧줄로 통행 제한이라 표시되어 있었다. 일단 위로 향했다. 얼마를 걷다가 아무래도 이상해서 마침 내려오는 차량 탑승자에게 물어보니 위로 올라가면 도솔암만 있다고 한다. 내려가면 태워주겠다고 했는데 사양하고 올라가다 길을 못 찾고 결국은 다시 아래 마봉리 약수터와 주차장까지 걸어 내려갔다. 도솔암 3킬로미터 대형 이정표가 서 있을 뿐 그밖에 아무것도 없었다. 다시 올라갔다. 1킬로미터쯤 갔을 때 아래에서 차량이 올라왔다. 도솔암 가시면 좀 태워달라고 했다. 포항에서 오신 부부였다. 도솔암에서 왼쪽으로 다시 내려가면 땅끝천년숲옛길로 갈 수 있었고, 오른쪽으로 4.3km(킬로미터) 미황사란 이정표가 있었다.

오후 2시 11분. 가보지 않은 길로 가보기로 했다. 이것은 엄청난 실수였다. 올라갔다 내려갔다를 수없이 반복하는 데다 지형도 흙보다 암석이 많았다. 생각해보니 미황사에서 보이던 그 산은 기암괴석이었다. 그 뾰족뾰족한 바위들을 타고 넘어가고 있는 것이었다. 왜 그 생각을 못 했을까? 4.3킬로미터면 평지에선 한 시간이면 족히 가는 거리지만 산 위에선 전혀 달랐다. 이미 10킬로미터 이상 걸은 뒤였고, 달마산 길에 오르기 시작할 때부터 시원찮던 무릎에 30분이 지나자 통증이 심해졌다. 바위 위에 앉아 양 무릎에 파스를 붙였다. 그때만 해도 어지간히 가면 하산할 수 있을 줄 알았다.

3시쯤 되자 힘에 부치기 시작했다. 의지할 데라곤 나뭇가지에 묶여 있는 빨갛고 노란 '한국고갯길' 리본뿐이었다. 배터리가 닳을까 봐 전화도 할 수 없었고 물은 300밀리리터 텀블러에 절반 정도 남은 상태. 배낭에 먹을 거라곤 귤 한 개와 미니 과자 한 봉과 커피 사탕 몇 알. 물과 식량도 부족했고 스틱도 없는 상태였다.

3시 24분. 2.2킬로미터 왔고 달마산 정상까지는 2.5킬로미터. 산길은 평평해질 기미가 보이지 않고 햇빛에 노란빛이 많아지면서 불안해지기 시작했다. 그때 동백꽃 한 송이를 보았다. 11월 1일에 동백이라니. 올봄 고창 선운사에서 그렇게 기다리던 동백꽃을 가을 해남 달마산에서 만나다니. 순간 기분이 살아 올랐다. 나는 뽀뽀를 몇 번이나 날리며 벌이 꿀을 빨고 있는 동백꽃에게 미소를 지어 보냈다.

"동백, 안녕? 고마워! 고마워!"

3시 42분. 도솔봉 주차장 3.1킬로미터, 달마산 정상 2.3킬로미터 지점인 하숙골재. 간신히 절반을 넘었다. 거기서 내려갔어야 했다. 그런데 그냥 전진했다. 곧이어 몹시 불안해졌다. 그런데 저 앞에서 사람 소리가 났다. 건장한 남성 셋이 소매 없는 윗옷에 반바지 차림으로 스틱을 잡고 나는 듯 돌진해 왔다. 그중 가운데 사람 팔뚝엔 시커먼 문신이 가득했다. 거칠어 보이는 외모에도 불구하고 깊은 산에서 사람이 그렇게 반갑긴 처음이었다. 나는 그들이 지나온 길이 어떤 형태인지 물었다. 지금까지 온 길이 만만치 않다고. 맨 앞에 있던, 흰머리를 뒤로 꽉 묶은 남자가 말했다.

"산에 혼자 다니시면 위험해요. 이제 곧 해 떨어질 텐데 빨리 내려가세요."

맨 뒤의 남자가 말했다.

"가다 보면 의자가 있고 왼쪽으로 내려가는 길이 있어요. 그 길로 내려가시는 게 좋을 것 같아요."

의자가 곧 나올 줄 알았다. 그러나 거기서부터는 더한 난코스가 기다리고 있었다. 대밭사거리에서 길을 못 찾고 헤맬 때는 소리쳤다. "아~ 내려가고 싶다!" 가도 가도 끝없는 바위의 연속이었다. 밧줄 타고 기어오르면 밧줄 타고 내려와야 했다. 이러다 구조 요청이라도 하는 건 아닌가 싶었다. 헬기 착륙지도 없는 바위산 위에서 말이다.

4시 30분. 겨우겨우 대밭삼거리에 와서 의자와 '미황사 부도전 0.8km(킬로미터), 달마산 정상 1.2km(킬로미터)' 이정표를 보았다. 그제야 안심이 됐다.

오후 5시. 천근만근인 다리를 잡아끌듯 움직여 간신히 부도

미황사 달마산

전까지 내려왔다. 평지에선 4~5킬로미터를 한 시간에 걷는데 3킬로미터에 세 시간이라니. 그런 길인 줄 알았다면 들어서지도 않았을 터. 큰일 날 뻔한 겁도 없는 산행이었다. 도보계 숫자는 19킬로미터. 거리고 뭐고 당분간은 달마산에 발 들일 마음이 들지 않을 듯. 그날 이후 며칠간 제대로 걷지도 못했다.

나중에 사진을 자세히 보니 도솔암 이정표 미황사 4.3km(킬로미터) 아래쪽에 네 시간 소요라고 쓰여 있었다. 나는 4.3킬로미터만 읽고 네 시간 소요는 무시했던 것이다. 우리 뇌는 읽고 싶은 것만 읽게 하는 기능이 있나 보다. 편의에 의한 선택이었다. 합리적 사고가 불가능해질 때, 그리고 그것이 위험을 초래할 때, 왜 그런지 잠시 멈추어 생각함이 지혜다. 그건 마음의 여유에서 나온다. 가끔 모험심과 주의력 결핍을 혼동할 때가 있다. 그런 자신을 위로하기 위해 다독인다.

'그래도 11월에 동백꽃을 보았잖아.'

킬치의 걷기

2021년 11월 8일 월요일
백련재-녹우당-남도오백리길-백련재/양촌제-북일초등학교 8.2km

비가 꽤 많이 내렸다. 하루쯤 쉬려고 '월성 2·3·4호기 조기 폐쇄' 조끼를 입고 산책하듯 우산을 쓰고 녹우당까지 갔다. 그런데 일단 나가니 마을 앞 논까지 걷게 됐다. 새 점퍼에 비 맞는 게 싫어 다시 백련재로 들어왔다. 그새 3.3킬로미터 걸었다. 낡은 점퍼에 우비를 입고 본격적으로 길을 나섰다. 차를 타고 땅끝천년숲옛길 다산초의교류길을 찾아 나무 지도에서 보았던 양촌제로 갔다. 넓고 시퍼런 물이 추워 보였다. 기온이 급격히 떨어지기 시작했다.

오소재 화장실에 들러 찻길을 따라가는데 빗물인지 눈발인지 알 수 없는 굵기의 물질이 우비에 부딪혔다. 기운을 돋우기 위해 노래를 불렀다. 〈함께 가자 우리 이 길을〉. 걷다가 가끔 부르는 이 노래는 김남주 시의 노래이고, 나는 김남주 시인의 고향인 해남 땅을 걷고 있었다.

두륜중학교 앞에서 처음 보는 이정표가 나오자 느낌이 이상해서 지도를 켜보았다. 북쪽으로 가야 하는데 남쪽으로, 완전히 반대로 5킬로미터 걸어온 것이었다. 그러고 보니 투구봉이 보였다. 허탈했다. 하루이틀도 아니고 길치인 내 부주의함에 넌더리가 났다.

삼거리에서 우회전해서 북일초등학교 앞 정류장에서 한참을 앉아 있었다. 화장실 가고 싶을까 봐 물도 맘껏 못 마시고 목만 축였다. 맞은편 학교는 외관에서도 100년 역사가 보였다. 어린 학생들은 버스로 통학하지 않고 그나마 학생 수가 줄어서 그럴까? 정오가 한참 지났는데 버스 올 기미가 보이지 않았다. 지나가는 차들에게 몇 번 손을 들어도 그냥 지나갔다. 다시 온 길을 되돌아 걷기 시작했다. 그런데 두륜중학교 앞에서 SUV 차량이 창문을 내렸다. 양촌제 가시면 태워달라고 했다. 경기도에서 이사 왔다는 아저씨는 오고 가는 사람들을 자주 태워준다고 했다.

"혼자 다니면 무섭지 않아요? 친구 없어요?"

"그러게요. 친구도 없네요."

양촌제에서 내렸다. 거기에서 내가 본 이정표는 '땅끝천년숲옛길'이 아닌 '산자락길' 이정표였다. 나는 차를 타고 대체 어디서부터 길을 잘못 들었는지 찾아가 보았다. 삼산면 어디쯤에서 백호리로 가는 땅끝천년숲옛길 이정표를 발견했다. 하지만 양말이 젖어서 일단 백련재로 철수. 다시 나가려고 했으나 라면을 끓여 먹고는 따뜻한 방에 주저앉았다.

곰곰이 생각해본다. 내 부주의함과 무조건 직진 습성에 대하여. 어차피 땅끝천년숲옛길을 다 걸은 후에 이날 걸었던 길을 걸을 예정이었지만 계획했던 길이 아닌 길에 들어섰으니 실수를

인정해야 했다. 가다가 아니
면 말고 하는 방식은 혼자일
때는 생고생이고 동행이 있
을 때는 민폐다. 누군가 곁
에 있을 때는 상대에게 피해
를 주지 않기 위해서라도 훨
씬 신중해진다. 그러나 혼자
일 때는 고생을 해도 나만
하는 것이니 별 고민 없이
선택한다. 이 즉흥성으로 인
해 연 2주 고생하고 있다. 내

2021년 11월 14일 오후 4시 녹우당 은행나무

맘대로 걷고 내 맘대로 쉬고 내 맘대로 노래하는 혼자도 좋지
만, 이렇게 고달플 때는 길치인 나를 도와줄, 그리고 내가 좀 더
신중해질 수 있도록 함께 길을 찾을 도반이 있었으면 좋겠다.

초의와 다산의 교유

2021년 11월 15일 월요일

삼산면 평활리 녹산길-상가리-옥천면 백호리-탑동마을-세곡재-
학동리/땅끝천년숲옛길 3코스 다산초의교류길 15km

가을이 깊어갈수록 늦게 일어난다. 지난주 알아두고 온 땅끝천
년숲옛길 3코스 중간에 차를 세우고 부리나케 걷기 시작했다.

드디어 다산초의교류길 끝자락을 걷는다. 이번에는 이정표를 놓치지 말아야지 다짐하며 걸었다. 상가저수지와 백호저수지를 지나 양 갈래 길이 나왔는데 아무 데도 이정표가 없었다. 망설이다 우측으로 향했다. 그 길이 더 오래돼 보였기 때문이었다. 다행히 백호리에서 이정표가 나왔다. 대산리에서 탑동마을을 찾아 걸었다. 물 한 모금 마시지 않고 두 시간 넘게 8킬로미터를 주파했다. 그런데 K-MAP에 표시된 곳은 탑동 오층석탑이 아니라 한우양돈농가였다. 그래도 지도만 믿고 뚝심 있게 올라갔다. 축사를 지나 세 갈래 길을 다 올라가봤지만 모두 무덤뿐이었다.

마을로 내려와 마을 사람들에게 오층석탑을 물어 찾아갔다. 석탑을 보는 둥 마는 둥 옛길 종점을 물었다. 알려준 길로 갔는데 다시 축사였다. 아무 데도 길이 없어 다시 내려오는데 마을에서 사람들이 나를 부르고 손짓하더니 급기야 남자 한 명이 삼륜모터바이크를 타고 와서 왜 다른 길로 가냐며 고개로 가는 둘레길을 알려줬다.

오르막길이 나오자 1킬로미터를 묵묵히 올랐다. 콘크리트 길이 끝나고 4차선 정도 예정인 새까만 아스팔트 길이 나왔다. 아무것도 없었다. 하얀 이를 드러내고 웃고 있는 낡은 장승에 '땅끝천년숲옛길'이라고 쓰어 있었다. 이정표는 없었고 나무 지도도 없었다. 새로 간 아스팔트로 올라가 재를 넘어가보았다. 저 멀리 삐죽삐죽한 산 능선이 보이자 뭉클했다. 그 아래로 저수지도 보였다. 저 너머 어디쯤 다산초당이 있겠지. 초의선사가 찾아가던 그 집이. 200년 전 다산 정약용에게 찾아가기 위해 초의가 걸었을 길을 걸어왔다. 지도에도 없는 길을.

돌아섰다. 해남 마을이 눈 아래 펼쳐졌다. 강진의 푸르르고 빽빽한 풍경과 달리 황금빛 너른 들판에 고적한 인가가 평화로웠다. 해남의 초의는 강진의 다산을 찾아가는 설렘과 일지암으로 돌아가는 안도감 중 무엇이 더 좋았을까? 다음 만남을 기약하며 집으로 돌아간 초의는 차를 덖고 공부하고 그림을 그리고 시를 지으며 다산을 다시 만날 때까지 얼마나 정진하려고 애썼을까? 다음에 만날 때는 더 나아진 자신을 보여주기 위해서 그 얼마나 불철주야 노력했을까?

그러기 전에, 다산을 만나고 돌아오는 고갯길에서 그가 느꼈을 감정이 몰려왔다. 그동안의 자신을 다 보여주고 더 발전한 모습으로 나아가기 전 유일한 휴식이었을 집으로 돌아가는 길. 그 집으로 가는 경계인 강진과 해남의 세곡재. 다시 만날 님을 그리며 그 님에게 다시 가기 위해 잠시 돌아서는 길. 그 고갯길 위에서 나는 한참을 잠잠히 서 있었다.

두려움 뚫고 완주

2021년 11월 22일 월요일

송지면 마봉리 주차장-도솔암 가는 길-땅끝전망대-땅끝탑/땅끝천년숲옛길 1코스 땅끝길 15km

차가 흔들렸다. 오전 9시 즈음, 도솔암 주차장에는 바람이 거셌다. 온종일 거기서 언제 돌아올지 모를 주인을 기다리고 있을 내 차 탈핵브리드가 얼마나 불안할까 생각하니 도저히 두고 갈 수가 없었다. 다시 산 아래로 3킬로미터 내려가 도솔암 쉼터 주차장에 주차하고 걸어 올라갔다.

차로 올라갈 때부터 두려움이 엄습했다. 3주 전 조난 직전에 내려온 달마산의 공포가 아직 가시지 않았기 때문이었다. 빈속에 차 안에서 먹은 단팥 가득한 초당커피빵이 얹힌 듯했다. 새벽 5시 30분까지 글을 쓰고 잠시 눈 붙였다가 8시에 일어나 준비하고 나왔으니 신체 상태도 그리 좋진 않았다. 그래서 괜히 무리하다가 지난 달마산행 꼴이 될까 봐 망설였다. 그러면서도 한 발 한 발 1.7킬로미터를 올라갔다.

그렇게 달마고도 사이의 임도를 지나 땅끝천년숲옛길 이정표가 있는 오른쪽 길로 들어섰다. 산자락길과 남파랑길과 천년숲길까지 우후죽순처럼 이정표가 솟아 있어 정신을 똑바로 차리고 걸어야 했다. 지난 양촌제에서와 같은 실수를 또 해서는 안 되었다.

걷다 보니 문제가 여러 가지였다. 첫째 바람. 바람이 너무 거세어 북서쪽 길이나 능선을 따라 걸을 땐 굉음과 함께 몸이 약간 밀릴 정도였다. 따뜻한 해남이라 방심하고 얇은 내복에 여름 등산복에 가을 점퍼를 입고 나와서 계속 걷는데도 추웠다. 바람 소리인지 바람이 닿은 나무 소리인지 엄청난 소리가 레퀴엠처럼 으스스했다. 둘째 낙엽. 낙엽이 쌓여 길을 알아볼 수가 없었다. 게다가 내리막길에선 미끄러져 위험했다. 셋째 스틱. 숲길이

산에 있음을 망각하고 오솔길이나 나무 데크 길을 연상한 걸 보면 내 뇌는 어지간히 주관적이다. 차 트렁크에 스틱이 있는데도 챙길 생각을 못 했다. 오르락내리락하는 산길에 낙엽으로 미끄럽기까지 하니 긴장한 몸의 무리가 무릎으로 몰렸다. 산에서 이정표상 9.8킬로미터면 평지에 비해 훨씬 부담스러운 거리. 무릎이 버티지 못할 듯했다. 땅바닥에 떨어진 나뭇가지를 주워서 짚고 걸었다. 처음은 툭툭 부러졌고, 두 번째는 더럽고 짧았으며, 세 번째는 약간 굵었지만 단단했다. 예전 같으면 지팡이에도 의리를 지키겠다고 처음에 결정한 것을 끝까지 들고 갔을지 몰랐다. 하지만 이제는 상황에 맞는 걸 취하는 게 미안하지 않았다.

땅끝까지 5킬로미터를 앞둔 이정표 옆에서 작은 봉지의 에이스 크래커와 큰 귤 한 개와 물을 조금 마셨다. 윙윙 불어대는 찬 바람 때문에 한랭 두드러기가 피부 위로 울뚝불뚝 올라오며 여기저기 가려웠다. 다시 걸으니 왼쪽으로 바다가 보였다. 오른쪽에 보일 때도 있었다. 아무도 없는 숲길을 '월성핵발전소 2·3·4호기 조기 폐쇄' 조끼 입고 걷는 게 무슨 의미가 있을까. 그저 나 좋아서 걷는 이 길에 무슨 엄중한 의미를 부여하나. 걸을 때마다 드는 생각이다.

숲길에서 임도가 나와 길이 끊긴 듯하면 이어지고 이어지기를 몇 번. 나뭇가지에 묶인 리본에 의지해 기맥을 더듬어 가는데 땅끝 호텔 직전에 누군가 뒤에서 걸어왔다. 대형 배낭에 스틱 두 개에 스마트폰으로 길을 찾으며 걷는 품이 제법 걸어본 사람 같았다. 일부러 정자에 올라가 속도를 늦춰 그를 먼저 보냈다. 뒤에서 모르는 사람이 따라오면 초조해서 속도를 올려야 하기에 양보하는 게 편했다.

다 온 듯하면 더 가고 더 가서 마침내 지난 6월 중순에 무작정 도착했던 땅끝전망대에 다시 올랐다. 산티아고 순례길의 종착지였던 피니스테레의 일몰과 견줘 출발지라 더 장엄했던 그날의 분위기가 생생했다. 막막하기만 했던 그날로부터 5개월 후인 지금 내가 해남에 거주할지 그 누가 알았으랴.

거기서 500미터 계단을 하염없이 내려가 땅끝탑으로 갔다. 한반도의 시작점인 그곳은 처음이었다. 바람이 더욱 거세지며 비도 뿌렸다. 거기서 600미터 더 가면 연리지가 있다는데 갈 엄두가 나지 않을 만큼 바닷바람이 거셌고 다리도 아팠다. 거친 날씨 때문인지 땅끝천년숲옛길 완주라는 감격보다는 싱숭생숭 불안이 더 컸다. 그때 먼 곳으로부터 타전이 왔다.

다시 땅끝마을까지 땅끝해안처음길로 500미터 차근차근 걸어갔다. 지난 6월에 보고 간 한반도 최남단 땅끝 안내문과 정자를 지났다. 비가 흩뿌렸다. 춥고 배고프고 힘들고 지쳐서 따끈한 국물을 먹고 싶었다. 그런데 미황사 창건 설화에 나

삼천리 한반도 시작점

오는 갈두항 앞길로 나오자마자 버스가 왔다. 무조건 탔다. 도솔암을 물어보니 산정에 가서 택시를 타란다. 송호해수욕장을 지나 조금 가니 도솔암 이정표가 보여서 걸어가겠다고 내렸다. 다가가서 보니 이정표 아래 작게 7.8km(킬로미터)라고 쓰여 있었다. 내리는 게 아니었다. 하지만 텅 빈 길을 걷는 수밖에 없었다.

걷다가 뒤를 돌아보니 파란 트럭 한 대가 오고 있었다. 절박했던 나는 양손을 흔들어 세워서 도솔암 쪽으로 가느냐고 물었다. 나처럼 형광색 조끼를 입은 젊은이는 한전 자회사 직원이었다. 전기공사 쓰레기를 치우러 가는 중이라고 했다. 그러고 보니 아침에 도솔암 가는 길에 전기공사가 한창이었다.

트럭에 오르자마자 빗줄기가 억센 소나기로 돌변했다. 산에서부터 휘몰아치던 바람은 비구름에 의한 것이었다. 그날따라 우산도 우비도 없어서 만약 그 비를 다 맞았다면 나는 감기에 걸렸을 것이다. 젊은이는 공사 현장에서부터 걸어가겠다는 나를 친절하게 주차장까지 태워주었다. 배낭 주머니에 있던 작은 초코바와 사탕 한 알을 감사 표시로 건네고 내렸다.

부리나케 차로 돌아가 백련재로 향했다. 고산윤선도유물전시관 앞에 자동차가 한 대 보였다. 트럭을 잡아 세우면서까지 급하게 돌아와야 했던 이유, 관지였다. 그이는 광주와 진도를 오가는 길, 두 번째로 내게 오셨다. 지난번에는 세상에서 제일 맛있는 멸치볶음과 노각장아찌와 갓 구운 쿠키와 진도 햇김을 가지고. 이번에는 특별한 소식을 가지고.

함께 추어탕을 먹으면서 놀라운 이야기를 들었다. 연말에 진도에서 배를 타고 세 시간 넘게 들어가는 상하죽도라는 섬에 무보수 전도사로 들어간다는. 그 섬에는 할머니 네 분이 사신다고 했다. 환갑이 넘은 시인 전도사 관지의 삶이 동거차도 옆에서 새롭게 시작된다니, 80세에 순종함으로 고향을 떠나는 모세처럼 비장했다.

백련재로 들어가기 전, 녹우당 은행나무에게 갔다. 그렇게 노란 잎을 기다렸건만 샛노래지기도 전에 이파리 하나 남지 않고 모조리 떨어졌다. 간당간당 고민하던 낙엽을 바람이 불어와 날려버렸다. 비워야 새것으로 채울 수 있으리라. 도움은 멀리 있지 않다. 길 잃은 나를 태워주는 모르는 사람들, 배고픈 나와 함께 밥을 먹는 사람들, 추운 나를 감싸주는 사람들, 고생길 완주에 격려와 칭찬을 보내주는 벗들이 내게는 필요하다. 아주 멀리서

땅끝에서 본 바다

기득권의 안정을 위해 나를 판단하고 정죄하고 조종하려는 이들은 이제 낙엽처럼 떠나보낼 때가 된 듯하다. 나는 더욱 외로울 것이다. 그러나 그 어떤 것과도 내 존엄과 자유와 평화를 바꾸지 않으리라.

발자국

2021년 11월 29일 월요일
현산면 백포리 공재 고택, 화산면 평호리 송평 해변 2km, 금풍리 명금마을 죽도

11월 마지막 월요일, 지난주에 땅끝천년숲옛길을 완주했는데 전날까지도 딱히 가고 싶은 길이 떠오르지 않았다. 관심이 가는 곳은 공재 고택과 윤이후 별서別墅가 있던 죽도였다. 요사이 길보다 집이나 정원에 더 관심이 쏠리고 있었다.

땅끝순례문학관 정윤섭 박사의 논문 〈조선후기 海南尹氏家(해남윤씨가)의 海堰田(해언전) 개발과 島嶼(도서) 沿海(연해) 經營(경영)〉을 읽고 난 여파였다. 간척지보다는 별서에 관심이 있어 고산 윤선도의 손자 윤이후의 화산 죽도 별서와 윤이후의 넷째 아들 공재 윤두서의 백포 별서에 가보고 싶었다.

현산면 백포리에 있는 공재 고택에 가자 검은 고양이가 맞아주었다. 출입문도 관리실도 없이 열린 공간이었다. 곡간채와 안채 사이로 들어가자 남부지방 가옥구조인 한일자 형태가 아닌 디귿자 형태였다. 녹우당의 미음자 형태와 비슷했다. 열세 칸 방

들은 탄탄한 구조를 이루고 있었다. 뜰에는 분홍꽃이 만발한 애기동백과 프랑스 베르사유 궁전에 가져다 놓아도 손색없을 자태의 향나무가 있었다. 그 아래로 우물이 있었고 누군가 고추밭을 일구고 있었다. 헛간 옆 장독대마저도 집처럼 담을 쌓아 단정했다.

논문에 따르면 공재 고택은 국가지정 중요민속자료 232호로 고산 윤선도가 큰아들 인미仁美를 분가시키고 자신도 거처하기 위해 지은 것으로 보고 있다. 인미 대에는 이미 넓은 전장을 이루고 있던 때로, 이 시기 이곳 해언전 간척으로 넓은 토지를 확보하고 있었다. 공재 고택은 인조 8년(1630년)에 건축된 것으로 보고 있으나 안채의 종도리 장여 밑의 중수 상량문에 1670년(현종 11년)에 건립되었고 1811년(순조 11년)에 중수한 것으로 기록되고 있다. 안채 지붕의 암막새에 적힌 명문기와를 근거로 할 경우 윤두서의 사후인 1730년경으로 추정한다. 그러므로 공재 고택은 공재가 주로 살았던 집이 아닌, 해언전 관리를 위한 전장田庄으로 추측된다고 한다. 집 뒤 동북쪽으로는 망부산이 있고 고택 입구나 사당에서 서쪽을 내다보면 백포리 바다가 훤히 보인다.

어느 해 해일이 일어 곡식이 모두 떠내려가 백포 주민들이 살기 어려워지자 공재 공은 마을 사람들을 시켜 합동으로 산의 나무를 벌채하고 소금을 구워 살길을 찾도록 길을 열어주었다고 한다. 그런 인덕에 비하면 기왓장이 처마 밑에 그대로 쌓인 고택이 쓸쓸했다. 양반이면서 그림을 그려 '자화상'으로 훗날 세계적인 미술가 반열에 올랐으며, 풍속도에서 민중에 대한 마음을 보여준 공재를 좀 더 기려주었으면 하는 아쉬움이 있었다. 하지만 한편으로는 관청의 획일적인 손길이 닿지 않고 누군가 텃밭 농사를 짓는 자연스러움이 공재의 정서와 더 맞을지 모르겠다는 생각도 들었다.

차를 몰고 화산면 평호리 송평으로 향했다. 멀리서도 근사한 소나무 행렬이 와보라고 불러서 송평항을 먼저 가보았다. 거기서 송평해수욕장으로 갔다. 폐쇄된 해수욕장 주차장엔 인부들만 있었다. 해변으로 내려갔다. 모래땅에 사람은 나뿐이었고, 바닷물에는 검은 점점이 가득했다. 송평항에서 본 김 활성 처리제 드럼통으로 유추해볼 때, 김 양식인가 싶었다.

바다를 앞에 두고 해변이 더 긴 왼쪽으로 몸을 돌려 걷기 시작했다. 모래밭이 끝나는 곳까지 가볼 생각이었다. 모래는 쫀쫀하고 고왔다. 한참을 가다 뒤를 돌아보았는데 내가 가벼워서인지 모래 입자가 작아서인지 발자국이 별로 패이지 않았다. 내 걸음이나 글로 궤적을 남기려는 거창한 생각 따위는 말아야겠다는 생각이 들었다.

파도와 모래에 닳아 둥그렇게 원만한 바위들을 지나 절벽으로 막힌 곳까지 걸어갔다 거기서 되돌아왔다. 한참을 가다 보니 가지런한 발자국이 보였다. 내 발자국이었다. 물기가 있는 모래에는 발자국이 남아 있었다. 문득 내 글을 읽고 좋아하려면 나처럼 눈물이 많고 물기가 있는 마음이라야겠구나, 라는 생각이 들었다. 그런 마음 밭에나 내 글이 발자국처럼 남겠구나, 그렇지 않고 팍팍하고 단단한 마음에는 내 글이 들어갈 틈이 없겠구나 싶었다. 모두의 사랑받기를 포기할 때, 누군가 자신을 이해하지 못함을 받아들일 때 평화를 얻으리라.

나는 내 발자국 옆을 되걸어가고 있었다. 반대 방향이긴 하지만 내 발자국 옆에 발자국이 또 찍히니 외롭지 않았다.

주차장에서 차에 올랐다. 차 안이 너무 더워 겉옷을 벗는데 누군가 차창을 두드렸다. 인부 중 한 분 같았다. 약간 불안한 마음으로 창문을 내렸다.

"멀리서 오셨네요."

차량 번호판에 지역 표시가 없어진 지 오래인데 어떻게 알았을까?

"그걸 어떻게 아셨어요?"

"월성에서 여기까지……."

내 형광색 조끼를 본 것이었다. 나는 단박에 표정이 밝아져서 월성핵발전소가 있는 나아리 주민과 함께 운동하고 있다고, 그 지역 주민들이 핵발전소 때문에 병에 걸리고 죽어가는데 이사를 못 하고 있어서 이사하게 해주려 한다고 했다. 그러고는 배낭에 있던 전단지 두 장을 꺼내, 차에서 내려서 주차장에 있던 두 분에게 드렸다. 모두 받자마자 읽기 시작했다. 고마운 광경이었다. 해남에 와서 두 번째였다. 녹우당 은행나무 앞에서 도보로 견학 온 학생들에게 나도 걷는 사람이라며 나눠준 이후로.

아무도 없는 바닷가를 홀로 거닐 때, 나조차 내가 무슨 옷을 입고 있는지 잊어버릴 때, 누군가는 보고 있다. 모르는 사람이 탈핵에 관해 궁금해할 때 반갑다. 내 발걸음이 월성핵발전소 인근 나아리 주민들에게 조금이라도 도움이 된다면 얼굴에 생길 기미 정도야 감수할 수 있다. 가장 짧은 거리를, 길도 아닌 곳을 걸었는데 효과는 최고였다.

거기서 죽도로 갔다. 해남에는 죽도가 여러 군데 있다. 윤이후의 별서인 죽도는 예전에는 섬이었지만 지금은 논 한가운데 있다. 이미 정원의 흔적이 없다는 죽도는 대나무가 조금 있는 동산 같았다. 화산면 금풍리 명금마을에서 보이는 그 섬에 가보고 싶었지만, 배가 고팠다. 그리고 할 일이 있었다.

백련재에 돌아와 텃밭의 얼갈이배추를 다듬어서 어설픈 김치를 담갔다. 돌아올 때 사 온 한우와 무를 썰어 넣고 국을 끓였다. 넉 달 만에 첫 고깃국이었다. 내가 심은 무를 위한 성의 표시였다. 열흘 전에 무 한 개로 담근 깍두기와 갓 담은 김치에 뭇국으로 저녁밥을 먹었다. 내가 심고 키운 작물을 먹으니 다산 정약용이 윤종문에게 준 증언에 나오는 가난한 선비가 된 듯했다.

두 별서를 보고 길도 없는 바닷가를 걷고 온 이날, 500년 전 양반들에겐 으리으리한 고택이 별도의 농막이지만 현대의 나에겐 여섯 평짜리 방 한 칸과 작은 정원이 필요할 뿐이라고 읊조린다.

해남 땅끝길과 달마고도

땅끝에서부터 다시 걷다

2021년 12월 6일 월요일

송지면 땅끝-사구미해수욕장-북평면 남성항- 영전백화점: 땅끝길(문화생태탐방로) 14.5km

땅끝에서부터 다시 걷기 시작했다.

해남에는 세 군데 해수욕장이 있다. 송호, 송평 그리고 사구미. 걷고 싶은 길을 찾는 내게 해남 사람들이 말해준 사구미해수욕장 쪽으로 가보기로 했다. 대한민국 종단 울트라 마라톤 출발점(땅끝 해남↔강원 고성 622킬로미터)에서 출발했다. 강원도 고성은 2020년 여름, 7번 국도 탈핵 도보순례의 최북단 종착지였다. 지나온 곳은 지명만 봐도 반갑다. 걷는다는 것은 눈에 보이지 않는 발자국을 찍는 것 이상의 감정을 흘리는 일이다. 헨젤과 그레텔

의 빵조각처럼 흔적은 없지만 지나온 사실이 남는다. 내가 걸어
온 길을 차로 돌아갈 때도 마찬가지 뿌듯함이 있다. 하지만 혼자
걸을 때는 돌아갈 일이 걱정스러워 많이 걷는 게 저어된다. 길이
어디로 뻗어 있을지 알 수 없고 버스 노선이나 배차 시간을 아
는 것도 아니라 그렇다.

77번 국도 목포·해남과 완도·남창 분기점에서 남창 쪽으로
걷기 시작했다. 7킬로미터 지점에 사구미해수욕장이 있다는 이
정표가 보였다. 땅끝해안로의 '전망 좋은 길'이 시작되었다. 그
런데 바다가 시끄러웠다. 통호리 전복양식장 모터 소리였다. 바
닷가에서 파도 소리가 아닌 모터 소리를 들으며 걷는데, 지나가
는 순례자인 내가 자연 풍광과 어민의 생존권 사이에서 불평하
는 게 마땅한가 하는 상념이 떠올랐다. 그런 내 마음을 어르듯
동백꽃 활짝 핀 나무가 서 있었다.

곧이어 사구미해수욕장이 나타났다. 모래 언덕 끝이라 하여
사구미砂丘尾라고 부른다는데, 해송이 촘촘히 들어선 모래 해안
인 사빈沙濱이 길게 늘어져 있었다. 그 정면에 100미터 정도 길
게 갑판이 나 있었다. 후크 선장의 배 갑판 위를 걷는 웬디처럼
걸어 나아갔다. 맨 끝에 나무 의자가 하나 있었다. 거기 앉아 물
과 커스터드를 먹자니 정면에 울타리 한 칸이 없는 게 눈에 들
어왔다. 흙빛 바닷물은 발 담그기도 두려웠다. 바다, 그 생명과
죽음의 공간에서 함부로 자포자기를 떠올릴 수는 없었다.

사구미해수욕장 정류장에는 사구리 이정표가 있다. 그 앞에
서 시간표에 맞춰 기다려도 버스는 오지 않았다. 땅끝으로 되돌

아갈까 하다가 가던 방향으로 전진했다. 버스는 여전히 오지 않았다. 남성항을 지나 버스 한 대를 보았지만 회차하는 길이었다. 송지면에서 북평면으로 넘어오면서 노선이 달랐다.

영전백화점까지 걸었다. 영전백화점은 영전슈퍼의 다른 이름인데 없는 게 없는 만물상이라 백화점이란 이름이 붙었다. 백화점에서 두유 한 병을 사 마신 뒤 밖에 나와 서 있었다. 막막했다. 버스도 없고 택시는 왕복 요금을 준다고 불러야 오는 곳에서, 점심밥도 못 먹은 채였다. 그런데 트럭이 주차하더니 아저씨 한 분이 내려 내게 말을 걸었다. 왜 혼자 다니냐는 정도의, 흔히 듣는 질문이었다. 나는 땅끝까지 갈 방법이 없느냐고 물었다. 아저씨는 급한 일 없으면 태워주겠다고 했다. 트럭에 올라 남창 공구 수선 가게에 들렀다가 땅끝까지 갈 수 있었다. 지나는 길에 걷고 있는 나를 봤다는 아저씨는 서울에서 살다 온 분이었다. 지금까지 해남에서 나를 차에 태워준 사람들은 대부분 타 지역에서 살다가 해남에 정착한 이력이 있었다. 그래선지 이방인 처지를 잘 알았다. 역지사지易地思之가 낯선 이에게 친절을 베풀게 한다.

옆방지기와 걷다

2021년 12월 13일 월요일

북평면 영전백화점-이전성지-남창휴게소: 땅끝길 77번 국도 12.5km

해남에서 혼자 걸은 지 4개월 만에 함께 걷겠다는 이가 나타났다. 옆방지기인 송실 입주작가. 도보순례에 한 사람이 더 있고 차가 한 대 더 있으면 걱정할 게 없다. 일단 도착지에 차를 한 대 주차하고 둘이 한 차로 출발지에 간다. 거기서부터 걷는다. 그렇게 영전백화점에서부터 걷기 시작했다. 곧이어 작은 성당이 나타났다. 옆방지기가 들어가보자고 했다. 혼자라면 출발하자마자 쉬어 갈 리 없었다. 그런데 문을 열자 강대상 앞에 말구유가 있는 게 보였다. 성탄을 준비하는 대강절 모습이었다. 함께 걷는 이 덕분에 감동을 얻었다.

영전리를 지나 금산, 평암, 신평마을을 지나자 갈대밭이 나왔다. 그리고 산성 위에 300년 된 15미터 남짓한 해송들이 경비병처럼 우뚝 늘어선 이진성지梨津城址가 보였다. 전라남도 지정문화재 제120호 이진성지는 고려 말 왜구 침입을 막기 위해 해안 요충지에 세운 방어시설인데, 조선 영종 10년(1555년)에 강화했다가, 임진왜란을 겪으면서 정비되었다. 진도에서 구례까지 있는 조선 수군 재건로의 해남 기점으로 어란진항과 이진성이 있다. '바깥을 돌로 쌓고 안쪽은 자갈과 흙으로 채우는 내탁법을 사용'한 성벽 아래로 분지형의 알록달록 아담한 마을이 있었다. 안온한 바닷가를 끼고 있는 야트막한 담장의 마을이었다.

이진마을을 지나 누런 고사리 언덕을 지나 남창읍에 들어갔다. 77번 국도 땅끝해안로에서 55번 백도로로 바뀌었다. 남창에서 도보순례 중에 첫 점심 매식을 했다. 그러고는 남창휴게소에서 차를 타고 다시 영전백화점으로 갔다. 옆방지기 덕분에 그날 도보순례를 순조롭게 마쳤다.

여럿이 걷다

토요일에 서울에서 세영이 왔다. 내 유난스러운 요청으로 코로나19 PCR 검사 음성 확인까지 받고 고속버스를 다섯 시간 타고 해남까지. 세영과 녹우당 앞 500년 넘은 은행나무를 보다가, 마침 주인이 계셔서 전국에서 손꼽는다는 녹우당 안 명당을 밟아볼 수 있었다. 비탈진 비자나무 숲 앞까지 갔다가 녹우당을 한 바퀴 돌자, 서울 포토청에서 부쳐준 단체사진전 〈위로〉 도록과 금륜이 사진이 백련재에 도착했다. 그것들을 가지고 대흥사 입구를 막 통과하는데 일지암 법강 스님이 출타 중이라는 연락이 왔다. 우리 둘은 일지암 언 길을 낑낑 걸어 올라가 금륜이를 쓰다듬어주었다. 일지암에서부터 어둑어둑한 내리막길을 걸어 대흥사에 다다르자 뒤통수가 스멀스멀했다. 돌아보니 두륜산 위로 둥근 달이 두둥실 떠오르고 있었다.

세영이를 에루화헌에 묵게 하고 백련재로 돌아오는 길, 깜깜한 차도 한복판에서 고라니를 목격했다. 나는 차를 멈추었고, 고라니는 차도에서 경중경중 걷는 듯 뛰는 듯 전진했다. 나는 고라니의 복숭아 같은 엉덩이를 보면서 헤드라이트를 비춘 채 정차해 있었다. 고라니가 놀랄까 봐 비상등을 켜지 않았는데, 다행히 늦은 밤이라 뒤에 오는 차가 없었다. 잠시 후 고라니가 차도 옆 숲으로 들어갔다. 기다림이 고라니를 다치지 않게 했다.

다음 날 아침, 다시 에루화헌으로 갔다. 거기서 연극 하는 연나무와 가수 손지연을 만났다. 우리는 즉석에서 손지연의 기타 연주와 노래를 보고 듣는, 그의 노래 〈실화〉 같지 않은 실화를 겪었다. 강림한 여신과도 같은 지연의 핑거링과 들썩이는 온몸을 통해 노래를 듣자니 감격에 겨웠다. 왜 또 터졌는지 알 수 없는 울음보에 입을 틀어막고 우는 나를 나무가 안아주었다. 나무의 품은 넓고도 따뜻하고 향기로워 먼먼 향수鄕愁의 바닷속을 잠수하는 듯했다. 나는 왜 이 땅 해남에서 이다지도 벅찬 축복의 도가니 속에 있는가. 며칠 뒤면 나는 어느 길 위에 서 있을까. 아무것도 예정돼 있지 않은 내 인생 여정이 어디로 어떻게 펼쳐질지 알 수 없는 미지로 출항하기 전, 은혜로운 나눔 뒤에 펼쳐질 고독이 미리 사무쳤다.

우리는 미황사 부도암에서부터 너덜 구간까지 걸었다. 눈이 녹아서 낙엽은 촉촉했고 햇빛은 이른 봄처럼 포근했다. 지난달 혼자 맨발로 걸었던 그 길을 등산화를 신고 함께 걸었다. 너덜 구간에 도착하자, 혼자 갈 때는 보이지 않았던 만장이 너덜 구간 시작 지점 왼편에 보였다. 2021년 10월에 고인이 된 민중가수 황현을 비롯해 이후 스러진 넋들을 기리기 위한 깃발이라고 했다. 우리는 너덜 구간에서 저 멀리 팽목항을 향해 외쳤다.

"핵 없는 세상을 위하여, 탈핵!"

그리고 만장 아래 바위에 앉아서, 언젠가 진도에 세월호 기억관이 건립될 꿈을 그렸다. 그곳에 깃발을 세우리라. 생명과 평화와 자유와 사랑의 깃발을.

모두 제 갈 길을 가고 나는 백련재로 돌아왔다. 차 안에서 지연의 CD 〈꽃샘바람〉을 끝까지 들었다. 서산으로 그날따라 더 붉은 노을이 지고 있었다.

땅끝길과 밭섬과 명발당

2021년 12월 20일 월요일
북평면 남창휴게소-북일면 에루화헌: 땅끝길 55번 국도 5.6km, 북일면 밭섬, 강진 명발당

두 번째로 옆방지기와 함께 걸었다. 1차선에 도로공사 구간이 많아 인도 없는 차도를 걷는데 위험했다. 쇄노재 폐주유소에서 잠시 쉬었다. 그 옛날 나그네의 쉼터 같은 곳이었다. 걷다 보니 에루화헌이 나왔다. 그곳에서 연나무를 다시 만났다. 나무는 우리를 태워 북일면 밭섬에 데려갔다. 마침 썰물이었다. 바다가 갈라지고 섬으로 가는 길이 드러났다. 나무와 옆방지기와 내가 바다를 가로질러 밭섬에 갔다 오는 동안, 연나무는 쓰레기를 줍고 있었다.

나무의 직진 본능은 거기서 멈추지 않아 우리를 태우고 명발당明發堂으로 갔다. 명발당은 강진군 향토문화유산 제32호로 도암면 향촌 해남 윤씨 윤광택(1732~1804)이 기거했던 가옥이다. 윤광택의 아들 윤서유(1764~1821)가 강진으로 유배된 다산을 물심양면 도왔으며, 이후 다산의 외동딸과 윤서유의 아들 윤영희(1795~1856)가 혼인하였다. 지난여름 다산초당과 사의재에 들렀

으니, 다산이 강진에서 맺은 인연의 흔적을 찾아보는 일이 의미 있었다.

도반과 달마고도를 걷다

2021년 12월 24일 토요일
달마고도 17.74km, 도솔암 왕복 0.5km: 총 18.24km

해남을 떠나기 일주일 전, 드디어 학수고대하던 달마고도에 도전했다. 천년의 세월을 품은 달마산 둘레를 도는 달마고도는 해남에서 마지막까지 남겨놓은 가장 아름다운 길이었다. 그러므로 그 길을 누군가와 걸을지는 나 자신도 궁금했다. 아무도 나타나지 않는다면 혼자 걸을 작정이었다. 그런데 1년 중 가장 낭만적인 날인 크리스마스이브에 그 길을 도반과 함께 걸었다.

미황사부터 시작하는 달마고도는 큰바람재까지 2.71킬로미터, 노지랑골까지 4.37킬로미터, 몰고리재까지 5.63킬로미터, 다시 미황사까지 5.03킬로미터, 총 17.74킬로미터의 둘레길이다. 달마산에 전해오는 옛 12 암자를 잇는 순례 코스로, 선인들이 걷던 옛길을 장비 사용하지 않고 순수 인력으로 조성하여 그 흔한 나무 갑판 한 자락이 없다. 걷기에 어느 정도 자신이 있는 우리는 느즈막하니 오전 10시 30분에 출발했다.

달마고도는 산티아고 순례길의 서정적인 구간보다 더 아름다우면 아름다웠지 조금도 덜하지 않았다. 산티아고에서 그랬듯이 스탬프북에 관음암터, 문수암터, 노지랑골, 도시랑골, 몰고리재, 너덜 총 여섯 개 구간에서 도장 찍는 재미를 느끼며 걸었다. 그러나 둘레길이라도 산길이었다. 스틱이 필요했고 오래 쉬지 않았는데도 예상 소요 시간 여섯 시간 반에서 한 시간이나 넘겼다. 종착지인 미황사를 불과 3.65킬로미터 앞두고 도솔암에 올라갔다 내려왔기 때문이다. 도솔암 옆 팽나무와 바위 얼굴은 그대로였고, 법당은 따스했다. 도반은 도솔암에서 마주 보이는 바위들이 천수千手관음보살 같다고 해서 함께 걷는 내 안목을 높여주었다.

겨울산에는 오후 5시만 돼도 어둠이 내린다. 깜깜한 어둠을 헤치고 미황사에 도착하자 저녁 6시 예불 타종 소리가 울리고 있었다. 그런데 대웅보전 불빛에 안도의 숨을 내쉬자마자, 그 앞

달마고도 4구간

에 설치된 거대한 건물에 놀라고 말았다. 미황사 대웅전 해체 보수공사를 위한 조립식 이동 법당이었다.

이제 해남을 떠날 때가 되었구나, 하는 생각이 바람처럼 스쳤다. 지난 6월의 아침 7시, 그 말간 대웅보전 앞마당을 볼 수 없다면 미황사는 내가 사랑하는 미황사가 아니다. 도심에서도 지긋지긋한 공사 현장을 보러 멀고 먼 산속 사찰까지 가는 게 아니니까.

다음 날 미황사에 전화해 알아보았다. 대웅전 대들보 보수를 위해 천 일간 공사한다는 친절한 설명을 들었다. 천 일이면 3년이다. 3년 뒤 미황사 대웅보전은 어떻게 변해 있을까? 그리고 나는 어떤 모습일까?

눈길을 걷다

2021년 12월 26일 일요일
대흥사-일지암 왕복 3km

크리스마스 폭설을 뚫고 느리가 왔다. 지난겨울 김진숙 복직투쟁에서 48일 단식했던 느리가 제주 한 달살이를 마치고, 크리스마스이브에 부산에서 다시 김진숙 복직투쟁 1일 단식을 하고는 국토를 가로질러 해남까지 왔다.

다음 날 오후, 일지암에 금륜이 사진과 도록을 갖다 드리러 함께 갔다. 금륜이는 일지암에 앉은 내 옆에 착 달라붙어 앞발을 내 다리에 올려놓고 가만히 앉아 있었다. 자우홍련사 앞뜰에는 지난여름에 보았던 수곽이 해체되어 있었다. 법강 스님이 모든 건 제자리로 돌아가야 한다고 하셨다. 그렇다면 내 자리는 어디일까?

하늘과 땅 사이에 눈송이가 흩날렸다. 어둠 속 가파른 내리막길은 매우 위험했지만 산 위에 나리는 눈은 포근포근했다.

해남을 다시 돌다

2021년 12월 29일 수요일

공재고택-송평해수욕장-땅끝-도솔암-미황사-에루화헌-대흥사 일지암: 차량 이동과 도보 8.8km

지난 6월에 정읍에서 길을 나서 무작정 내려왔던 땅끝. 8월부터 백련재 문학의 집에 머물며, 올 4월에 진도에서부터 걸었던 18번 국도의 남은 길을 마저 걷고, 탑동마을-땅끝까지의 땅끝천년숲옛길과 다시 땅끝-북일면까지 땅끝길을 걸었다. 헤맨 길까지 포함해 200여 킬로미터 발자국을 해남에 남기고 간다.

백련재를 떠나기 이틀 전, 해남을 다시 한 번 돌아보았다. 이른 아침의 공재 고택은 조선후기의 툇마루와 처마 밑에 차곡차곡 쌓인 기와로 고즈넉했고, 송평 앞바다에는 여전히 양식장이 가득했으며, 땅끝탑에는 지난번보다 덜 매서운 바람이 불고 있었다.

나도 모르게 땅끝까지 와서 그지없이 암담했던 첫날 나를 재워준 게스트하우스에 갔다. 식당도 겸하는 그곳에서 전라도 가정식백반을 먹었다. 참보리굴비와 매생이국은 해남을 떠나는 나를 정성으로 보신해주었다. 언제 보아도 중후한 멋의 주인에게 땅끝순례문학관 백련재 문학의 집 소식지 가을호와 탈핵 전단지 두 장을 드리고 나왔다. 나를 기억하는 주인에게 내가 누군지 알려드린 셈이었다.

깎아지른 외길을 차로 올라가, 바람이 휘몰아치는 주차장에서 도솔암까지의 양쪽 바다가 내려다보이는 800미터 구간은 언제 가보아도 탄성이 나온다. 해남에서 가장 극적인 장소를 고르라면 단연 도솔암이다. 쉴 만한 의자 하나 없지만, 팽나무와 바위 얼굴에 인사하고 절벽 위에서 맞은편에 우뚝 솟아오른 기암과 저 아래 마을을 보면 세상사 부질없음을 느낀다. 불교에서 욕계 육천欲界六天 가운데 넷째 하늘로, 하늘에 사는 사람들의 외원外院과 미륵보살의 정토인 내원內院으로 이루어졌다는 도솔兜率. 성불하기 전 머문다는 도솔, 하늘과 가까운 그 암자에서 나는 팽나무를 안아주었다. 내 슬픔과 회한과 사랑을 모두 바라보았던 팽나무여, 안녕.

미황사 부도암으로 갔다. 댓돌에는 신발이 두 켤레 있었는데, 부도암 개 달프가 양지에 앉아서 날 보자 컹 하고 짧게 짖었다. 나는 담장 밖에서 달프에게 손을 흔들어주고, 지난날 송하를 불렀던 것처럼 소리 내어 인사했다.

"현공 스님, 안녕히 계세요."

그러고는 허리를 굽혀 인사하고 돌아섰다.

현산면 경계의 할머니 댁에 갔다. 문은 열려 있었지만, 할머니는 계시지 않았다. 식탁 위에 할아버지가 좋아하신다는 사브레 과자를 놓고 나왔다. 지난번에도 사 갔으니 아마도 할머니는 내가 다녀갔는지 아실 것이다.

'할머니, 고맙습니다. 차려주신 밥과 국과 함께 마신 믹스커피, 잊지 못할 겁니다.'

에루화헌에 들렀다. 아무도 없었다. 경중경중 뛰어 반기는 개들 별과 달과 호랑이 꼬리 모양의 고양이 호미와 또 다른 고양이에게 사료를 주고 물이 있나 확인했다. 산책로를 돌아 초례청 같은 너럭바위 터에서 양팔 벌려 투구봉 혹은 나한봉의 기를 받고 떠났다.

마지막으로 대흥사에 갔다. 매표소에서 법강 스님께 연락을 했는데 바로 내 차 뒤에 계셨다. 인연이란 약속 없이 가도 만나는 것이리라. 처음으로 일지암에 자동차로 올라갔다. 자우홍련사에서 빼꼼히 내다보던 금륜이에게 준비해 간 통조림 간식을 주었다. 그동안 귀한 차를 대접해주시던 법강 스님은 하와이안 코나 원두커피를 갈아서 내려주셨다. 절에서 마시는 커피 맛은 기품 있고 부드러웠다. 스님은 길 떠나는 내게 새하얀 염원을 손목에 걸어주고 자작시를 한 편 보내주셨다.

고난과 오도

무심과 지혜

생사와 피안

걸으며 묵상할 화두였다.

이제 해남을 떠난다. 인연이 닿으면 언젠가 또 오리라. 어느 길을 차로 달려도 걸었던 길임을 알 수 있는 해남. 내가 사랑하는 하늘과 땅 해남으로.

PART 3

새해 첫날,
하동부터 동쪽으로

산책까지 포함하면 거리는 훨씬 늘겠지만, 도보순례로만 2021년에 총 697.94킬로미터를 걸었다. (참고로 K-MAP 상 서울-부산이 자동차로 396.5킬로미터, 자전거로 562.6킬로미터이다.) 2020년 285.6킬로미터를 더하면 983.54킬로미터, 2017년부터 지금까지 2,000킬로미터 이상 걸었다. 걷다 보면 지도와 실제 길이 다르고, 길치인지라 헤매기도 해서 휴대전화기 앱에는 더 길게 기록될 때도 많다. 더디 가고 돌아가는 건 어느덧 내 걷기의 특징이 되어가고 있다.

내 인생도 그러하다. 남들은 재테크에 열을 올리고 노후대비할 나이에 아무 대책 없이 걷기만 하고 있다. 나도 내가 왜 이러는지 잘 모르겠다. 분명한 건 걷고 쓰는 것만큼 즐거운 일이 별로 없기 때문이라는 사실이다. 그 외 기쁨이라면 음악 듣고 책

읽는 고요한 시간이나 가끔 만나는 좋은 사람 정도다. 종종 무언가를 만들고 싶지만, 아직 작업실도 집필실도 없다. 그러니 마냥 걷는다. 새들도 날다가 둥지를 찾아가는데 내게는 쉴 곳이 없다. 나만의 방은 어디에 있을까. 그 방을 찾아 걷는다. 걷다 보면 어딘가에 정원이 딸린 작은 집이 있을 것이다. 나는 그것을 믿는다. 믿음은 보이지 않는 것들의 증거라고 했다. 구하면 받을 것이요, 찾으면 찾아낼 것이고, 두드리면 열릴 것이라고 했다. 또 하늘은 스스로 돕는 자를 돕는다고 했다. 길을 걷다 머물고, 머무는 곳에서 길을 걸으며, 그 길에 얽힌 역사를 알아보고, 착한 사람을 만나면 소개하고, 마을에 어려운 일이 있다면 돕고 싶다. 나는 남을 돕고 하늘은 나를 도우면 세상은 선순환할 것이다. 사는 게 별거냐. 좋아하는 일을 하며 기쁘게 살다 감사하면 그만 아닌가.

새해 첫날부터 걷다

2022년 1월 1일 토요일

경상남도 하동군 하동버스터미널-하동군 금남면 덕천리 하삼천: 20km

2021년 12월 31일 해남 백련재 문학의 집에서 퇴소하자 2022년 1월 1일에 길을 떴다. 지난 6월에 해남에서 하동 거쳐 구례로 올라갔으니 이번에는 하동부터 동쪽으로 걷기로 했다.

"일곱째별, 어디로 가면 돼?"

오전 10시 30분, 하동버스터미널 앞에서 청명이 물었다. 순간 막막했다. 혼자 걸을 때와 다르게 니키와 청명을 믿고 별 준비를 안 한 것이다. 지도 앱을 다시 보았지만 나는 방향치다. 일단 직진했다. 하지만 힘차게 가로질러 간 논은 90도 다른 방향이었다. 청명이 행인에게 물어서 길을 찾았다. 화산마을과 안성·난정을 지나 고전면 이순신 백의종군로를 걸어갔다. 사막마을, 신월마을에서 갈림길이 나왔다. 돌아오는 버스를 타야 했기에 대로변 쪽으로 갔다. 시목마을과 노화마을을 지나니 하동포구가 나왔다. 지난여름 혼자 걸어 올라왔던 19번 국도 섬진강 길이었다. 한 걸음이 힘든데 걸었던 길을 또 걷다니 허탈했다.

일단 점심밥으로 재첩국을 먹었다. JPIC(Justice·Peace·Integrity of Creation, 천주교 '정의 평화 창조질서 보전' 운동) 소속이 된 니키가 사주셨다. 니키는 그전에도 박봉 중의 박봉인 수사 급여로 우리에게 순례길 밥을 사주셨다. 밥을 먹으면서 고민해봐도 하루치를 20킬로미터 정도로 잡는데 갈 길이 묘연했다. 돌아갈 방법 때문이었다.

우리는 계속 전진했다. 가다가 하동버스터미널 가는 버스가 오면 내가 타고 가서 자동차를 가져오기로 했다. 대중교통 수단을 이용해서 돌아와야 했기에 출발 지점을 터미널로 결정할 수밖에 없었다. 터미널이 아니었다면 출발 지점이었을 신방마을까지 11킬로미터를 더 걸었지만, 버스는 한 대도 보이지 않았다. 전도마을, 대덕마을, 조간너리마을, 잔너리마을……. 마을 이름은 예쁘고 날씨는 화창했고 길은 편안했으며 너른 평야를

2022년 첫날 도보순례

끼고 도는데도, 돌아갈 걱정에 풍경이 마냥 좋지만은 않았다.

오후 5시 무렵, 하삼천마을에 다다랐다. 날은 어두워지는데 버스가 올 것 같지 않았다. 그때 청명이 산림감시원 차를 세웠다. 산림감시원은 업무상 그 마을을 벗어날 수 없다고 했다. GPS 추적이 된다고. 그런데 그분이 지나가는 차를 세우기 시작했다. 운전자들에게 우리 사정을 설명하며 태워달라고 부탁했다. 코로나19 바이러스 시대에 낯선 사람 세 명을 누가 태워주나? 그런데 한 분이 타라고 했다. 우리 셋은 코로나19 백신 인증을 보여주고 마스크를 단단히 쓴 채 뒷좌석에 앉았다. 하삼천 산림감시원은 활짝 핀 미소로 우리를 배웅했다.

운전자는 8킬로미터 더 가는 진교시외버스터미널로 가는 길이었다. 우리는 거기 내려달라고 했다. 그런데 진교시외버스터미널에서 버스 타고 다시 하동버스터미널로 가려는 우리 사정을 듣더니 그분이 차를 돌렸다. 하동버스터미널까지 데려다주겠다는 거였다. 알고 보니 그분은 하동군 의원 부인이었다.

돌아가는 길에 지는 해 옆으로 무지개가 떠 있었다. 해 옆에 뜬 무지개는 처음 보았다. 운전하는 분이 우리 덕분에 새해 첫날 귀한 광경을 본다며 도리어 고마워했다. 우리는 무사히 하동버스터미널로 돌아왔다. 세상에 선한 사마리아인과 같은 이들이 있다면 그런 분들이리라. 하삼천의 산림감시원과 하동군 의원 부인같이 어려운 처지의 모르는 사람에게 대가를 바라지 않는 친절을 베푸는 이들. 도보순례 첫날에 만난 귀한 경험이었다.

우리는 청명의 지인인 하동군 악양면의 햇볕 집에서 묵기로 했다. 악양은 소설 《토지》의 배경으로 최참판댁과 박경리문학관이 있는 곳이다. 지난여름, 처음으로 홀로 걸었던 내게 깨달음을 주신 박경리 선생님의 자취 근처에 다시 오다니 우리의 인연이 숙명 같았다. 최참판댁 근처에서 순두부로 저녁식사를 했다. 집주인을 부담스럽지 않게 하기 위함이었다. 사실 낯선 사람 집에서 묵는 건 나로서는 몹시 부담스러운 일이었다.

햇볕은 지난여름 하동군 지리산 산악열차 반대대책위원회 1인 시위에 응원차 갔다가 마침 타지에 있어서 못 만났던 이였다. 만날 사람은 언젠가는 만나게 되나 보다. 나는 누구에 대한 정보 듣기를 좋아하지 않는다. 선입견 없이 내 느낌으로 만나고 싶기 때문이다. 그런데 지난여름 1인 시위자에게 들은 햇볕은 내가 '그 집에서 묵지 않고 그냥 가면 서운해할 사람'이었다. 그 말이 서운하지 않게, 햇볕은 첫날만 신세 지려 한 우리에게 사흘이나 별채를 내어주었다. 처음부터 그랬던 건 아니다. 하루, 다음, 그다음 날마다 우리는 예상치 못한 숙소를 제공받았다. 잠자리를 해결해주는 건 도보순례에서 최고의 환대다. 그런데 나는 남에게 신세 지는 것을 싫어해서 모르는 사람 집에서 자는 건 생각지도 못했었다. 섣부르게 관계를 맺다가 단시간에 파악한 면으로만 서로를 평가하고 단점이 드러나 실망하기보다는 돈 내고 숙박업소를 이용하는 게 낫다고 생각했기 때문이다. 그런 내가 친구로 인한 경험을 통해 변하기 시작했다. 그렇게 아랫마을에 별이 내려앉은 듯한 악양의 산자락에서 순례 나눔을 했다.

청명은 관념이나 습성을 벗어나 예측하지 않고 주관하지 않은 삶에서 더 많은 걸 얻는다고 했다. 니키는 앞으로 본격적으로 활동할 JPIC의 정의, 평화, 창조보전, 소수자 연대의 삶을 꿈꾸셨다. 같이 걷지는 못했지만 햇볕도 함께한 시간이었다. 그렇게 밤이 깊었다.

경제적으로 걷다

2022년 1월 2일 일요일
하삼천-하동군 진교시외버스터미널-사천시 곤양공용터미널: 17km

둘째 날 아침 9시, 햇볕과 함께 '핵 없는 세상을 위한 기도'를 하고 셋이 길을 떠났다.

오전 9시 50분, 니키와 청명을 하삼천삼거리에 내려주었다. 둘이 먼저 8킬로미터 걷고, 나는 진교시외버스터미널에 차를 세우고 돌아오기로 했다. 그런데 진교시외버스터미널에서 다시 8.5킬로미터 더 떨어진 곤양공용터미널로 갔다. 거기에 차를 세우고 버스를 기다려 타고 진교시외버스터미널로 돌아왔다. 그 사이 속보로 1.5킬로미터 떨어진 둘에게 가려는데 식당을 정하라는 연락이 왔다. 헤어진 지 두 시간 만에 벗들이 도착하니 깔끔하고 맛있는 김밥과 떡볶이가 딱 맞춰 나왔다. 연신 밥을 사주는 니키에게 미안해서 내가 찹쌀꽈배기를 후식으로 샀다. 동네 명품인 줄 알았는데 나중에 보니 체인점이었다. 진교는 그 정도로 번화한 곳이었다.

셋이 걸었다. 8킬로미터 걸어온 둘과 달리 내 발걸음은 나는 듯 가벼웠다. 그런데도 둘은 도보순례 전문가들이라 새로 걷는 나와 속도가 맞았다. 사천시 서포면으로 들어섰다. 전날처럼 길이 단정했고 길가 늪지가 살아 있었다. 청명이 길가에 죽은 비둘기를 숲가에 묻어주었다. 진도에서도 보았던 모습, 생명을 사후에도 존중하는 마음이었다. 걷다가 쉴 곳이 마땅치 않아 우리는 땅바닥에 앉아 사과와 꽈배기를 먹었다. 거지가 따로 없어 보이는데, 서로 좋다고 히죽대면서.

오후 3시 30분, 종착지인 곤양공용터미널에 들어서며 승용차 한 대를 향해 청명이 인사를 했다. 가던 차가 다시 돌아왔다. 차에서 내린 곤양 주민은 교회 신자였는데, 그날 교회에서 받은 떡과 귤을 우리에게 주었다. 그리고 월성핵발전소 인접지역 이주

둘이 셋처럼

대책위원회를 위해 사진도 함께 찍어주었다. 황량하기만 했던 곤양 이미지가 확 달라졌다. 게다가 터미널에 세워진 내 차 탈핵 브리드를 보니 마음이 얼마나 편한지 몰랐다. 나는 반만 걸었지만, 벗들이 걸었으니 내가 다 걸은 거나 마찬가지다. 그렇게 그날 걸은 거리를 총 18.9킬로미터에서 도보순례 17킬로미터로 정리했다.

우리는 간단히 저녁을 먹고, 지난여름에 내가 하동군청 앞에서 만났던 하동군 지리산 산악열차 반대대책위원회 최지한 집행위원장을 함께 만났다. 그는 극의에 달한 비움 실천의 삶을 살고 있었다. 대나무 공예를 하다가 지리산 산악열차 반대 투쟁을 하면서 생업을 중단하고 일용직 노동으로 생계를 유지하고 있는데, 책 외에는 소유물이 거의 없었다. 그럼에도 소유와 비움에서 '물건의 수량은 중요치 않고 애착은 갖되 집착은 하지 않'았다. 그는 최근 경제학 서적을 많이 읽었다. 사람은 끊임없이 비용 편익을 분석하는데 모든 건 선택과 관점의 문제라고 했다. 가급적 보편적 인류 가치를 추구하지만 모든 행위는 경제활동이었다. 사업성 없는 지리산 산악열차를 만드는 건 (전쟁 아니면) 건설로 인한 시장경제체제 유지 때문이라고 분석했다.

"우리가 어느 현상을 쉽게 단정 지을 만큼 세상이 단순하지가 않아요. 나의 선택이 미치는 영향도 보잘것없을 것 같지만 엄청 크고, 그리고 중요한 건 산악열차를 놓으려는 저희 군수님이나 핵 마피아라고 하는 그분들도 우리 사회 공동체 구성원이잖아요. 그런 것들을 어떻게 조화시켜나갈 것인가. 이게 되게 어려운 것 같아요. (중략) 상대방의 존재 자체를 부정해가면서까지 무언가를 하는 것이 과연 정당한가, 우리는 결국은 알아주지 못하는 존재를 알아달라고 생명평화운동을 하는 건데, 정작 나랑 조금 생각이 다르다고 해서 그 존재를 부정하면 우리가 하는 주장이 성립할 수 있는 것인지……."

지난 1년 반 동안 개인의 삶을 포기하고 공동체를 위해 일해 온 그의 입에서 나온 말은 평화와 존중 그 자체였다. 나 역시 갈등과 싸움이 싫다. 그래서 조용히 걷는다. 그러니 그의 말에 깊이 동감했다. 그의 머리 위에 걸린, 2020년 5월에 엮다 만 대나무 바구니가 완성되기를 기대하며.

때로는 택시도 타다

2022년 1월 3일 월요일

사천시 곤양공용터미널-사천공항: 17km

오전 8~9시, 하동군청 앞에서 지리산 산악열차 반대 대책위원 회원과 함께 1인 시위를 했다. 한 사람이 들던 피켓이 넷이 되었다. 시위가 끝나고 하동 시장에서 시래깃국을 먹었다. 맛있는데도 저렴해서 내가 샀다.

우리는 전날 종착지였던 곤양공용터미널에 주차하고 출발했다. 식사 시간과 이동 거리가 있어 벌써 11시 가까이 되어 있었다. 전날처럼 내가 차를 예상 종착 지점인 사천시외버스터미널에 두고 되돌아올까 생각해봤지만, 꾀를 부리는 것 같기도 하고 함께 걷고도 싶었다.

셋이 함께 걸어 좋았다. 사흘 내내 날이 맑고 길이 한적했다. 서삼로 환덕마을에서 고속도로변에 설치된 태양광 전지판을 보았다. 핵발전소 대안에너지로, 지속 가능하고 친환경적인 태양광과 태양열을 전기에너지로 변환하기 위한 패널을 자투리땅에 설치한 것이었다. 나는 핵발전소를 반대하지만, 임야나 농지에 태양광 발전 시설을 설치하는 것 역시 찬성하지 않는다. 나무나 농작물은 그대로 자라게 놔두고 고속도로변이나 건물 지붕이나 옥상 등 자연을 훼손하지 않는 곳에 설치해야 마땅하다고 생각한다. 그런 면에서 우리가 걷는 이유의 모범적 대안을 보았으니 힘든 걸음의 결과를 본 듯 기분이 좋았다.

오후 2시 넘어 먹은 검정리 식당의 갈치구이는 겉은 바삭하고 속은 촉촉하니 참 맛있었고, 수곡 생막걸리는 니키와 청명을 기쁘게 해주었다. 식사 후 우리는 1002 지방도를 따라 걸었다. 사천시외버스터미널까지 가야 했는데 중간에 고개를 넘으면서 길이 헷갈렸다. 사천공항을 앞두고는 공단 안으로 들어가고 말았다. 지도 앱을 믿고 한참 걸어간 길은 막다른 길이었고 반대로 가본 길은 끝이 없었다. 간신히 차 다니는 길로 나왔는데 계속 걸을 수가 없었다. 도보순례를 위해 휴가를 낸 니키가 수도회로 돌아가셔야 했기 때문이었다. 하동버스터미널에서 고속버스를 타야 그날 서울에 갈 수 있었다. 사천시외버스터미널에서 곤양 공용터미널로 가는 4시 30분 버스를 타야, 거기 있는 내 차를 타고 하동터미널에 갈 수 있었다.

길에는 택시가 다니지 않았고, 청명의 휴대전화기는 꺼졌고, 니키와 내 전화기에는 택시 앱도 없었다. 발을 동동 구르다가 운 좋게 지나가던 택시를 탔다. 손님 태우고 가던 길에 우리를 본 기사님이 돌아와 태워준 것이었다. 기사님은 우리 사정을 듣고는 속력을 냈다. 사천시외버스터미널에 도착했을 때는 4시 27분. 남은 시간 3분. 나는 매표소로 달렸다. 그런데 안내원이 차표는 살 필요 없고 버스는 길 건너에 서 있다고 했다. 뒤따라오던 둘도 방향을 바꾼 나와 함께 뛰었다. 셋이 똑같이 민첩하게 왕복 8차선 도로를 건너는 그 순간, 나는 살아 있음에 희열을 느꼈다. 모두의 체력과 운동신경이 아주 잘 맞았다. 우리는 극적으로 버스에 올랐다. 4시 29분이었다. 만약 내가 차를 미리 가져다 놓았다면 경험하지 못했을 기쁨이었다. 그렇게 한 사람도 낙오하지 않고 무사히 그날의 도보순례를 마쳤다.

두 번째 지인 찬스

2022년 1월 4일 화요일
사천시외버스터미널-진주시 문산읍사무소: 23km, 문산성당

햇볕과 함께하는 마지막 아침이었다. 사흘간 햇볕은 우리에게 잠자리뿐만 아니라 누룽지와 김치와 과일과 차 등을 제공해주었다. 청명은 지리산 산악열차 반대 대책위에 후원했고, 나는 햇볕에게 해남 특산품인 해창막걸리와 내가 농사지은 무와 배추를 주었다. 순례자를 대접하는 마음을 돈으로 환산할 수는 없지만, 우리의 훈훈한 나눔은 그렇게 농경사회의 일처럼 이루어졌다. 햇볕과 청명은 그러한 공유경제의 삶을 오래 실천해온 사람들이다.

사천시외버스터미널에 차를 세우고 어디로 갈지 결정해야 했다. 몇 달 전 노선을 짤 때 나는 통영과 거제 쪽으로 가려고 했었다. 그런데 햇볕이 부산에 가려면 진주와 함안 쪽으로 가야 한다고 했다. 청명은 전적으로 내게 맡겼다. 나는 통영 이정표를 보면서 진주로 마음을 정했다. 남의 말을 들어보기로. 어떤 길이 펼쳐질지 모를 일이었지만 일단 수용 쪽으로. 그렇게 매일의 선택 속에서 더욱 대책 없는 순례가 시작되었다.

오후 1시, 사천시 사천읍 두량로에 접어들었다. 화장실에 가야 해서 마을 주민 집으로 갔다. 두량리 이장님 내외분은 우리에게 요구르트와 귤을 내어주고, 월성핵발전소 인접지역 이주대책위원회 연대 사진도 찍어주셨다.

청명은 꾸준히 사람들에게 길을 물어보며 걸었다. 묵묵히 걷는 나와 달랐다. 대신 헤매는 헛수고는 하지 않았다. 청명은 둘이 있을 때 최대한 거리를 확보해주려고 애썼다. 이후로 혼자 걸을 나를 위해서.

진주시로 접어들었다. 니키가 떠나니 청명이 밥을 사주기 시작했다. 우리는 돼지국밥을 먹고 또 걸었다. 반성터미널까지 25.2킬로미터 걸어야 했는데 그날도 청명의 지인이 근처에 살았다. 예전 직장 동료였던 은숙이 문산읍사무소에서 우리를 기다리고 있었다. 우리는 2킬로미터 덜 걸을 수 있어서 매우 좋아했다. 보자마자 경쾌함이 뿜어 나오는 은숙은 문산성당을 봐야 한다며 안내했다.

소촌역 터의 진주 문산성당은 정말 일부러 가볼 만한 곳이었다. 문산읍 소문리는 조선 시대에 소촌역이 있었던 곳이다. 소촌찰방관사는 진주를 비롯해 거제, 진해, 고성, 사천, 남해, 하동 등 주변 15개 역을 관리했다고 한다. 찰방관사로 사용되다 1885년 찰방제도가 폐지된 이후 문산성당으로 되었다는 성당 뜰 옆에는 1905년 표지석이 있었다. 문산성당은 등록문화재였다. 입구에 종으로 연결된 듯한 밧줄이 드리워 있고, 안으로 들어가면 보이는 하얀 옷의 예수님 형상이 특이했다. 내가 성당을 둘러보는 사이 청명과 은숙은 수십 년의 회포를 단시간에 풀었다. 은숙이 차로 데려다준 사천에서 우리는 육개장을 먹고 헤어졌다.

청명과 나는 다음 날 종착지인 군북역에 차를 세우고 출발지인 반성역으로 가서 걷기로 했다. 그날 숙소를 정해야 했다. 그런데 군북역 근처에는 모텔뿐이었다. 나는 평소에 모텔을 이용하지 않는다. 분위기가 이상하기 때문이다. 하지만 선택의 여지가 없는 상황에서 우리는 무인텔에 들어가야만 했다.

그날 어디로 걸을지 확실히 모르는 상황에서 나는 늘 대책이 없었고 그걸 모험과 스릴이라고 느꼈다. 정해놓고 하는 일은 재미가 없었다. 새로운 일들이 벌어질 때 흥분되고 그게 도보순례의 맛이라고 생각했다. 그래서 숙소 예약도 하지 않고 인터넷의 수많은 정보도 찾아보지 않았다. 사진을 미리 보고 가면 감흥이

걷는 순례자

덜하기 때문이다. 대충 거리만 따져서 근처 버스터미널이나 기차역 위주로 노선을 짜는 게 전부였다. 친구는 그런 나를 걱정하고 있었다. 혼자이기 때문이었다. 그 밤은 계획적인 청명과 즉흥적인 내가 서로를 이해하는 시간이었다.

모두 떠나다

2022년 1월 5일 수요일

진주시 반성역-함안군 군북역: 18km

아침 8시 13분 군북역 무궁화호를 타고 10분 후 반성역에 도착해서 걸었다. 배낭에 깃발 두 개를 꽂고 내 간식까지 다 넣고 걷는 청명은 당당하고 든든했다. 평촌교회를 지나 중도 정류장을 막 지나는데 자전거 타고 가던 이가 우리에게 관심을 보였다. 사진도 찍고 몸자보도 받은 그는 이후 월요일마다 월성핵발전소 인접지역 이주대책위원회 상여시위와 함께했다.

군북면으로 넘어서기 직전 오르막 모퉁이 길에서 꽃 한 송이를 보았다. 꽃이 흔하기 전인 계절에, 밟히기 쉬운 아스팔트 자락에 핀 꽃의 생명력이 반갑고 대견했다.

원북마을에 들어서자 멋스러운 고택과 정자가 있었다. 채미정이었다. 그때가 12시 30분쯤. 군북역까지 남은 5.2킬로미터는 걸어서 한 시간 반 남짓 걸린다. 거기서 마산터미널까지는 30여 킬로미터, 차로 30여 분 걸린다. 합해서 두 시간 정도 소요

된다. 청명은 3시 30분 버스를 타야 했다. 그럼 한 시간 안에 밥을 먹어야 한다. 그런데도 내가 놀이공원에 정신이 팔린 아이처럼 발걸음을 멈추고 채미정에 관심을 갖자, 청명은 언니처럼 여유 있게 보라고 했다. 대체 그런 여유는 어디에서 나올까? 고건축의 아름다움만큼 청명의 배려심에 감동하며 살펴본 '채미정은 유림들이 생육신의 한 사람인 어계 조려趙旅 선생을 추모하는 마음으로 1735년경 서산서원 강당 동쪽 담장 밖에 지은 정자이다'. 과연 조금 더 가니 서산서원이 있었다.

하림마을과 대암미미골과 덕촌마을과 집집마다 태극기가 꽂혀 있는 신창마을을 지나니 군북역이었다. 오후 2시, 기차로 10분 거리인 18.2킬로미터를 다섯 시간 반 만에 걸었다. 군북역에 주차한 자동차를 타고 마산시외버스터미널로 갔다. 마산 초입부터 거대한 아파트 단지가 보였다. 드디어 대도시에 들어선 것이다. 전기 없이는 살 수 없는 저 대도시에 '핵발전소 없이 안전하게 살자!' 몸자보를 달고 나 혼자? 앞으로 갈 길이 막막했다.

마산시외버스터미널 근처에서 버스 시각과 주차 때문에 아구찜 대신 짜장면과 교동짬뽕을 서둘러 먹고 청명을 보내야 했다. 청명이 가기 전 그날 숙소를 정하는데, 지도 앱에서 찾아보니 마산역 근처에 모텔 가격의 호텔이 있었다. 조식도 제공되었다. 청명은 안전이 우선이라고 했다.

우리는 터미널 구석에서 아주 짧은 소감 나눔을 했다. 닷새간의 도보순례 동안 숙소와 식사와 길 찾기와 무엇보다 95킬로미터 걸음을 함께해주고 가는 청명, 그리고 돌아가서는 토요일까지 일해야 하는 청명. 그 고마움을 어찌 일일이 나열할 수 있으랴. 이번에 그이를 보며 내가 얼마나 굼뜨고 답답하며 대책이 없는지 돌아보았다. 내가 여태 편히 지낼 수 있었던 것은 일 못하는 나 대신 일 잘하는 다른 사람들의 배려가 있기 때문이었음을 알게 되었다.

친구들은 떠났고 닷새 만에 혼자가 되었다. 모든 선택에 자신이 책임져야 하는 혼자. 이제는 내게 의견을 물을 사람도 없고 누구와 의논할 수도 없다. 그렇게 함안에서 부산 고리핵발전소까지 가야 했다.

청명을 보내고 호텔로 갔다. 비즈니스호텔이라 깔끔하고 편리하고, 무엇보다 불안하지 않았다. 나는 이번 순례에서 남의 집과 모텔과 호텔까지 섭렵하며, 도보순례 숙소에 관해 내가 정한 원칙들을 무너뜨렸다. 세상에 절대 안 되는 것이 많은 사람은 그만큼 부자유할 수밖에 없다. 그 기준을 어느 선에 맞추느냐는 개인의 선택이다. 기준선을 낮춘다고 자유로워지는지는 잘 모르겠다. 그러나 적어도 마음에 불편한 지점들이 줄어들면 쓸데없는 고민과 갈등을 피할 수 있다. 혼자였다면 가능하지 않았다. 누군가와 함께였기에 싫은 것도 해야 했고, 하다 보니 선택의 폭이 넓어졌다. 청명이 첫날 나눔에서 했던, 관념과 습성을 벗어나 자신이 주관하지 않은 삶에서 더 많은 걸 얻는다는 말은 내게도 적용되었다.

인간은 환경에 영향을 받는다. 우리는 서로에게 말과 행동으로 영향을 미친다. 때론 보이지 않는 에너지 파장으로까지. 긍정적이고 건강한 사람과 있으면 자신도 그렇게 되고, 부정적이고 건강하지 않은 사람과 있으면 그 역시 그리된다. 마치 햇빛 아래 있으면 밝아지고 그늘 아래 있으면 어두워지듯이. 그래서 누구와 있느냐가 매우 중요하다. 한데 유유상종이라고 하지 않나. 온종일 걸으면 누구나 지치고 짜증 나게 마련이다. 자기 상태도 안 좋은데 상대 때문에 불편이나 시련을 겪으면 더욱 그렇게 된다. 그러나 우리는 길을 잘못 들어도 돌아갈 차가 없어도 배가 고프고 목이 마르고 다리가 아파도 남을 탓하지 않았다.

친구들과 있으면 내가 항상 즐거워서 웃고 있는 줄 알았다. 그게 아니란 걸 넷째 날 긴 대화를 통해 알게 되었다. 나는 남의 좋은 면만 보려고 애쓰듯 내게서도 좋은 것만 기억하고 있었다. 그동안 자신도 모르게 얼마나 인상 쓰고 막말했는지 나는 모른다. 다만 그런 내 모습을 사랑으로 받아주고 귀엽다고 웃어준 너그러운 친구들이 있었을 뿐이다.

가로질러 가는 지름길이 눈앞에 보이는데도 차를 가지러 언제 올지 모를 버스를 타야 하는 나 때문에 니키와 청명이 조간너리 마을의 드넓은 논을 빙 둘러가준 첫날의 해가 기울어가는 늦은 오후를 기억한다. 친구란 뻔히 보이는 5리를 놔두고 다리가 아파도 10리를 함께 걸어주는 존재. 둘이 걸은 이틀간 청명은 내게 양해를 구하고 선두에 섰다. 앞으로 나 혼자 걸을 날이 많이 남았기에 자기가 치고 나가줘야 한다며. 그 청명의 배낭에 우뚝 솟은 탈핵희망국토도보순례 깃발이 신창마을의 태극기와 잘 어울렸다. 우리는 우리나라뿐 아니라 세계평화를 위해 걷고 있다. 핵발전소는 위험하다. 아무리 안전하고 깨끗하다고 주장해도 방사능의 위험성을 모르는 사람은 없다. 핵발전소를 돌리면 자동으로 발생하는 핵폐기물을 처리할 방법이 없다는 건 인류가 아는 사실이다. 에너지를 쓰기 위해 우리는 핵발전소를 이용하고 있다. 지금 내가 이 깊은 밤에 정읍에서 글을 쓸 수 있는 것도 영광 한빛핵발전소에서 전기를 공급하기 때문일 것이다. 비록 전체 전기 사용량의 30퍼센트 정도를 핵발전소에서 공급한다고 하지만, 나 역시 핵발전소를 이용하는 것이나 마찬가지다. 가끔 길을 가다 너희는 전기 안 쓰냐고 호통치는 사람들을 만난다. 전기를 덜 쓰려면 그 옛날 조선시대의 이덕무가 해를 따라 옮겨 가며 독서했듯이 나도 낮에만 글을 써야 한다. 이런 걸 비용 편익이라고 하겠지. 허리가 아프다. 엉덩이도 아프다. 더 앉아 있기가 힘들다. 나는 걷는다. 그리고 쉬지 않고 쓴다. 무엇을 위해? 글쎄 그걸 설명하려면 지금까지 쓴 만큼을 더 써야 할 것이다. 그건 에너지 낭비다.

2022년이 시작되었다. 인간이 구분 지은 날짜, 시간, 그런 것들의 경계를 넘어서고 싶지만 나는 범인류 기준으로 모두와 함께 한 살 더 먹었다. 아르보 패르트의 미니멀 음악 〈거울 속의 거울〉이 라디오에서 흘러나온다. 저녁 6시대에 들었던 라디오 방송을 새벽 1시대에 재방송으로 또 듣는다. 한 번 들은 걸 또 듣듯이 반복해서 말한다. 생명과 평화와 자유와 사랑. 해가 바뀌어도 신년 초부터 온몸으로 걷고 쓰면서 외친다. 생명, 평화, 자유 그리고 사랑.

홀로 걷다

2022년 1월 6일 목요일
함안역-창원시 마산회원구 북성로 365, 국립3·15민주묘지: 23km

아직은 어두운 겨울 아침 7시 10분, 호텔 3층 멀티숍에 갔더니 한 남자가 흥얼흥얼 콧노래를 부르면서 조리 중이었다. 잠시 후 쟁반에 전날 신청한 볶음밥이 나왔다. 숙박비 4만 원에 따끈한 새벽밥이라니. 밥을 먹고 나서 하루 더 묵겠다고 연장했다. 든 든히 아침밥을 먹고 무료 제공되는 카페라테까지 마시니 한나 절은 거뜬할 듯했다. 여유 있게 마산역으로 걸어가서 7시 51분 마산 출발, 8시 5분 함안 도착 무궁화호를 탔다. 금요일에 진해, 토요일에 가덕도신공항 부지 답사를 위해 군북에서 함안까지

11.4킬로미터는 건너뛰기로 했다.

함안역에서부터 걷기 시작했다. 함안은 아라가야 역사순례 길이 있는 고장이었다. 신개마을에서 동쪽 산으로 떠오르는 해를 보며 걷는데 혼자 걸어도 좋았다. 아니 혼자 걸어서 좋았다. 그렇게 겁 많던 내가 어느덧 혼자 있는 시간을 즐기고 있었다.

괴항마을에 들어서자 고풍스럽고 신비로운 풍광이 나타났다. 기묘한 고목과 정한 연못과 그 위의 정자, 그리고 야트막한 산기슭의 정자 유형문화재 제158호 무진정이었다. 도보순례 초입이 아니었다면 당연히 둘러보았을 것이다. 하지만 그 아름다움에 끌려 지체했다가는 그날 순례를 마칠 수 없을 것 같았다. 아쉬움 속에 발길을 돌렸다. 그래도 대사마을에서는 돌아가서 석조삼존상을 보고 나왔다.

한절골에서 동쪽으로 갔다. 아침 햇살을 향해 산으로 들어가는 길이 호젓하니 매우 좋았다. 그런데 어쩐지 참 좋다 싶더니 산으로 들어간 길은 협로가 되고 있었다. 이상해서 다시 돌아 나왔다. 마침 인가에 마을 주민이 있어 여쭤봤더니 한참을 잘못 온 것이었다. 다시 한절골에서 새로 닦은 아스팔트 길을 따라 오르막으로 갔다. 동지산마을이 나왔다. 정자가 있어서 쉬기 딱 좋았다. 둘러본 마을도 양지바르고 좋았다. 그런데 곧이어 사각 철창 뜬장에 갇힌 개 두 마리를 보고는 금세 시무룩해졌다.

길 따라 가니 저수지가 나왔다. 입곡을 지나니 드디어 마산·창원 이정표가 나왔다. 대천마을에 들어서니 산자락 따라 야트막하니 태양광 패널들이 늘어서 있었다. 수동마을에서 애전을 지나자 함안군과 창원시의 경계가 나왔다. 제일고등학교에서 다리가 아팠다. 수곡마을로 접어들며 헤매는 것 아닌가 싶었는데 마산대학교가 나왔다.

오후 1시 30분쯤 간신히 중리역까지 왔는데 더 걷지 못할 정도로 다리와 발이 아팠다. 그런데 마산역까지 가는 기차는 한 시간을 기다려야 했다. 하는 수 없이 계속 걸었다. 그런데 두척마을 지나 서광교회 앞에서 전화가 왔다. 다음 날 만나기로 했던 탁이 하루 전인데 온 것이었다. 그러니까 나도 청명처럼 지인 찬스를 써보았다. 청명과 못 먹은 아구찜을 탁과 함께 마산 아구찜 거리에서 먹었다. 서울 종로구 북촌에서 먹던 맛과 비슷하게 맛있었다. 밥을 먹고는 2008년에 개통되어 통행료가 2천 원이나 한다는 마창대교가 보이는 카페에 갔다. 이름도 생소한 고급 카페라테를 마시자 모처럼 도시인으로 돌아간 듯 세상이 한가로웠다. 게다가 그날은 숙소도 정해져 있고 한 번 묵었던 곳이니 마음이 얼마나 편했겠나. 혼자 하는 도보순례 첫날치고는 아주 쾌적했다.

이날 꼭 가볼 곳이 있었다. 국립3·15민주묘지였다. 1960년 4·19혁명의 도화선이었던 3·15의거 영령들께 참배해야 했다. 그리고 그곳에서 찾아야 할 분이 있었다. 어둠이 내리기 시작하는 묘역에서 나는 비석을 하나하나 살펴보기 시작했다. 맨 위층부터 맨 아래층까지. 마침내 맨 아래 제1묘역 우측에서 세 번째, 그분이 계셨다. 김주열 열사. 어둠이 완전히 내린 그 묘지 앞에 무릎 꿇고 인사를 올렸다. 4·19혁명 50주년 기념 다큐멘터리를 제작하던 12년 전부터 마산이 궁금했었다. 마산 사람들의 긍지이자 자부심인 3·15의거의 불꽃 김주열 열사를 가슴에 담고 있었다.

'이제야 왔습니다. 그때 그 미완의 다큐멘터리를 여기서 이렇게 마무리합니다. 김주열 열사님, 감사합니다.'

국립3·15민주묘지에서 내려다본 불빛 화려하게 검은 마산시는 이미 12년 전에 창원시로 바뀌어 있었다. 민주주의 역사고 뭐고 경제지표로 좌지우지되는 행정체제에 할 말이 없었다.

발걸음을 멈추게 하는 곳

2022년 1월 7일 금요일

창원시 진해구 마온게스트하우스-주기철목사기념관-웅천읍성, 진해보타닉뮤지엄: 12km

창원에서 진해로 가는 길은 터널뿐이다. 진해는 산을 넘지 않는 이상 걸어 들어갈 수 없는 도시다. 깔끔하게 단념하고 차로 진입. 예약한 게스트하우스 옆 공용주차장에 주차하고 걸어나왔다. 진해구청 쪽으로 걷는데 가로수 아래 나무가 눈에 익어 보니 동백나무였다. 보통 사철나무 등으로 담장을 치는 도로변에 동백나무가 직사각형으로 전정되어 있었다. 아침 햇살에 반짝이는 동백나무에는 벌써 빨간 꽃들이 피어 있었다. 진해의 인상은 동백 꽃나무로 부요했다.

시내를 빠져나가는 데만도 시간이 꽤 걸렸다. 지도 앱에서 가리키는 대로 대로를 탔는데, 지난여름 줄기차게 걷던 2번 국도였다. 덤프트럭이 시속 70킬로미터로 달리는 차도 가장자리를 걷는데, 가끔 배롱나무 가지가 삐죽 나와 있었다. 긴장해서 온몸이 굳었다. 그 길을 한참 걷다 보니 아무리 직진이 빨라도 감당키 힘들었다. 그래서 샛길로 빠져나왔다. 그랬더니 주기철목사 기념관 이정표가 보였다. 그 길로 따라가보았다.

주기철 목사의 일생과 오정모 사모의 위업을 보았다. 가부장 조강지처 문화가 지배적인 한국에서, 사별 이후이긴 하지만 그 시대에 둘째 부인을 '믿음의 영웅'으로 기리다니 뜻밖이라 반가웠다. 주기철 목사가 일본 경찰로부터 당한 고문 상황을 자세히 읽어보니 오래전 교회 청년부 시절이 기억났다. 철없이 순수하게 부르짖던 신을 향한 사랑. 왜 그리 울며불며 몸부림쳐야 했는지. 신을 향한 내 한풀이는 아니었는지. 그런 상념으로 스산하던 마음에 한 단어가 꽂혔다. '일사각오—死覺悟'. 죽을 만큼의 각오를 하게 하는 그 무엇이 지금 내게 있는가 질문했다.

탈핵? 30년 전처럼 주를 위해서? 윤심덕과 실패한 다자이 오사무의 동반 자살처럼 사랑? 오랜 세월 죽고 싶었고 종종 죽을 만큼 힘들거나 그 죽을 만큼의 열정으로 무언가를 했었다. 지금도 기쁘면 너무 기쁘고 슬프면 너무 슬퍼 감정의 기복이 심하지만, 언제인가부터 차라리 죽는 게 낫다는 말 따위는 하지 않는다. 하루하루 목표치를 걷기 위해 근육통과 갈증과 고독을 감내하는 동안 생각을 정리하고 건강으로 자신감을 회복했다. 적어도 방 안에 틀어박혀 답도 없는 질문을 계속해대며 머리를 쥐

어뜬을 시간에 움직여서 어딘가로 향하고 있었다. 가는 길에 살아 있는 생명으로 가득 찬 길을 보면서 살 만함을 느꼈다. 일사각오? 그런 비장함 없이도 얼마든지 걸을 수 있다. 할 수 있는 만큼만 하면 된다. 도보순례는 하루하루가 돈이다. 먹고 자야 하기 때문이다. 조식을 주면 점(심)저(녁)를 먹고, 아(침)점(심)을 먹으면 저녁을 먹고, 그렇게 하루 두 끼 먹으며 제일 싼 데서 자면서 걷는다. 탈핵 몸자보 앞뒤로 달았다고 무슨 거룩한 일을 하는 것도 아니다. 그저 나는 방랑자일 뿐이다. 방구석에 가만히 있을 수 없어서 뛰쳐나온 사람이다. 기획에 따라 계약금 받고 사진작가랑 다니며 계획성 있게 글 쓰는 사람이 아니다. 거처를 나오면 걷고, 갈 데가 생기면 잠시 정착한다. 일사각오? 그런 거 없다. 그런데 기념관 전시 글 중 한 구절에 눈길이 머문다.

이 천지간 머리 둘 곳 없는 곤궁의 자취, 사람들에게 쓸어 버려지는 고독의 자취를 우리도 밟아야 하고, 병자와 가난한 자를 위하여 수고하는 사람의 자취, 도처에서 핍박받는 곤고의 자취를 우리도 따라 나가야 한다.

죽고 싶기만 하던 2017년 생일에, 태어나서 처음으로 내 운명을 누군가에게 물어보았다. 신 내린 보살이 아닌 별자리를 보는 분에게. 그분이 말했다.

"당신의 원래 이름은 Young & Ease, 영원히 젊고 편안함이에요. 그리고 당신이 이 땅에 온 이유는 Devotion, 헌신이에요.

당신은 평생 가난하고 병든 사람을 위해 살 거예요.”

전시문에 있던 '병자와 가난한 자를 위하여 수고하는 사람'은 별자리 선생님이 말한 내 소명이었다. 그리고 그 말을 들은 그달에 등단 소식을 들었다. 세월호 참사 이후 그때까지 무언가를 하겠다고 간절히 기원하던 3주기 직전이었다. 그 뒤로 만 5년이 흘렀다. 내가 필요하다는 곳이면 마다하지 않고 갔다. 미친 듯이 걸었다. 매달 쉬지 않고 사진 찍고 지금까지 수천 매의 글을 썼다. 병자와 가난한 자를 위하여 수고? 전업 활동가에 비할 순 없지만 여기서 더 어떻게? 자신도 없고 할 말도 없었다. 정말 아무 할 말이 없었다. 그냥 좀 쉬고 싶었다. 그렇게 주기철목사기념관에서 나왔다.

그 앞에 성곽이 하나 보였다. 웅천읍성은 세종 16년(1434년)에 남해안 지역에 출몰하는 왜구와 인접한 제초왜관의 왜인들을 통제하기 위해 축조한 연해읍성이다. 읍성은 지나칠 수가 없다. 안으로 들어가니 작은 우체국이 보였다. 무작정 들어가 떠오르는 사람 둘 중 더 편한 사람에게 관제엽서를 써서 부쳤다.

우체국에서 나와 성벽 위로 올라갔다. 낙안읍성처럼 성벽 위를 걸을 수 있었으나 그 길이는 매우 짧았다. 방전된 프로펠러처럼 순례를 이어나갈 동력이 떨어졌다. 주기철목사기념관에서부터 정체된 기운이 웅천읍성에서는 뚝 떨어져 더 걸을 기운이 나지 않았다. 다시 2번 국도를 올라타고 싶지는 않았고 웅동까지 가는 길은 어찌 나 있는지 알 수 없었다. 다음 날 가덕도까지 가기엔 턱도 없이 긴 거리가 남아 있었다. 어디쯤에서 그쳐도 어차피 별 차이 없는 거리였다. 목표 지점이 어느 정도 가까워야 악착같이 걷는데 멀어도 너무 멀었다. 목표가 없는 거리는 걸을 의욕이 생기지 않았다. 그렇게 미적대다 특별한 표식도 없는 지점에서 그날의 순례를 멈췄다. 정체전선 같은 날이었다. 차라리 남파랑길 창원 8코스 7.6킬로미터를 걸었더라면 도보순례로는 의미가 있었을 것이다.

그러나 예상치 못한 주기철목사기념관과 웅천읍성은 발걸음을 잡아당겼고, 나는 잠시 의욕을 상실했다. 지나치게 많은 생각이 올라오면 아무것도 못 하게 된다. 그날은 그랬다. 평소의 반만 걷고, 진해보타닉뮤지엄에서 삼면이 산으로 둘러싸이고 앞은 바다인 천혜 요새 진해의 지형을 바라보고 숙소로 돌아갔다.

진해는 두 번째였다. 몇 년 전 탈핵희망국토도보순례에서 만난 숲해설가 바람의 초대로 벚꽃 피는 계절에 와서 숲의 정취를 느끼고 갔었다. 그때 광목 침구가 인상 깊었던 게스트하우스는 폐업했고, 대신 옆집을 소개받아 갔다. 가정집 1층 안방을 쓰게 된 나는 주인 부부의 환대를 받았다. 조식과 늦은 점심식사 이후 저녁밥은 거른 채 씻고 일찌감치 잠들었다.

2022년 1월 8일 토요일

부산 가덕도신공항 반대 현장답사: 12km

다음 날 아침, 행장을 거의 꾸리자 노크 소리가 들렸다. 방문을 열자, 떡과 군고구마와 바나나와 사과와 두유가 담긴 소반이 들어왔다. 융숭한 조반이었다. 식사를 다 하고 나자 주인 내외분은 원두커피도 내려주고 월성핵발전소 인접지역 이주대책위원회를 위한 사진도 함께 찍어주셨다. 든든한 아침이었다.

집결 시각은 오전 11시라고 했다. 9시에 가덕도에 도착했다. 가덕도에 처음 가본 나는 눌차교가 어딘지 몰라 눌차마을을 자동차로 들어가고 말았다. 들어서고 보니 차가 다니기에는 매우 좁은 도로였다. 아담한 마을을 관통하니 방조제가 나왔다. 거기에 차를 세우고 걷기 시작했다. 갈맷길 코스 안내판이 곳곳에 보였다. 동선방조제를 지나자 가덕도신공항 타운하우스 착공 부지가 나왔다. 공항 건설을 반대하는 사람이 있는가 하면 찬성하는 사람도 있었다.

우편취급국을 지나 동선마을 안내문을 보니 1919년 3·1대한독립만세운동이 가덕도에서도 4월 11일에 일어났다고 했다. 이 작은 섬에서 일제 침략에 격렬히 항거했다니, 과연 덕이 더해진 섬, 加德島(가덕도)였다. 그런 섬이라면 더욱 잘 보존해야 하는데 싶었다.

천가초등학교를 지났다. 갈맷길 가덕도 5-2구간 이정표가

나왔다. 거기서 돌아가야 했는데 길이 발걸음을 잡아당겨서 덕
문중학교 쪽으로 가고 말았다. '먼저 사람이 되자'는 표지석 너
머 눌원관 앞에 '네가 해준 좋은 말이 좋은 옷보다 더 따뜻해. 고
마워 그리고 사랑해!'라는 현수막이 걸려 있었다. 따뜻한 말이
듣고 싶고 따뜻한 말을 해주고 싶었다. 아무 때나 사랑한다고 말
하고 그럼 사랑한다고 말해주는 사람이 있었으면 했다. 고맙다
는 말은 아무리 자주 해도 괜찮은데 사랑한다는 말은 오래 망설
여야 할 수 있다.

천가초등학교와 덕문중학교 담장의 일부는 조선 중종 39년
(1544년)에 왜구를 막기 위해 축조된 가덕진성이었다. 옛것은 언
제나 마음을 잡아끈다. 아마 그 성곽이 나를 이끌었나 보다. 길
은 산 쪽으로 올라가며 좁아졌다. 연대봉 가는 갈림길 즈음에서
주최 측으로부터 걸려온 전화를 받았다. 서둘러야 했다. 11시,
눌차도에서부터 답사가 시작되었다. 전국에서 모인 30여 명 중
모래시계 깃발이 있었다. 참가자의 반수 정도인 '멸종반란한국'
회원이었다.

'가덕도에 넘쳐 솟은 섬이 누워 있는 모양의 섬으로 눌어붙어
있다'는 눌차마을에는 거대한 팽나무와 돌담이 있었다. 바닷가
엔 조개껍질 더미가, 산자락엔 새로 지은 집들이 즐비했다. 땅
사이 바다에는 양식장이 가득했다. 신공항이 건설되면 어업은
마비되고 어민들은 생업을 잃게 될 것이다.

곧 점심시간이었고 채식 도시락이 나누어졌다. 차에 있는 돗
자리를 펼치고 함께 앉은 이들은 사드마을이 돼버린 성주 소성

대항전망대

리 사람들이었다. 가덕도를 지키기 위해 전국에서 온 것이었다.

가덕도신공항반대시민행동에서 나눠준 〈가덕도신공항 정말 필요한가?〉 자료에 따르면, 가덕도신공항이 대두된 건 2002년 김해국제공항에서 중국국제항공Air China CCA-129편이 돗대산 기슭에 추락한 사고 때문이었다. 이 사고로 당시 김해공항의 안전성 논란과 신공항 건설 필요성이 대두되었으며 2006년 12월, 노무현 전 대통령이 '동남권 신공항 건설' 타당성 공식 검토를 지시했다. 하지만 2011년 이명박 정부에서 입지 평가 결과, 밀양·가덕도 모두 사업 최소 여건 미달로 동남권 신공항 건설 계획이 전면 백지화되었다. 이후 박근혜 정부에서 김해신공항 건설 계획을 재추진하며 결국 확정되었다. 2016년 파리공항엔지니어링ADPi의 사전타당성 조사 점수는 김해신공항 〉 밀양〉 가덕도 순이었다. 그러나 2019년 문재인 정부에서 부·울·경 3개 지자체와 국토교통부가 김해신공항 건설 계획에 관한 총리실 재검증을 추진하여 '근본적 검토 필요' 의견이 나온 이후 국민의힘 박수영 의원 등 15인과 더불어민주당 한정애 의원 등 138인은 2020년 11월 20일과 26일에 각각 특별법을 제출하였으며, 2021년 3월 16일 '가덕도신공항 건설을 위한 특별법'이 공표되었다.

믿고 싶지 않지만, 노무현 정부 때 동남권 신공항 건설 타당성 공식 검토 지시로 시작된 이 사업이 이명박·박근혜 정부에선 전면 백지화와 김해신공항 건설 계획이었다가 문재인 정부에 들어와 김해신공항 타당성 평가로 진행되다가 갑자기 가덕도신공항 건설로 추진되었다는 사실.

게다가 가덕도신공항은 추진 과정에서 비민주적이었다. 법안 수립 과정에서 지역 주민과 같은 이해 당사자들의 의견 수렴을 무시했고, 여당은 법안 통과를 위해 본회의 통과를 2월 26일로 못 박아 법안을 심의했다. 특별법 제7조에 따르면 "기획재정부 장관은 필요하다고 인정되는 경우 예비타당성조사를 면제할 수 있다"라고 명시되어 있다. 이는 대놓고 졸속 행정을 하겠다는 선포와 다름없다. 또한 특별법 16조, 17조를 보면 국토부 장관은 신공항 건설사업에 대하여 민간자본을 유치할 수 있도록 되어 있고, 국가 및 지방자치단체는 민간자본 유치사업을 시행하는 민간개발자에게 각종 사항을 지원할 수 있도록 했다. 이는 토건 세력의 이권 개입 위험을 키우는 조항이다. 사실 이 부분이

가장 주요하다고 볼 수 있다. 핵발전소도 신공항도 모든 건설의
배후에는 토건 세력이 있다.

국제적으로 보면 기후위기 시대에 온실가스 감축을 위해 경
제 선진국과 함께 2050 탄소중립을 선언한 나라에서 막대한 온
실가스를 배출하는 항공 산업을 부추김은 무엇 때문인가.

전 지구적으로 보면 코로나19 바이러스와 같은 인수 공통 감
염병의 가장 큰 원인은 산림 파괴라고 하는데, 가덕도신공항을
건설하면 파괴될 국수봉(269m), 남산(188m), 성토봉(179m)은 지
형 보전 1등급, 해양생태도 1등급 지역이 포함되어 있다. 또한
생태자연도 1등급지에 해당하는 동백군락, 사스레피 군락지를
비롯한 산림유전자원 보호 구역도 있다.

그리고 가덕도에는 멸종위기 야생동식물 1, 2등급인 삵, 솔
개, 수달, 매, 구렁이, 표범장지뱀, 맹꽁이 등이 서식한다. 인근에
는 천연기념물 179호로 지정된 낙동강 하류 철새 도래지와 습
지보호지역이 있다. 물론 돈 계산만 하는 이들은 생태계 파괴 같
은 건 안중에도 없을 것이다. 하지만 그런 사람들도 코로나19
바이러스와 오미크론은 무섭지 않으려나. 신석기시대부터 일제
강점기까지 역사가 다양하게 남아 있는 가덕도는 2016년 파리
공항엔지니어링의 영남권 신공항 사전타당성 조사 연구 결과
문화유산 평가부문 0등급으로 지정되었다. 그만큼 역사·문화
적인 가치가 높다.

우리는 대항전망대를 거쳐, 20세기 초 일본군 군사기지의 원
형이 남아 있는 외양포에서 조개무지까지 산기슭을 넘어갔다

외양포 조개무지와 새바지

가, 태평양전쟁 말기 미군의 한반도 상륙에 대비한 포진지와 관측소들이 인공동굴로 남아 있는 새바지에서 헤어졌다. 바닷물에 씻긴 고목이 누워 있는 해변은 어쩐지 태고와 20세기가 섞인 듯한 분위기였다. 다만 대형 카페와 그 안의 손님들과 해변에 삼삼오오 앉아 있는 사람들만이 풍광과 어울리지 않게 이질적이었다. 인간은 자연을 어디까지 파괴하고 나서야 개발의 삽질을 멈출까? 그게 제 무덤 파는 일이란 건 죽고 나서야 깨달을까? 누런 개 '탈핵'이는 조약돌에 코를 대고 뭔가를 찾고 있었지만, 사람들이 발견해야 할 진리나 가치를 쉽게 찾지 못하듯 탈핵이도 끝내 먹을 것을 발견하진 못했다.

한겨울에도 생명의 기운을 품고 평화롭게 빛나는 섬 가덕도의 국수봉과 남산이 폭파되어 비행기 활주로로 뭉개진다고 생각하니 끔찍했다. 제주도 성산읍의 그 푸른 녹지 165만 평을 벌목하고 지하 동굴인 숨골 지대에 제2공항을 건설하겠다던 게 떠올랐다. 작년에 간신히 보류시켜놓으니 또 시작이구나. 선거철만 되면 건설 경기로 표심을 흔드는 건 여전하구나.

아름다웠다. 온종일 바라본 가덕도도 아름다웠지만, 이삼십 대 젊은이들이 멸종반란을 위해 전국에서 모인 모습도, 사드로 망가진 소성리에서 가덕도를 살리겠다고 온 연대도 모두 아름다웠다. 이 아름다움을 지켜야지. 가덕도에서 느낀 명백한 한 줄이었다.

멸종반란한국 젊은이 둘과 가덕도 답사 해설을 담당해준 녹나무를 태우고 부산역으로 왔다. 부산역 옆에 호텔을 예약해놓았다. 부산의 교통난과 주차난을 잘 알기 때문이었다. 그런데 저녁 6시쯤 도착한 호텔 주차장은 이미 만차였다. 호텔 측은 예약 취소 말고는 해줄 수 있는 게 없다고 했다. 차라리 진해로 되돌아갈까 한참을 고민하다 다음 날 순례 때문에 바로 옆 공영주차장에 유료 주차를 했다. 그렇게 저렴하고 깔끔한 호텔에 회원 가입까지 하고 투숙했다. 성경과 불경과 창업주의 책이 나란히 꽂힌 건 웃음이 났지만, 비행기 화장실 같은 욕실엔 욕조까지 있어 몇 년 만에 물에 몸을 담글 수 있었다. 제일 좋았던 건 잠옷 대여였다. 내가 박애주의자 코스프레는 그만해야겠다고 결심케 했던 영화 〈매기스 플랜Maggie's Plan〉의 매기가 입었던 잠옷처럼 단추가 길게 주루룩 달린 잠옷이었다. 존이 아래에서부터 단추를 풀던 그 잠옷보다는 캐주얼했지만, 이기적인 남편을 전처에게 돌려보내는 통쾌함이 5년 전 기억으로 설핏 전해졌다.

하지만 프리사이즈 잠옷은 좀 컸고, 공중에 뜬 듯한 고층 빌딩은 무척 오랜만이었으며, 밤이 깊도록 복도에서 나는 사람들로 인한 소음 탓에 신경은 예민해졌다. 어서 빨리 이 도시를 벗어나고 싶다는 생각뿐이었다.

각박한 도시와 바다, 해파랑길 1과 2코스

2022년 1월 9일 일요일
부산 오륙도-광안리-해운대-미포-송정해수욕장 : 27km

다음 날 아침, 조식을 간단히 하고 여유 있게 커피를 마신 것까지는 좋았다. 8시에 맞춰 짐을 챙겨 내려가는 엘리베이터를 탔는데 방에 모자를 두고 온 걸 알았다. 두 층 아래에서 내렸다 다시 올라가서 방에 가서 모자를 챙겨 내려오는데, 조식 시간에 걸린 만원 엘리베이터는 18층부터 층마다 섰다. 그 때문에 공용주차장에 10분 늦었더니 주차비 천 원을 더 내라고 했다.

"아유~ 너무하시네요."

"뭐가 너무해요? 아침부터 그러지 말고 빨리 내고 가세요. 경우가 그렇지 않아요?"

나야말로 아침부터 참 여러 생각을 했다. 그동안 얼마나 경우를 따지던 나였던가. 그런데 주차비 때문에 예약한 호텔엔 주차가 안 되고, 주차비 내고 주차한 바로 옆 주차장에선 아침부터 경우 없는 사람이 되었다. 천 원에 왔다 갔다 하는 '경우'. 그런 도시의 경우, 전기요금과 목숨이 걸린 위험의 경중을 가늠하지 못한다. 실은 전기요금의 할인율 축소는 탈핵 때문이 아니라 가스나 석탄발전소 때문인 것도 잘 모른 채. 만약 고리핵발전소나 월성핵발전소에서 사고가 나면 반경 30킬로미터 안에 있는 국내 최대 산업도시인 부산과 울산과 경주는 '부울경 메가시티_{Mega City}'는커녕 메가디재스터(Mega Disaster, 재난)로 화해 결코 무사하지 못한다. 인명 피해는 말할 것도 없고 우리나라 산업 자체가 마비될 것이다. 영화 〈판도라〉를 기억해보라.

그런 거대 도시 부산에서 하단역부터 부산역까지 걸을 계획이었다. 그런데 전날 녹나무가 오륙도부터 해파랑길을 걸으라고 추천해주었다. 그래서 또 그렇게 걸었다. 현지인 말을 듣는 게 가장 현명한 선택이다. 출차해서 광안리로 갔다. 두 번째 지인 찬스. 백련재 문학의 집에서 같은 입주작가였던 소설가의 집에 주차하기 위해서였다. 퇴소하면서 "부산에 오면 하루 재워줄게요"라고 한 인사말 그대로 연락한 거였다. 한국어 수업 시간에는 "언제 한번 밥 먹어요"가 '정말 밥 먹을 약속을 한 것'이 아니고 '나중에 기회 닿으면 한번 보자'는 한국식 인사라고 외국인에게 가르치지만, 한국어 교사 출신인 나는 그 말을 곧이곧대로 적용하는 편이다. 만약 주차 문제만 아니었어도 신세 지지 않았을지 모른다. 그러나 대도시의 교통·주차난은 정말 심각하다. 그렇게 지인 아파트 단지 내에 주차하고 걸어 나와 마을버스를 타고 오륙도로 갔다.

오륙도는 해파랑길 1~50코스의 출발 지점이다. 친절한 안내원의 안내를 받고 지도를 보니, 2020년부터 18~50구간을 7번 국도 탈핵 도보순례로 걸었음을 깨달았다. 안전 여행을 위한 가이드라인 하나가 '안전을 고려하여 두 사람 이상 함께 갑니다'였고, 둘이 '자신의 체력에 맞는 코스를 선택합니다'였다. 하나는 못 지키지만 둘은 지킬 수 있었다. 사흘 치 3코스를 이틀에 주파

해야 고리핵발전소까지 걸을 수 있었지만, 가능하리라고 여겼다. 이름 붙은 길이나 안내 표시도 없는 하동부터 진해까지 걸어오지 않았나. 해파랑길은 북쪽으로 직진만 하면 되는 길이었다.

갈맷길 2-2구간 이기대해안산책로이자 해파랑길 1코스의 경관 좋은 동해안을 걷기 시작하자, 부산역전에서 받은 스트레스는 어디론가 사라지고 기분이 좋아졌다. 게다가 함께 걷는 트래킹족도 매너가 좋았다. 누군가 곁길을 알려주어 더 흥미롭게 걸을 수 있었다. 해안 바위 위에 배낭을 놓고 옆에 앉았더니 배낭이 내 친구 같았다.

광안리를 지나 해운대에서 잠시 카페에 들어갔다. 카메라와 휴대전화기 충전이 필요했고, 모처럼 돈 내고 커피 한 잔의 여유를 사고 싶었다. 온종일 바닷바람 맞으며 걸은 나는 일부러 실내에 앉았다. 옆 테이블에 어여쁜 모녀 두 쌍이 차를 마시고 있었다. 머리끝부터 발끝까지 코디네이션이 완벽한 대단위 아파트 단지 주민인 그들을 보며, 저렇게 귀엽고 소중한 저들의 아이를 위해 소비문화의 한복판 같은 해운대에서 지구를 어떻게 지켜야 하는지, 아니 저들이 핵발전소 방사능 위험은 의식하고 있을지 궁금했다. 2004년 인도네시아 쓰나미가 모티브가 된 2009년 영화 〈해운대〉가 기억나는 그곳에서 고리핵발전소까지는 최단 거리 25.2킬로미터였다. 2011년 3월 11일 일본 후쿠시마 핵발전소 사고는 쓰나미에 의한 것이었고, 2016년 9월 경주에서는 진도 5.8, 2017년 11월에는 포항에서 진도 5.4 규모의 지진이 발생했다. 공공연하게 드러나는 핵발전소의 부실 공사와 안전성 위험은 차치하고라도 천재지변 앞에서는 그 어떤 건물도 건재할 수 없다.

미포는 해파랑길 1코스의 종착지. 나는 2코스의 송정까지 걸어야 한다. 그래야 다음 날 고리까지 갈 수 있기 때문이다. 이미 20킬로미터 넘게 걸었지만, 미포부터 송정까지는 레일바이크 아래 나무 갑판길을 따라 4.8킬로미터를 더 가야 한다.

송정해수욕장에서 도착했을 때는 오후 5시가 넘어 있었다. 송정 폐역을 지나 지름 31센티미터 플라스틱 그릇에 담긴 해물 칼국수를 다 먹고 어두워져서 광안리행 버스를 탔다. 혼자 있는 마지막 시간일 듯해서 탈핵 벗들에게 문자를 보냈다. 아마 혼자 걸어도 늘 함께였다는 내용이었을 것이다.

열흘째 마지막 날,
부산 해파랑길 2와 3코스

2022년 1월 10일 월요일(《일곱째별의 탈핵 순례》, pp.159-163 일부 게재)

부산 송정역-해동용궁사-대변항-일광-임랑-고리핵발전소: 27km

새벽 6시 30분에 길을 나서 부산 영도 한진중공업 본사 앞으로 갔다. 김진숙 복직투쟁 릴레이 단식 61일 차 참가자로 등록한 나는 아침 출근 피케팅을 함께하고 도보순례를 하기로 했다.

이른 아침 출근 버스들이 줄지어 정차하고 그 버스에서 직원들이 줄이어 들어왔다. 차해도 전 금속노조 한진중공업지회장의 건강하고 밝은 목소리가 아침 공기를 갈랐다. 1981년 10월 1일 대한조선공사주식회사(전 한진중공업, 현 HJ중공업)에 용접공으로 입사한 김진숙이 1986년 2월 18일 노동조합 대의원에 당선된 이틀 후, 노동조합 집행부의 어용성을 폭로하는 '제23차 정기대의원대회를 다녀와서'라는 제목의 선전물 150여 부를 동료 노동자와 제작·배포했다는 이유로, 5월 20일부터 7월 2일까지 모두 세 차례 부산직할시 경찰국 대공분실에 연행되어 고초를 당한 것도 억울한데, "경찰 조사를 받은 사실을 이유로" 7월 14일에 해고당한 지 37년째였다.

김진숙 해고 당시 대한조선공사였던 회사는 1989년 한진중공업으로, 2021년 동부건설 컨소시엄으로 인수되어 HJ중공업이 되었다. 그사이 2003년 10월 17일에는 김주익 한진중공업 지회장이, 같은 달 30일에는 곽재규 조합원이 자결했다. 2009년 11월 2일, 민주화운동 관련자 명예회복 및 보상심의위원회로부터 한진중공업에서의 노조민주화 활동을 민주화운동으로 인정받음과 동시에 부당해고 인정 통지서를 발급받았다. 2011년 309일 고공농성과 희망버스 운동을 통해 한진중공업 해고자 전원 복직이 결정되었다. 김진숙만 빼고. 2020년 9월 25일에 민주화운동 관련자 명예회복 및 보상심의위원회에서 해고자 김진숙에 대한 복직 재권고가 있었고, 2020년 12월, 희망버스와 2020년 부산–서울 희망뚜벅이 도보행진이 있었다.

암 투병 중인 김진숙은 2020년 12월에 정년도 지났다. 1년 전 엄동설한에 청와대 앞에서 다섯 명이 최장 48일까지 단식하

김진숙 복직을 위한 아침

며 소원했던 그의 복직. 그때 노숙하던 단식자들 앞에 밤새 경찰 차량을 공회전시켰던 정부, 그리고 인권변호사 시절엔 김진숙 복직을 지지했던 대통령이 촛불 혁명으로 탄핵된 전 대통령을 임기 내 사면하는 시절에, 왜 국가 폭력으로 해고당한 김진숙 복직은 37년째 이루어지지 않고 있을까?

세 번이나 주인이 바뀐 회사 앞에서 출근 선전전을 하는 이의 밝고 건강한 아침 인사는 고가도로 아래 맞은편 건물에 걸린 김진숙 걸개그림 얼굴에 닿고 있었다. 매일의 일상이라 아무 감각이 없는 것일까? 죽겠다 죽겠다 해도 거들떠보지 않는 노인의 앓는 소리처럼 복직시켜달라는 해고노동자의 외침은 공장의 매연이나 기계음처럼 자연스러운 소리인가? 대체 왜 아무도 들은 척하지 않는가?

오전 8시 30분쯤 동해선 월내역에 주차하고 송정역으로 기차를 타고 왔다. 9시쯤 송정역에서 걷기 시작해서 오시리아역을 거쳐 해동용궁사에서부터 해파랑길을 걸었다. 9킬로미터쯤 걸은 11시쯤, 대변항에서 월성핵발전소 인접지역 이주대책위와 함께 상여시위를 하고 온 울산의 은정과 영상이 합류했다. 내 배낭을 영상이 대신 멨다. 내가 그날 김진숙 복직 투쟁을 위한 릴레이 1인 단식이라고 하자, 둘도 점심식사를 거르고 계속 걸었다. 내 배낭은 평소에도 무거운 편인데 기장군청에서 쉴 때 들어보니 돌덩이 같았다. 안을 보니 텀블러가 내 것 말고도 세 개나 더 들어 있었다. 아무리 건장한 몸이라도 무거웠을 배낭을 멘 영상은 이미 꽤 걸어온 내가 지칠까 봐 선두에 서다 뒤로 가서 보폭을 유지해주었다. 언제나 씩씩한 은정은 얇은 운동화를 신고도 잘 걸었다.

오후 1시쯤 저 멀리 고리핵발전소가 보였다. 그런데 그 지점부터 해변에 카페와 캠핑촌이 즐비했다. 대체 핵발전소가 관람 거리라도 된단 말인가. 방사능의 위험성을 조금이라도 안다면 그걸 보면서 차를 마시고 캠핑하고 싶지는 않을 텐데 이해할 수 없는 풍경이었다.

일광해변 지나 임랑해변으로 가기 전, 마을에 들어서는 나를 보자 할아버지 한 분이 소리를 쳤다.

"아니, 전기 안 쓰고 살아?"

그 뒤에 두세 명이 뭔가 거들려고 들썩였다. 그런데 내 뒤에 있던 은정이 맞받아치며 더 크게 소리를 쳤다.

"방사능이랑 핵폐기물은 어쩔 건데요?"

그 뒤에 영상까지 걸어오는 걸 보자, 마을 주민들이 더는 소리치지 않았다. 맨 앞에 선 왜소한 나를 보고 만만해서 큰소리쳤는데 그 뒤로 듬직한 둘이 함께 오자 그만둔 거였다. 사람 심리란 그렇게 본능적으로 우열을 감지한다. 만약 나 혼자였다면? 그래서 성경에 독처하지 말라고 나와 있나 보다. 아니 성경까지는 아니더라도 안전 여행을 위한 가이드라인 첫 번째가 '안전을 고려하여 두 사람 이상 함께 갑니다'였으니까. 은정과 영상, 둘이 있어 얼마나 든든했는지 모른다.

오후 2시 40분. 임랑해변이었다. 2017년 늦여름과 가을, 혼자 무턱대고 찾아와 사진을 찍어 그해 포토청 단체사진전 〈흰〉에 전시했던 〈원전백지화〉. 그때의 흰 파도와 모래는 그대로였고 발전소도 그대로였다. 오히려 신고리 5·6호기는 공론화로 인해 건설이 확정되어, 지난해인 2021년 10월 기준 종합공정률 72.12퍼센트를 기록하고 있었다. 회상과 만감 덕에 한참이나 바다 앞에 서 있었다. 사진을 배우고 처음으로 몰두해서 무언가를 찍었던 기억이 생생했다. 하지만 5년이 지났고, 그렇게 걸어도 달라진 건 없었다. 눈물이 핑 돌았다. 은정과 영상은 하루 동안 아침엔 월성, 낮엔 고리핵발전소를 보았다. 둘은 지척에 핵발전소가 두 군데나 있는 현실을 통탄했다. 3시 20분, 고리핵발전소의 4개 돔이 다 보이는 마지막 지점까지 걸었다. 27킬로미터. 마지막 날 최장 거리였다.

다음 날 아침, 순례 전에 덜어놓았던 짐을 실으러 남원 청명

임랑해변의 5년 전후, 2017년 10월 13일(위)과 2022년 1월 10일(아래)

집으로 갔다. 청명의 당부로 빈집에서 밥 한 그릇에 배춧국을 부어 먹는데 고요한 햇살이 정지하듯 거실에 내려앉았다. 마당의 강아지는 찬 바람에도 불구하고 집 밖에 나와 엎드려 햇볕을 쬐고 있었다. 도시 실내의 반려견 같으면 상상도 못 할 추위였지만, 처음부터 그렇게 살아온 강아지는 바깥 공기 정도는 충분히 감당하고 있었다.

'나도 언젠가는 저렇게 되겠지? 모진 겨울바람에도 아무렇지 않게 햇볕을 쬐며 움직임 없이 평화로울 수 있겠지?'

열흘간 하동부터 부산까지 196킬로미터 도보순례 후 서울에 오자마자 들은 말은 "김해공항 위험하다"와 "기후위기와 탄소 중립의 대안으로 핵발전소만 한 것이 있느냐?"였다. 나름 가깝다는 사람들로부터 그 말을 듣자 실망을 넘어 눈물이 났다. 정말 소용이 없구나. 그렇게 기진하도록 걸어도 자랑스럽다는 말은 바라지도 않는다. 힘들지 않냐, 고생했다는 위로는커녕 잘 알고 나 해라, 네가 하는 일이 정말 옳으냐는 식의 지적을 들으면 땅으로 꺼질 듯하다. 서울시 지하철에서 모르는 할아버지로부터 쌍욕을 듣고, 고리핵발전소 근처에서 마을 할아버지로부터 고래고래 고함을 들어도 그러려니 했다. 그런데 내가 어떻게 사는지, 내가 왜 이 일을 하는지 누구보다 잘 아는 사람들로부터 그런 말을 들으면 허망함에 내 존재감은 나락으로 떨어진다.

더 속상한 건 "2002년 김해공항 사고는 북쪽 지형 문제뿐만 아니라 기상 악화, 항공 운항 규칙을 지키지 않는 문제들이 복합적으로 작용한 사고다. 김해공항은 그 사고 이후 유도등 추가 설치 등 안전시설을 보강했다. 또 2016년 김해신공항 건설 계획 발표 때 기존 남북 방향에 대각선 활주로를 계획했다. 하지만 가덕도신공항 건설 계획 때문에 김해신공항 건설 계획은 백지화됐다.

그렇게 위험하면 왜 국제선만 가덕도신공항으로 옮기고 국내선과 군공항은 계속 김해에 놔둔다고 모순된 주장을 하느냐, 그리고 가덕도신공항은 안전한 줄 아느냐? 외해에 건설되기에 태풍 상륙 시 직접적인 피해를 볼 수밖에 없고, 근처에 기존 김해공항 이외에도 해군 비행장인 진해비행장이 있어서 동시에 비행기가 이착륙하지 못하고, 사천공항과는 관제구역이 겹쳐 접근 관제구역을 축소해야 하는 문제가 있고, 철새 도래지인 낙동강 하구가 근접해 조류 충돌이라는 안전상의 문제가 있다"고 그 자리에서 반박하지 못한 것이다.

게다가 서울까지 나를 찾아온 불청객은 부산광역시 동구청 교통행정과에서 도로교통법 제160조와 161조에 따라 부과한 주정차위반 과태료 32,000원 통지서였다. 만차로 차단 막대가 내려진 호텔 주차장 앞에서 호텔 측에 문의하는 동안 찍힌 증거 사진이 첨부돼 있었다. 주차비에 과태료까지, 부산 첫날 하룻밤에 이틀 치 숙박비를 날렸다. 사방이 CCTV에 뭔지도 모르고 지켜야 하는 수많은 법규. 이러니 각박한 도시에 살고 싶겠나? 주차장에 흩날리는 흰 눈처럼 짧은 위로는 격려가 되기엔 부족했고, 나는 풀지도 않은 짐을 다시 챙겨 길을 떠났다.

고준위 핵폐기물 관리 기본계획 및
특별법안 철회 촉구 전국행동

다행히도 서울에서 일없이 떠나진 않았다. 2022년 1월 25일 화요일 2시, 여의도에서 고준위 핵폐기물 관리 기본계획 및 특별법안 철회 촉구 전국행동이 있었다. 부산, 울산, 경주와 호남권의 탈핵시민연대 및 공동행동과 종교계와 2022 탈핵대선연대에서 모였다. 순례길에서 만났던 반가운 얼굴들이 보였다. 우리는 더불어민주당, 국민의힘, 국민의당 등을 찾아갔다. 핵발전소 조기 폐로 및 탈핵 법제화, 제대로 된 고준위 핵폐기물 관리정책 마련, 핵발전 규제 강화, 지역 권한 확대·시민참여 제도화, 방사선 영향·피해 대책 마련, 후쿠시마 방사성 오염수 해양 방류 저지, 신울진-신가평 초고압 송전탑 건설 중단 및 '송주법' 개정 등 7대 정책과제 19개 요구를 담은 〈5개 핵발전소 지역대책위와 2022 탈핵대선연대 대선후보 정책요구서〉를 받으러 각 당사에서 나온 사람들의 표정에는 과연 저 문서가 상부까지 잘 전달될까 싶은 곤혹스러움이 가득했다. 유일하게 정의당에서만 이헌석 생태에너지본부장이 지역 주민들에게 핵폐기물을 계속 떠안도록 하는 핵발전 정책은 중단되어야 한다고 대변했다.

지난 대선 때만 해도 너도나도 유행처럼 탈핵을 공약으로 내걸었다. 그런데 이번 대선에는 전혀 다른 분위기다. 신념이 아니라 표심에 좌우되는 정치인들이기 때문이다. 그렇다면 그 표심인 여론을 만들지 못하는 유권자인 우리에게도 책임이 없지 않다. 하지만 월성핵발전소 돔에서 연기가 펄펄 나도 뉴스 한 꼭지 보도되지 않는, 언론이 장악한 세상에서 진실은 기찻길 옆 참새만큼 가느다란 소리를 내고 있다.

거리 시위대는 각 당사를 거쳐 다시 더불어민주당사 앞으로 왔다. 경주 월성핵발전소 인접지역 주민 황분희 이주대책위원회 부위원장이 마지막 발언을 했다.

"핵폐기물 답이 없으면서 핵발전소는 계속 돌리고 있고, 핵발전소 있는 모든 지역은 영원히 핵폐기물을 안고 살아야 합니까? 그 지역 주민이 무슨 죄가 있습니까? 전기는 이 서울에서 다 쓰고 있습니다. 그러나 전기를 쓰면서 이곳에선 누구 하나 책임질 사람들이 없네요. 우리는 핵발전소로 인해 하루하루 불안하게 삽니다. 지금 세계적으로 기후변화가 얼마나 심각합니다. 아무리 핵발전소 관리 잘한다고 해도 자연재해 누가 막습니까? 만약에 우리나라에 지진이나 해일이 온다면 우리나라는 망합니다. 시골에 사는 이 할머니도 이런 생각을 하는데 정치하는 분들이 무슨 생각을 하고 있습니까? 핵발전소 수명 연장하지 말고 순서대로 차근차근 멈춰가야 됩니다. 머리 좋은 국민이 얼마든지 대안에너지 만들 수 있습니다. 더는 우리에게 희생 요구하지 마세요. 거짓말에 속아서 핵발전소 받아들인 죄밖에 없어요. 내 아이들, 미래 아이들에게 이런 세상 물려주면 안 됩니다."

월성핵발전소 1킬로미터 반경에 살면서, 9년째 이주시켜달라고 하는 칠십 대 중반의 애타는 목소리였다.

함께 걷기도 했고 혼자 걷기도 한 열홀의 2022 신년 도보순례에서 의미 있었던 것을 꼽으라면 하동 지리산 산악열차 반대 투쟁과 가덕도신공항 반대 투쟁 공항 부지 답사와 부산 영도 김진숙 복직 투쟁 현장에 함께한 시간이었다. 걷는 길 위에서 함께함으로써 조금이라도 도움이 된다면 그보다 더 귀한 일이 어디 있겠나.

몇 주 전, 33년 지기 친우가 통화 중에 내가 다른 즐거움이 없어서 이 일을 하는 거라고, 이 일 안 하면 안 되겠냐고 간곡히 물어와, 다음 날 지지와 응원을 요청해서 받은 적이 있다. 며칠 전, 37년 지기 지우는 역시 통화 중에 내 글이 인터넷에 올라오면 가슴이 아파서 바로 읽지 못한다며 울었다. 나를 사랑해서 걱정하는 친구들에게 감사함을 전하며 내가 어떤 마음으로 걷는지 들려준다.

땅의 기운을 발로 밟으며 온몸을 움직여

하늘 향해 뻗어 올리는 기도

개미나 나무처럼 미세하게 움직이지만

온 우주와 소통하는 숨결

살아 있음에 감사합니다

오늘 하루 내 걸음 하나하나에

선한 의미를 담게 하소서

평화롭고 자유롭게 사랑하며 살게 하소서

김진숙 명예복직 및 퇴직

2022년 2월 25일 금요일
부산 HJ중공업

(이렇게 마무리하고) 며칠 지난 2월 23일, 김진숙 명예복직과 퇴직 소식을 들었다. 나는 울었다. 기뻐서 울었다. 그 기쁨을 누군가와 나누고 싶었으나 함께 축배를 들 아무도 곁에 없었다. 1년 전, 매주 정읍과 서울을 오가면서 김진숙 복직 투쟁기 〈눈꽃〉을 썼다. 무거운 카메라 가방을 메고 오가던 내가 들은 말은 "공허하다"와 "잘 알지도 못하면서"였다. 1년 후 그 투쟁은 승리로 돌아왔다. 잘 알지도 못하는 나는 고작 1년을 함께했지만 36년을 굳세게 싸워온 동지들의 승리였다. 돌고 돌아 다시 정읍에서 들은 기쁜 소식이었다. 그런데 왜 자꾸 눈물이 나는 걸까? 내 가슴이 이렇게 시리고 아픈데 김진숙 그분은 오죽하실까? 그 신산한 세월을 누가 보상해주나.

이틀 후, 김진숙 복직을 기념하기 위해 정읍에서 부산까지 갔다. 문정현 신부님이 예의 호통을 치셨고, 민중가수 임정득은 〈소금꽃나무〉를 노래 불렀고, 송경동 시인은 한진중공업 노조 투쟁사와 김진숙 인생사를 시로 낭송했고, 송경용 신부님이 김진숙 조합원에게 이제 연애도 하고 부부싸움도 하고 삐치기도 하라는 덕담을 하셨다.

그날의 주인공 김진숙은 인사말 하는 내내 울었다. '조립파트' 헬멧을 쓰고 낡고 푸른 작업복을 입고 37년 만에 복직하는

37년 만에 복직과 퇴직하는 김진숙

날 퇴직하는 그이는 말했다.

단 한 명도 짜르지 마십시오.
어느 누구도 울게 하지 마십시오.
하청 노동자들 차별하지 마시고 다치지 않게 해주십시오.
그래야 이 복직은 의미가 있습니다.
신념이 투철해서가 아니라 굴종할 수 없어 끝내 버텼던 한 인간이 있었음을, 이념이 굳어서가 아니라 함께 일하고 같은 꿈을 꾸었던 동지들의 상여를 메고 영도 바다가 넘실거리도록 울었던 그 눈물들을 배반할 수 없었던 한 인간이 있었음을 기억해주십시오.
(중략)
웃으면서 끝까지 함께 투쟁!

동학혁명모의탑과 은행나무

2022년 2월 3일 목요일

전라북도 정읍시 고부면 만영재-동학혁명모의탑 왕복 7.6km

오후 4시 20분, 이미 겨울 해가 기우는데 길을 나섰다. 월요일도 아닌 목요일이었다. 서울에서 다년간 그 시간대면 집을 나와 동네 산언저리를 산책했었다. 몸에 익은 그 감각이 되살아났을까? 감청색 새 모자를 써보고 싶었나? 목적지가 있었다. 차로 지나가다 안내표지판을 본 동학혁명모의탑이었다. '모의'라니 정말 신나지 않는가. 꿈을 이루기 위한 모의, 동학혁명의 시발점이나 마찬가지 아닌가.

만영재에서 29번 영원로로 나갔다. 지도를 보지 않고 기억을 더듬어 거슬러 올라가보았다. 서쪽 너른 논 너머로 해가 기울고 있었지만, 동지_{冬至}가 지난 지 한참이다. 태양신을 숭배했던 고대 사람들은 1년 중 밤이 가장 긴 동지에 축제를 열었다. 그날로부터 밤이 짧아지고 낮이 점점 길어지기 때문이다. 어둡기 전에 돌아올 것이다. 모자를 쓰고 몸자보 단 배낭을 메고 등산화를 신은 나는 다른 지역에서 보던 도보순례자의 모습이다. 정읍에선 처음이다. 두 번이나 와서 살았으면서 공부와 일 아니면 좀처럼 집 밖 출입을 하지 않았다. 걸으면서 알았다. 걸어야 그 고장을 사랑하게 된다는 것을. 두 해나 지나 세 번째 온 이제야 정읍을 받아들이기 시작했음을.

　나는 참 시간이 오래 걸리는 사람이다. 적응도 그렇고 마음을 여는 것도 그렇고 이해하는 것도 그렇다. 무슨 말을 들어도 저의가 뭔지 한참 지나야 안다. 늘 액면 그대로 받아들이기 때문이다. 아주 단순하다. 그러면서도 정작 너무 많은 생각을 해서 엉뚱한 말이나 행동이 나갈 때가 있다. 그래서 간혹 오해를 받는다. 남 생각을 지나치게 하기 때문이다. 사람들은 그런 나를 잘 모른다. 하도 솔직해서 앞뒤가 똑같다고 생각한다. 그런 면이 대부분이긴 하다. 그럼에도 다각도의 생각을 동시에 해서 복잡하다. 그래서 나는 사람들이 누군가를 대할 때는 지니고 있는 기본 자세가 제일 중요하다고 본다. 좋게 보는 사람은 그 사람이 무슨 일을 해도 좋게 해석한다. 반대의 경우는 그 사람이 아무리 선한 일을 해도 나쁘게 추측하고 단정한다.

　이런저런 생각을 하며 만수, 안영, 예천, 입석리를 지나 입석

삼거리에서 고창, 소성 쪽으로 좌회전했다. 지나가던 길에 본 '동학농민혁명모의탑 2.3킬로미터' '무명농민군위령탑' 안내표 지판이 있었다. 그러나 진선마을의 왕버들 보호수를 지나 구중 마을로 가는 내내 안내판이 없다. 지나가는 사람도 없다. 바람만 차다. 그러다 마을 할머니 한 분을 뵈었다.

"안녕하세요? 이 길로 가면 동학혁명모의탑이 있나요?"

"날이 이렇게 추운데⋯⋯. 이 길로 쭉 가면 길가에 서 있어요. 날이 이렇게 추운데⋯⋯."

"괜찮아요. 감사합니다."

시골에서 만나는 할머니 대부분은 친절하다. 할머니는 내게 그저 좋은 존재였다. 내가 호의로 대하니 그분들도 나를 적대시 할 이유가 없었다. 대개 경우라면.

신중마을을 지나 회전교차로에서 갈림길이 나왔다. 안내표 지판이 없다. 처음으로 지도 앱을 켰다. 이미 들어선 가운데 길 로 300여 미터 앞에 있었다. 그 길로 쭉 가보니 주산마을에 정말 탑이 하나 서 있었다. 5시 20분이었다.

향토문화유산 제7호 동학혁명모의탑은 '탐관오리의 수탈과 폭정이 극에 달해 사회질서가 문란해지고, 외세의 침탈마저 노 골화되어 백성들이 의지할 데 없는 처지가 되어 원성이 하늘에 이르'던 조선 후기 '1893년 11월, 고부면 신중리 주산마을에서 전봉준 등 20명이 모여 평등사회 건설과 우국충정의 불타는 마 음으로 사발통문 거사 계획을 세우며 새로운 세상을 결의'했고, '그 결과 1894년 1월 10일 고부 봉기를 단행함으로 동학농민혁명이 시작'되었음을 기념하는 탑이었다. 1969년 4월에 건립하여 세월의 흔적은 별로 없지만, 옆면에 11월의 기록이 있었다.

기념탑 네 면을 돌아가며 살펴보다가, 오른쪽 뒤에 서 있는 은행나무 한 그루를 보았는데 모양이 묘했다. 자세히 들여다보니 한 그루가 두 줄기로 나뉜 나무였다. 지면에서 30센티미터 높이 즈음에서 한 번 갈라지고, 두 줄기가 60센티미터쯤 더 올라가다 또 각각 둘과 셋으로 갈라져 있었다. 그런데 두 번째 갈라진 지점에서 다시 둘이 딱 맞게 겹쳐 있었다. 금실 좋은 부부처럼 꼭 달라붙어 있는 게 좋아 보였다. 어느 한쪽 기울지 않고 나란히 위로 쭉 자라고 있었다. 건전한 사랑이란 그렇다. 어느 한편의 일방적인 희생을 강요하지 않고 나란히 성장하면서 조화를 이루어나가는. 사랑은 평등해야 한다. 함께 걷고 함께 주어진 일을 하고 함께 밥을 해 먹고 함께 자고, 같은 꿈을 꾸며 한 방향을 향해 속도 맞춰 나아가는. 그런 사람이 단 한 명만 있다면 세상에 못 할 일이 무어란 말인가.

탑과 나무 뒤로 너르고 풍성한 논이 펼쳐져 있었다. 저 넓은 땅에서 어마어마한 쌀을 수확했을 때 정작 농사지은 농민들 입에는 이팝이 들어가보지도 못했다. 과연 얼마나 극심한 수탈이 있었을까? 계급사회를 타파하고 평등사회를 이룰 꿈을 꾸었을 전봉준 등 20명. 두 명만 있어도 못 할 일이 없을 것 같은데, 20명이라면 혁명을 도모하기에 충분하다. 그 모의의 결과, '우리나라 민주주의의 지평을 연 민족사의 대사건으로 평가되'는 동학농민혁명이 시작되었다.

돌아오는 길, 서쪽으로 지는 해가 내 그림자를 앞으로 길게 늘여놓았다. 나는 그림자와 함께 걷고 있었다. 산티아고 순례 때, 이른 아침마다 동쪽에서 떠오르는 해로 인해 서쪽으로 걸어가는 내게 긴 그림자가 생겼었다. 피터팬의 그림자처럼 내 발에 붙어 있는 그림자가 나와 함께 있는 유일한 친구였다. 그래서 해가 있는 동안은 덜 외로웠다.

곧 해가 지고, 갔던 길을 되돌아 걸었다. 버스 노선이었지만 버스를 기다리느니 걷는 게 나았다. 어두워지기 전에 고부면 만영재로 돌아왔다. 6시 20분. 모과나무 우뚝 서 있는 검푸른 서쪽 하늘에 막 돋아난 상현달이 눈썹 같았다.

무명과 쇠귀

2022년 2월 7일 월요일
덕천면 황토현전적지-만석보-이평면 전봉준 장군 고택-
전봉준 장군 단소-창동마을, 덕천사거리-황토현전적지 18.6km

지난봄 못 가본 황토현전적지에 비로소 가보았다. 동학농민혁명기념관은 개장 전이었고, 넓디넓은 주차장에는 달랑 내 차 한 대뿐이었다. 황토현전적지가 그렇게 넓은 데 한 번, 하얀 눈 때문에 더 짙게 흙이 붉은 데 두 번 놀랐다. 자료를 받을까 해서 기념관으로 가보았다. 휴관일이라 해설사 대신 안내원이 있었다. 샘솟길을 물어보자 모르겠다는 대답이 돌아왔는데, 나무 지도 안내판 사진을 보여주자 길을 안내해주었다. 나가려다 말고 〈1894년 그들: 그림 되어 돌아오다 歸還〉 전시가 있기에 들어가 보았다. 조명도 없어 어두운 기획전시실에 전봉준 장군 얼굴 네 점이 커다랗게 걸려 있었다. 쿵, 가슴이 내려앉았다. 힘찬 붓터치가 강렬했다. 예술이란 무방비 상태의 마음에 훅 들어와 감동을 주는구나.

사적 제295호 황토현전적지는 세 군데로 구획돼 있었다. 제세문濟世門 지나 보국문輔國門을 지나 제민당濟民堂에 들어갔다. 전시품 중 '각읍집강처전봉준통문各邑執綱處全琫準通文'이 눈에 들어왔다. 과장이나 허세 없이 단아하고 간명한 글씨체가 옆 전봉준 장군 영전을 다시 쳐다보게 했다. 군사전략가로 혁혁한 기세가 드높을 줄 알았던 그의 필체는 의외로 청렴한 마을 훈장이나 청빈한 문필가 선비의 것과 같았다. 단정하고 세심할 듯한 마음씨가 느껴지는 필체였다. 이런 분이셨구나. 전봉준 장군이 밤새 고심해서 쓰고 보내셨을 통문이 단순한 급진 혁명 세력의 파도 같은 위력이 아닌 소슬한 달빛에 머리카락이 허옇게 세는 고통으로 다가왔다. 수많은 농민의 피를 담보로 하는 전쟁, 목숨 걸고 하는 싸움. 반체제 변혁의 꿈에 일개 자신뿐만이 아닌 수많은 목숨을 이끌고 달걀로 바위 치러 나아가는 '정녕 죽으리라' 결사 항전의 고뇌가 느껴졌다.

제민당 위에는 구민사救民祠가 있었다. 맨 위에 '무명 동학농민혁명군 제위'라고 쓰인 제일 큰 위패가 있었다. 여느 장군의 이름보다 위대한 무명 농민혁명군께 두 손 모으고 참배하고 안내원이 알려준 쪽으로 가보니 마을로 가는 길이 있었다. 가다 보니 우물이 하나 나왔다. 동학농민혁명 때 남자들이 죽창을 들고 나가 싸웠다면 여자들은 그 우물 물로 밥을 해서 먹였다. 안내문을 읽다가 우물 화강암 받침에 제작 연도로 추정되는 글씨가 있다 하여 유심히 살펴보았다. 과연 우물 뒤쪽에 있었다. 그런데 그 귀한 글씨가 시멘트에 절반이나 묻혀 있었다. 동학혁명의 전승지라는 역사적 자랑스러움은 알면서 유적의 가치는 모르는 복원이 안타까웠다.

다시 길로 나와 안내판을 가만 보니 어딘지 이상했다. 아무리 방향치이지만 이 길이 영 아닌 듯했다. 지도 앱을 켜보았다. 반대 방향이었다. 700여 미터를 되돌아갔다. 마침 여럿이 산책하는 일행에게 이평 쪽을 확인했다.

甲子年 二月 日(갑자년 2월 일)

농로로 들어섰는데 옆에서 1톤 트럭이 섰다. 아까 그 여럿 중 한 명이었나 보다.

"이평마을 가요?"

"만석보 가요."

"이평에서 쭉 가면 있어요. 태워줄게요."

"아니에요. 걸어갈게요. 고맙습니다."

노중년 여성이 1톤 트럭을 몰고 가는 모습이 멋져 보였다. 시골에선 종종 볼 수 있는 모습이다. 육칠십 대 정도는 청춘이다. 나도 시골에 정착하면 트럭을 몰고 다닐까, 잠시 상상해본다. 그보다는 자전거가 필요할 듯하다.

마을 쪽으로 가지 않고 계속 농로로 걸었다. 아무도 없는 길이 좋았다. 개천에 백로 한 마리가 저만치 서 있다가 내가 다가가면 날아가고 다가가면 날아가고를 반복했다. 새들은 청각이 예민해서 멀리서도 인간이 가까이 오면 더 멀리 달아난다. 새와 인간, 다른 두 종種이 거리를 유지하며 이동하고 있었다.

평화로운 농로는 중간에 변화가 있었다. 진흙이 길을 덮은 것이다. 가까이 가보니 옆 개천에서 퍼 올린 시커먼 흙이었다. 길을 가득 채우고 있었다. 나는 조심조심 길가 잡초를 밟으며 가다가 살짝 언 흙 위를 밟기도 했다. 발이 푹 빠지지 않을 정도로 흙도 얼었고 나도 가벼웠다. 저만치에서 굴삭기가 계속 흙을 퍼내고 있었다. 길은 더 걸어갈 수 없을 정도로 진흙이 가득 찼다. 논으로 내려가 논두렁을 걸었다. 그 긴 농로를 따라 진흙을 퍼 올리는 반복 작업이 언제 끝날까. 저렇게 한 삽 한 삽 뜨면 곧 다

하겠지. 굴삭기는 한 삽 한 삽, 나는 한 걸음 한 걸음. 느린 동작 둘이 논 위와 아래에서 각자의 행보를 하고 있었다.

농로 가운데 거대한 나무가 서 있었다. 지난봄 만석보에서 본 나무인 줄 알고 반가웠다. 그러나 만석보까지는 4킬로미터 남 짓 남아 있었다. 나무 아래는 철새들이 쉴 수 있는 강과 고운 흙 과 억새가 아름다운 곳이었다. 잠시 후 '조류독감 발병으로 출입 통제 구역'이라는 푯말이 나왔다. 무서워서 윗길로 올라왔다. 서 둘러 길을 빠져나와 부지런히 걸었다.

만석보는 지난봄과 다름없었다. 다만 배들평야와 강변이 초 록이 아닌 흙빛이었고, 봄에 보았던 나무는 아까 본 나무에 비해 왜소했다. 지방기념물 제33호 만석보는 1892년(고종 29년) 고부 군수 조병갑이 농민들을 동원해 축조한 댐이다. 이후 조병갑이 수세와 토지세를 강제 징수하자 이에 분개한 농민들이 개선을 요구하다 수용되지 않자 혁명을 일으켜 1894년에 혁파했다.

만석보에서 어떻게 돌아가나 생각하다가 내친김에 전봉준 장군 고택과 단소로 돌아가기로 했다. 하루에 '대동의 샘숫길' 2 킬로미터와 '농민의 샘숫길' 8킬로미터에 '전봉준 장군의 샘숫 길' 7킬로미터까지 다 걸을 셈인가? 모두 네 코스인 샘숫길 중 세 코스를 하루에 다 돌면 남은 건 '정의의 샘숫길' 하나. 그럼 나 머지 2월엔 어디를 걸으려고? 그런데 걸어서 돌아가는 방법뿐 이었다.

만석보 혁파 선정비를 지나는 길의 이름은 '혁파길'이었다. 1894년 동학농민혁명 당시 농민들이 만석보를 혁파했는데,

1898년 새로 고부 군수로 부임한 안길수가 남아 있던 만석보를 완전히 철거했다. 이에 같은 해 9월 농민들이 '군수 안후길수 만석보혁파 선정비'를 세웠다고 한다.

예동과 연화와 하송 지나 이평마을의 말목장터는 부안, 태인, 정읍으로 가는 길에 자리 잡은 장이었다. '동학농민혁명의 시발점이 된 고부 봉기 당시 고부관아로 진출하기 전, 수천 명의 배들평 농민과 동학 교인들의 집결지'인 말목장터에는 감나무가 한 그루 서 있다. 전봉준 장군이 고부 군수의 학정과 수탈에 봉기할 것을 역설한 자리라고 한다. 지금 이평면사무소 맞은편에 있는 감나무는 새로 심은 것이고, 2003년에 고사한 원래 감나무는 동학혁명기념관 안에 방부 처리해서 보존하고 있다.

조소마을로 가는 도중 거대한 트럭이 좁은 길을 달려왔다. 나는 눈앞에 보이는 물 고인 데서 3미터 정도 떨어져 멈춰 서 있었다. 그런데 나만 한 트럭 바퀴가 고인 물을 밟자마자 그 물이 앞으로 튀겼다. 순간 두 손으로 얼굴을 감쌌지만, 머리부터 발끝까지 미세한 황토 방울방울이 점박이 무늬를 찍었다. 새 모자에 흙탕물이 튀겨 속이 무척 상했다. 그때부터 한기가 들기 시작했다.

전봉준 장군 고택과 단소는 모두 몇 번씩 가본 곳이었다. 그런데 고택에 들러 단소에서 나오는 길에 새로운 걸 보았다. 정류장 옆에 드높게 서 있는 전봉준장군단소 옆에 '쇠귀 씀'이라고 쓰여 있었다. 신영복 선생님 글씨였다. 어찌나 반가운지 그동안 그 필체를 못 알아본 게 면구했다. 다시 갔다 나오지 않았다면, 걷지 않았으면 못 보았을 글씨였다.

　5킬로미터 남은 창동마을에서 버스를 탔다. 사무적인 기사는 이곳이 시市임을 상기하게 했다. 곡성군이나 해남군과는 달랐다. 덕천사거리에서 내려서 황토현사거리까지 1.6킬로미터를 걸으며 생각했다. 나는 그동안 얼마나 사소한 일에 원리원칙을 내세워 남을 기분 나쁘게 했을까. 날은 춥고, 다리는 10킬로미터 넘으면서부터 아파왔고, 그때까지 먹은 거라곤 아침 8시에 먹은 식빵 한 조각과 고택에서 먹은 엄지손가락만 한 영양바 뿐인데, 그래도 집에 가면 뭐라도 따뜻한 걸 끓여 먹을 생각으로 버티고 있다가 갑자기 기운이 쫙 빠지며 힘이 들었다. 그냥 5킬로미터 더 걸을 걸 그랬다는 후회와 뭘 그런 걸 가지고 스트레스 받냐는 자책이 마음속에서 오고 갔다. 불친절한 건 기사인데 왜 화살을 내게로 향할까? 세상에 돈 안 들이고 남에게 좋은 일

만석보 가는 길

할 수 있는 것으로 친절한 말이 최고가 아닐까? 나도 정말 못하지만 말이다.

아침 9시 시작점으로 오후 4시에 도착했다. 일곱 시간에 약 19킬로미터. 추워서 중간에 물도 제대로 못 마셨는데 시간이 오래 걸렸다. 초반에 돌아본 시간이 길었다. 집에 돌아와 신발에 소독약을 뿌리고 입었던 모든 옷과 모자를 빨고 샤워를 했다. 인수 공통 바이러스인 조류인플루엔자AI 공포 때문이었다. 마스크는 코로나19 바이러스뿐만 아니라 각종 질병으로부터 어느 정도 보호가 가능하다. 이 시대에는 한동안 서로의 이가 드러난 웃음을 보기 어려울 듯하다.

캔커피의 추억

2022년 2월 14일 월요일

덕천사거리-황토현전적지-갑오동학농민혁명탑-도학초등학교-고부관아터-입석리-만수리 14.6km

날이 좀 풀려 회색 지퍼형 셔츠를 새로 입고 나갔다. 황토현전적지에서 입석리까지 샘솟길 마지막 코스였다.

만수동에서 버스를 탔다. 갈아탈 때가 되어 하차할 즈음 (환승을 위해) 카드를 또 찍는 건가 물어봤는데 기사가 돌아다니지 말고 앉으라고 불친절하게 대답했다. 지난주에는 기사가 개인적으로 좋지 않은 일이 있어 기분이 나쁜가 보다 했는데, 두 번째 그러니 정읍 버스 안에 노인 교통사고가 많았나 보다 나름 추측

해보았다. 그 자리에선 아무 말도 못 하고 돌아서서 상대방 입장을 상상으로 헤아리는 일은 몹시 피곤하다. 갈등이 싫으니 무대응으로 일관하는데 원래 나는 그렇지 않았다. 사사건건 따지기 좋아하고 그냥 넘어가는 법이 없었다. 입을 다무니 조용하긴 한데 그게 진짜 평화는 아니다.

정읍역 근처에 내려 전기상회에 들어가 전기스탠드용 전구를 하나 샀다. 판매원이 친절했다. 기사의 불친절에 무반응하던 나는 판매원의 친절에 "친절하셔서 기분이 좋다"고 적극적으로 반응했다. 판매원은 가게 앞까지 나와 내가 갈아탈 버스정류장을 알려주었다. 성격 파탄이 아닌 이상 친절은 친절을 낳는다. 그 친절에 기대어 다시 버스를 탔다. 다행히도 이번에는 기사의 태도가 정중했다. 한 번 더 기회를 가져보길 잘했다.

덕천사거리에 내렸다. 동네 가게 앞에 아저씨 두 분이 캔커피를 마시고 있었다. 내가 즐겨 마시는 상표였다. 도보순례 초반에 커피를 마시면 화장실 문제가 발생하지만 들어갔다. 안에서 느지막이 나온 주인 남자에게 가게가 깔끔하다고 하자, 주인이 (손님이) 예전 같지 않다고 했다. 몇 마디 나누었을 뿐인데 정감 있다고 느꼈는지 기분이 좋아졌다. 그래서 나와서 가게 간판을 사진 찍자, 앞의 아저씨들이 물어봤다.

"왜 찍어?" (왜 반말이냐고 되묻지 않았다.)

"예뻐서요." (가게도 주인도.)

"핵발전소 꺼야지." (네? 뭐라고요?)

나는 핵발전소의 '핵' 자도 말하지 않았다. 하지만 사람들은 보고 있었다. 내가 왜 걷는지, 내 행동이 어떤지, 내 옷이나 가방에 달린 헝겊에 뭐라고 쓰여 있는지 읽고 있었다. (한참 지나 드는 생각인데 어쩌면 전기 사용량이 적은 소도시 사람들은 내가 무슨 좋은 일 하는 사람인 줄 알고 고생한다고 잘해주었지만, 전기 사용량이 많은 대도시 사람들은 내 행색만으로도 거부감을 느꼈을 수 있었겠다.)

뚜껑을 비틀어 열고 커피를 마셨다. 미지근하고 달달하니 일희일비하던 마음이 여유롭게 풀렸다. 그 커피를 마실 때마다 5년 전 추운 겨울 서울시 여의도 국회의사당 앞에서 '박근혜 탄핵'을 외치던 인파 속 기억이 떠오른다. 길담서원에서 만난 '금요영원' 동무들. 우리는 그때 함께 있었고 어디론가 갔다 온 새벽 님의 손에 까만 비닐 봉투가 들려 있었고 그 안에 그 캔커피가 있었다. 그날 이후, 그 캔커피만 보면 "피청구인 대통령 박근혜를 파면한다" 소리에 대성통곡하던 내가 떠오른다. 그리고 그 얘기를 해주자, 만날 때마다 그 캔커피를 사주던 친구도 자동으로 생각난다. 그 캔커피는 추위를 달래준 따뜻한 동무의 마음이었다. 그리고 내 추억을 소중히 하는 친구의 사려 깊음이었다. 그런데 그 커피를 마시던 때 탄핵을 선고받은 대통령은 그 일로 집권한 정권이 끝나기도 전에 사면되었다. 고작 이렇게 될 '촛불' 그리고 '혁명'이었다니. 갑자기 서러움에 눈물이 쏟아졌다. 그 겨울, 나는 24번의 촛불집회 중 22번을 참가했었다. 민중의 힘으로 뭔가 이룬다는 걸, 그리고 그 대열에 나도 함께했음을 직접 느낀 최초의 봉기였다. 그 촛불의 결과가 무엇인가. 인간적으로야 전 대통령을 긍휼히 여긴다. 하지만 동학농민'혁명'의 접전

지 황토현으로 걸어가면서 다짐했다.

'다시는 차선을 선택하지 않으리.'

다시 황토현전적지에 들러 무명용사들께 참배하고 뒷동산으로 올라갔다. 동학혁명기념탑이 있었는데, 그 너머에 대나무로 만든 전봉준 장군 두상 그림과 배롱나무들과 수많은 깃발의 휘날림이 있었다. 작년 5월에 와보고 그 너머 황토현을 모르고 지나친 곳이었다. 고개만 넘으면 고지가 있는 것을 발견하지 못하고, 몇 발짝만 더 가면 목표 지점인 것을 모르고, 99퍼센트 노력해도 1퍼센트 부족해서 허사가 됨을 왜 몰랐던가. 자책할 것 없다. 당연히 모른다. 미리 가본 사람이 알려주지 않는 한, 처음 해보는 사람이 그 유레카의 순간을 어찌 알리요. 만약 누군가 잘 아는 사람이 곁에 있다면 시행착오를 거치지 않도록 알려줘야 한다. 요령도 알려주지 않고 내버려 둔 채 잘하나 못하나 지켜보는 건 그 사람이 성공하길 원치 않는 소극적 훼방이다. 하지만 남 탓할 거 없다. 그래서 홀로 나선 길 아닌가. 황토현전적지 붉은 흙의 기상을 담고 시간이 지났어도 그 너머까지 본 내 발걸음에 용기를 다져본다. 처절히 산화해도 반드시 부활할 거라고.

고부관아터 가는 길에 사적 제494호 정읍 고사부리성 표지판이 있었다. 골목이 예뻐 들어가보았다. 탐방로 수목 공사 중이었다. 임도를 따라 올라가는데 고라니가 내 앞을 가로질러 대나무 숲으로 들어갔다. 대낮에 일어난 일이었다. 한동안 멍하니 서서 고라니가 들어간 숲을 쳐다보았다. 그러곤 돌아서 내려왔다. 마치 고라니가 "여기까지만이야. 그만 돌아가"라고 말하는 것 같아서.

고부관아터는 1911년 고부공립보통학교로 인해 흔적이 없었다. 고부관아는 1894년 1월 10일 전봉준을 중심으로 한 농민군이 탐관오리를 몰아내면서 동학농민혁명의 시작을 알린 역사적인 곳이었다. 그런데 '전통문화유산을 말살하고 동학농민혁명의 역사적 사실을 왜곡하려던 일제'강점기의 만행으로 들어선 보통학교는 현재 고부초등학교가 되어 있었다.

전봉준, 김개남, 손화중 3인상 조형물이 있는 동학울림센터 앞 정자에 앉아서 쉬었다. 오후 1시가 넘어 있어서, 헝겊 필통에 담아 온 영양바를 먹으며 에너지를 보충했다. 혼자 있으면 뻘쭘해서 제대로 쉬지도 먹지도 못한다. 쑥스러워 작은 영양바를 얼른 먹고 물 한 모금 마시고는 서둘러 자리를 떴다. 그렇게 동학동민혁명 발원지 고부를 한 바퀴 돌았다.

만영재로 돌아가는 길, 남영정류장 앞을 지나가는데 갑자기 웬 여자 목소리가 들렸다. 지난번 동학혁명모의탑을 찾아갈 때도 깜짝 놀랐는데 이번에도 역시 놀랐다. 동작 센서인지 단위 시간마다 나오는지 자주 반복됐다.

"CCTV 녹화 중입니다. 이곳에서는 쓰레기를 버릴 수 없으니 되가져가세요. 위반 시 100만 원 이하의 과태료가 부과됩니다."

대체 쓰레기를 얼마나 함부로 버리면 이렇게 시끄럽게 안내방송이 나올까? 일반 쓰레기 무단 투기에 100만 원 이하면 핵 쓰레기 적재에는 얼마를 받아야 하는가. 올해 초, 월성원전 고준위 사용후핵연료 임시 저장고인 맥스터 건설 대가로 한수원이 경주시에 줄 상생협력지원금으로 합의한 돈은 750억 원. 중저준위 방폐장(핵발전소에서 나오는 방사성 핵폐기물을 처리하고 관리하는 시설) 유치할 때 3조 5천억 원 정도였고, 현금으로 3천억 원을 지원받았다고 한다. 그런데 그보다 훨씬 더 위험한 고준위 핵폐기물을 보관하는데 보상금이 터무니없이 적다. 그중 경주 시내에서 약 30킬로미터 떨어진 핵발전소 인근 주민들에게는 얼마나 돌아갈까? 천만금을 준다고 해도 사람의 안전이나 건강과 바꿀 수 있을까? 중수로형 핵발전소에 중저준위 방폐장도 모자라 이제는 고준위 핵쓰레기까지 떠안고 살아야 하는 월성핵발전소 인근 주민들은 2014년 8월 25일부터 이주를 요청하고 있다.

저수지 건너에서 본 마을

2022년 2월 21일 월요일
만수리 저수지 둘레길 5km

날이 몹시 추웠다. 꽁꽁 두르고 나간 길은 하얀 눈이 덮여 있었다. 동학농민혁명 샘솟길을 다 걸었으니 슬슬 동네 산책 겸 저수지를 한 바퀴 돌기로 했다. 서당마을까지 가서 길을 돌아야 했는데 요행을 바라며 조금이라도 질러서 갈까 하고 동산으로 들어갔다. 그런데 숲속으로 들어갈수록 여기저기 가족묘만 띄엄띄엄 보이더니 저수지가 나왔다. 빙 돌아 다시 길로 나왔다.

겨울 산이라 길이 아닌 길을 헤쳐 논을 가로질러 간신히 차

다니는 도로로 나왔다. 반도 남쪽엔 허옇게 흰 눈 맞은 나무들이 지난밤 눈보라의 자취를 보여주었다. 철새들은 내 발소리에 푸드득 날아가고 흰 눈 위엔 들짐승 발자국이 나 있었다. 그 발자국을 따라 걸었다. 누군가의 발자국을 누군가가 따라 걷는데 생명체의 종류가 무슨 상관이란 말인가. 나는 고라니든 멧돼지든 내 앞을 걸어간 동물을 선배로 삼고 걸었다. 적어도 사람 중엔 내가 그 흰 눈을 밟은 처음이었다.

저수지 맞은편에서 만영재가 어디 있는지 찾아보았다. 두승산 아래 저수지에 비친 마을이 맑았다. 다음 주면 떠날 만영재에 정이 들었다.

두승산

2022년 2월 28일 월요일
두승산 등산로 10km

만영재를 떠나기 전날, 월성핵발전소 인접지역 이주대책위원회 상여시위와 함께하는 월요 도보순례로 두승사까지 다녀왔다. 그러고는 집주인인 원조 정읍댁 부부와 통밀빵과 제주 친환경 채소 샐러드와 커피로 조반을 들고, 다시 정읍댁과 산행을 했다. 목표는 두승산 끝봉 정자. 그동안 아래에서 올려다만 보던 산꼭대기였다.

정읍댁의 인도로 가파른 길로 올라가 완만한 길로 내려오기로 했다. 중간에 한 번 쉬고 끝봉에 오르자 아래 만수리와 저 멀리 서해가 보였다. 바다가 그리 가깝다니 놀라웠다. 우리는 끝봉에서 하산하지 않고 말봉까지 더 나아갔다. 원래 목표 지점보다 더 가는 것도 좋았고, 나 때문에 일부러 갔던 길을 다시 걸은 정읍댁이 새로운 길을 가본 것도 좋았다. 함께 걸은 사람에게는 특별한 감정이 생긴다. 그건 길과 걸음에 대한 연대감 비슷하다.

두승사 쪽으로 올라갔다가 관음사 쪽으로 내려오는 길, 마을 굴다리 아래 의자 두 개가 있었다. 여름이면 시원한 바람이 통한다는 그곳에 혼자 앉아 있으면 심심하니 두런두런 이야기 나누려고 의자 둘 갖다 놓은 마음이 단란했다.

하산해서 전날부터 싸던 짐을 마저 싸고 침구와 의복을 세탁했다. 내 짐들은 자동차 탈핵브리드 안으로 하나둘씩 들어가고 만영재 사랑채는 내가 오기 전의 모습으로 돌아갔다. 나는 또 길을 떠난다. 언제까지 이렇게 살지 모르겠다. 쉴 만한 나뭇가지를 찾아 날아다니는 작은 새 같은 나. 그래도 세상엔 좋은 사람이 많고 내가 살 빈집은 어딘가에 또 있을 것이다.

남원에서 봄

홀로 등정-만행산 천황봉 1

2022년 3월 2일 수요일
전라북도 남원시 산동면 만행산 천황봉 왕복 5km

3월 첫날, 남원시 산동면 대상리 귀정사 사회연대쉼터 인드라 망에 왔다. 이곳은 2013년에 참된 민주주의를 위해 일해온 이들, 사회적 약자와 소수자의 권익을 위해 힘써온 이들, 국가 폭력과 각종 사회 폭력의 피해자들, 더 많은 자유와 평등, 평화, 차별 없는 사회를 위해 사회 각 부문에서 일해온 이들을 위해 개원한 곳이다.

둘째 날 점심밥을 먹고 산책 삼아 나섰다. 등산화를 신었을 뿐 긴 니트 자락에 헝겊 가방을 한쪽 어깨에 멘 채 별 준비 없이

만행산 천황봉

출발했다. 아름드리 서어나무 세 그루를 지나 가파른 산길을 오르고 또 올랐다. 두 시간쯤 오르니 만행산 정상이 나타났다. 볕이 따뜻했고 사방으로 산이 펼쳐졌다. 가끔 산에 오르지만 어림없는 정복욕 따위는 없다. 산 위에서 아래를 내려다본다고 우월하게 느껴지지도 않는다. 어차피 내려가야 할 터이니 그저 중간 지점에 왔다고 생각한다. 뭐든 그렇다. 이루려고 노력하는 과정이 즐겁지, 무언가를 이루면 다시 시작해야 한다. 늘 새로운 도전과 그걸 이루면서 겪는 변화가 신이 나지, 다 이룬다고 그게 업적이 되나? 그 자리는 두고 자신의 길을 찾아 또 떠나야 한다. 이 세상에 영원한 소유는 없다. 천년만년 살지도 못하는 세상 함께 나누며 잘 살다 가야 한다.

하산길은 한 시간 정도 걸렸다. 다음 날 다른 방 입주자에게 들어보니, 내 뒤로 멧돼지 떼가 지나가서 그이는 되돌아 내려갔다고 했다. 하도 겁이 없으니 산도 나를 보호해주시나 보다.

귀정사에 온 이유

2022년 3월 3일 목요일
귀정사-승련사 5km

다음 날 아침 8시. '공양간' 앞으로 갔다. 쉼터 입주자들이 함께 등산로를 '개척'한다기에 나서보았다. 모르는 사람들과 단체 행동이라니 평소 나답지 않았지만, 새로운 길을 간다기에 마음이 동했다. 계곡 아래는 얼음이 얼었고 산등성이는 초봄이라 겨우 갈 수 있는 숲길이었다. 귀정사에 상주하는 지행 님은 초반에 팔짱 끼고 산길을 오르는 모습에서 고수임을 알아볼 수 있었다. 큰 배낭에 톱과 조선낫을 챙겨 와서, 만행산 능선을 타면서 길이 좁아지자 관목을 베면서 길을 냈다. 시에서 벌목 용역비를 쳐주지도 않고, 벤 나무를 가져다 땔감으로 쓰는 것도 아닌데, 그저 다음에 올 사람을 위한 길을 내어주는 배려심이야말로 좀 더 나은 사람답게 사는 미덕이 아닐까. 한데 나는 그가 아니라 그가 쓰는 무쇠 조선낫을 보자마자 반했다. 내가 호기심에 반색하자 그는 대장간 이름과 가격을 알려주는 친절을 발휘했다.

길을 걷다가는 서로의 이야기를 하게 된다. 내 옆방 먼방지기의 사연을 듣게 되었다. 그는 나보다 스무 살 젊은 청년이다. 작년 하반기에 내가 살던 해남에서 태어나, 완도에서 자라고 포항에 있는 공업제철고등학교를 졸업해서 대기업 등에서 작년까지 쉬지 않고 일하던 전도유망한 젊은이였다. 작년인 2021년 8월까지는 그랬다. 기능올림픽에 출전하던 고등학교 때도 아르바이트를 쉬지 않던 그가 요즘 처음으로 쉬어본다고 했다. 작년 8월에 코로나19 백신 화이자 접종 후 폐암에 걸렸기 때문이었다. 180센티미터 가까운 신장에 체중 80킬로그램이 넘고 10개월 전에 받았던 종합검진에서도 건강했는데, 백신 접종 이후 가슴 통증이 있어 곧장 병원에 갔더니 폐암 3기 진단을 받았다고 했다. 가족력도 없었다. 병원에서는 급성 심근염과 심낭염이 아니므로 백신과 폐암의 인과성을 인정하지 않는다고 한다.

마른하늘에 날벼락처럼 시한부 인생이 되어버린 먼방지기. 그 이야기를 듣는 순간, 내가 왜 귀정사에 왔는지 알게 되었다. 원래 계획대로라면 나는 1월 도보순례를 마치고 2월에 귀정사에 왔다가 3월에 제주로 가서 4·3항쟁 루트를 개척하며 답사하려고 했었다. 그런데 귀정사 쉼터에 방이 없어서 갑자기 정읍으로 갔고, 2월을 만영재에서 지내고 3월에 귀정사로 왔다. 그런데 먼방지기는 지난달에 다른 방에 있다가 내가 오기 하루 전 내 옆방으로 왔다고 한다. 우리는 만날 인연이었다. 첫인상이 순하고 맑고 언행도 조심성 있어 옆방지기로 괜찮다고 생각했었다. 그런 그에게 그렇게 충격적인 일이 있었다니, 의협심이 언 땅을 뚫고 나오는 봄 새싹처럼 솟아올랐다.

《녹색평론》을 21년 구독한 나도 백신 접종에 반대 입장이었다. 신종 바이러스 출현 1년 만에 개발해서 검증도 제대로 되지 않은 백신을 맞아야 하는데, 부작용이 불안하지 않을 사람이 어디 있겠나. 내 주변 사람 대부분은 백신을 맞으면 바이러스로부터 온전히 지켜진다는 안심이나 사회적 불이익을 당하고 싶지 않기보다는 남에게 피해 주지 않기 위해 싫어도 맞았다. 나 역시 공공의료연대 시위를 보고는 그들에게 누가 되지 않으려고 신청 마지막 날 접수해서 접종했다. 그나마 좀 더 공신력 있는 화이자를 맞고 싶었는데 연령대 제한으로 모더나밖에 안 된다고 해서, 1차를 모더나로 맞았다. 그런데 2차 접종 시기에 모더나가 부작용이 많아 철수했으니 남은 분량으로 특정한 날에만 맞아야 한다고 했다. 두 번 다 접종하고는 해남의 집필실에서 근육통, 발열, 오한, 두통으로 혼자 끙끙 앓았다. 오랜 세월 백신 접종을 하지 않은 몸이 심하게 반응했기 때문이다. 화이자와 모더나는 mRNA 유전자 백신으로 같은 종류다. 그러나 현대의학은 백신과 암 사이에 아무 상관성이 없다고 한다. 신종 바이러스에 대해 정확히 알지 못하고 있는 지금, 신종 백신에 관해 확실하게 파악할 수 있는 수치는 거대한 자본의 흐름뿐일지도 모른다. 여하튼 시기상 백신을 맞고 암을 발견한 먼방지기는 병원에서 항암치료를 받다가, 전이됐다면서도 수술을 권유하는 의사에게 실망해 양방치료를 중단했다. 그리고 체질에 맞는 한약과 섭식으로 몸을 다스리며 자연치유를 위해 귀정사에 왔다.

먼방지기의 이야기를 듣다 보면 눈으로 시선이 간다. 맑고 깨끗한 눈망울을 보고 있으면 세상에 이렇게 착한 젊은이도 있나 싶다. 가난한 집의 장남으로 성실하고 착실하게 학교와 직장에서 공부하고 일했으나 중대 질병에 걸린 뒤에야 쉴 수 있었다는 그는 지금도 여전히 인터넷 강의로 자격증 공부를 하고 있다. 내년에는 수능도 치고 싶다고 한다. 고등학교 졸업 당시 등록금만 있었어도 유명 공과대학에 입학할 수 있었다. 대학 대신 취업을 선택해야 했고, 군대에서 전역하는 날 대기업 입사시험을 쳐서 합격한 그는 야간 대학에 다닌다는 이유로 사내에서도 지원은 커녕 불이익과 차별을 당했다. 그러면서도 틈틈이 자격증을 취득하고, 취미활동도 하고, 운동도 해서 빨래판 같은 복근을 만든 그였다. 발병 이후 13킬로그램 감량했다는데 겉으로 보이는 병색이 없어 나는 그가 환자임을 종종 잊는다. 그건 그의 밝은 성격 덕분이기도 하다. 멀쩡한 몸으로도 종종 우울한 나보다 그의 정신상태가 더 건강해 보인다.

맑고 밝은 먼방지기의 모습에서 태안화력발전소 김용균과 구의역 김 군이 겹친다. 가정과 사회에서 원하는 대로 열심히 성실하게 공부하고 갓 취업한 아직 어린 젊은이들이 자본 위주의 사회안전망 부재로 속절없이 죽는 사회. 그리고 병에라도 걸려야 자본의 굴레에서 벗어날 수 있는 이 땅의 가난한 젊은이들. 그런 취업의 문마저 좀체 열리지 않는 2030. 그들에게 꿈을 가지라고, 미래에는 희망이 있다고 교과서 읊듯 말할 수 있는지.

설상가상 먼방지기는 2차 백신을 접종하고도 오미크론에 감염되어 자가 격리해야만 했다. 세 시간 걸려 보건소에서 PCR 검사를 받은 후, 나흘간 체온이 39도였다고 한다. 그런데 기저 질

환자이면서도 50세(이후 60세로 변경) 미만이라 집중관리 대상에서 제외되었다. 기후위기 시대에 앞으로 더욱 새롭고 위험한 바이러스가 다양하게 출몰할 것이다. 세계보건기구와 K-방역은 이에 어떻게 대처할 것인가.

천황봉에서 본 천왕봉-만행산 천황봉 2

2022년 3월 5일 토요일
만행산 천황봉 왕복 5km

경칩을 맞아 바람이 세고 하늘은 청명했다. 점심식사 후 지리산 천왕봉이 보일 것 같다는 귀정사 정분지기의 말에 따라 먼방지기와 함께 만행산 천황봉에 두 번째로 올랐다. 올라가는 내내 정분지기로부터 두 인생사를 들었다. 사랑 이야기였다. 부러우면 지는 거라고 하지만, 나는 승부에도 연연하지 않고 말로만 부럽다고 했다. 사랑이야말로 운명이라고 생각했는데, 이젠 기대하지 않기 때문이다. 그건 그저 남의 이야기일 뿐 내 인생에 사랑은 없는 셈 치는 게 낫다는 생각이 들었다. 그건 내가 생활형 인간이 아니듯 다른 차원을 꿈꾸는 건 이승에선 어렵다고 결론 내릴 수밖에 없는 상황 때문이다. 나처럼 높고 먼 구름을 밟는 듯한 인간형을 어디서 만나겠으며, 그런 사람을 만난다 해도 같이 걸어 다니면 생활은 누가 하고, 실컷 날아다니다가 가끔 품에 안기는 사람을 누가 기다려주겠는가. 그런 터무니없는 바람이 이

천황봉에서 본 천왕봉

루어지리라 기대하지 않는 게 양심적이라고 생각했다.

그런데 천황봉 정상에서 남쪽으로 향했을 때 선명하게 보이는 천왕봉과 그 봉우리까지 길게 펼쳐진 지리산 자락을 보자 약속이 하나 떠올랐다. 그 약속을 하자마자 코로나19 바이러스가 출현했고, 바이러스 때문인지 다른 이유 때문인지 2년 전부터 꿈꾸던 지리산 종주를 아직도 하지 못하고 있다. 그렇게 거부하던 백신 접종도 공공의료연대 파업 외에 지리산 대피소 출입을 위해 했었다. 언젠가 폐쇄된 대피소가 개방되면 백신 패스는 필수일 거라는 예상 때문이었다. 그러나 지리산 길은 아직 열리지 않았고 내 숙원인 첫 종주는 언제가 될지 알 수 없다. 해남 출신 고정희 시인이 조난한 지리산의 그 6월이 다가오고 있는데 어쩌자고 지리산 가까이에 왔을까. 그 밤에 나는 하염없이 울었다.

길에서 본 소들-요천로 1

2022년 3월 7일 월요일

남원시 산동면 요천로 2코스 중 월석교-등구교 왕복 5km

귀정사 오는 길에 본 '요천 100리 숲길' 나무 표지판을 찾아 헤맸다. 장수군까지 갔다가 돌아와 임시 투표소였던 산동면 행정복지센터까지 가서 겨우 찾았다. 근처에 차를 세우고 걸었다. 강 따라 난 가로수 길은 봄이 완연하면 진가를 발휘할 듯해 보였다. 잘 다져진 길에 버스만 가끔 다닐 뿐 사람이 없어 좋았다.

남도에서 눈에 띄는 건 소들을 비교적 쾌적한 환경에서 사육한다는 점이다. 햇볕 잘 드는 우리에 한가로이 앉고 선 소들을 보면 적어도 도살장에 가기 전까지는 편하게 살고 있음에 안심이 된다. 동물에게도 존중받을 생명권이 있다. 더럽고 비좁은 우리에 갇힌 채 유전자조작이나 제 동족을 갈아 만든 사료를 먹지 않을 권리, 강제 임신과 출산 후 강제 분리와 강제 유착을 겪지 않을 권리, 무분별하게 도살당하지 않을 권리 등. 남도 도보순례를 하면서 소와 많이 마주쳤다. 소는 예민해서 내가 쳐다보고 있으면 피하기가 쉬운데 가끔 호기심에 다가오는 소도 있다. 소들도 나를 쳐다본다. 그들의 눈을 쳐다보면 소고기를 먹는 나 자신이 불편하다. 그래서 윤리적 축산을 통한 고기를 최소한으로 먹고자 한다. 공생하는 생명체에 대한 감사함으로 먹되 존중하고 싶다. 존중한다는 건 뭘까? '높이어 중하게 여김'까진 아니더라도 함부로 대하지 않는 것이다. 살아 있는 모든 것은 어떻게든 연결돼 있다. 소도 나도 같은 공기를 마시고 같은 땅을 밟고 있지 않은가. 그들이 행복해야 우리도 행복하다. 스트레스가 많은 동물의 고기를 먹으면 그 '화'가 먹는 인간에게도 쌓인다는 게 틱낫한 스님이 《화》에서 말씀하신 요지다. 그것이 곧 '연기緣起'이자 '온 생명'이다.

등구마을까지 걸어갔다 되돌아왔다. 12시 점심시간까지 귀정사로 돌아와야 해서 더 많이 걸을 수 없었다.

산동이 산책-요천로 2

2022년 3월 14일 월요일

요천로 2코스 중 등구교-산동교 왕복 5km

귀정사를 벗어나는 길에 산동이를 보았다. 산동이는 집행위원장인 쉼터지기님이 키우는 개로 해남 대흥사 일지암의 금륜이와 같은 종인 웰시코기다. 금륜이는 지난해 말 포토청 단체사진전 〈위로〉에 출품한 내 사진의 주인공. 그 금륜이와 닮았지만 언제 목욕했는지 알 수 없이 냄새나는 산동이를 차에 태웠다. 산동이는 계속 짖었다. 요천로 평선마을에 주차하고 산동이를 차에서 내렸다. 그새 차 안이 산동이 털과 발자국으로 엉망이 되었다. 어차피 걷는 거 겸사겸사 산동이 산책도 시키자고 데리고 나왔는데 개 속도에 맞추니 세월아 네월아 온갖 냄새 맡기를 기다려야 했다. 걸음이 너무 더뎌지자, 도보순례에 왜 개를 끌고 나

300

왔을까 싶었다. 얼마나 걷는지가 중요한 게 아니라 어떻게 걷는 지가 중요한지 자신에게 질문했다. 귀정사에서 몇 년간 목줄 없이 여기저기 자유롭게 다니던 산동이는 1~2년 전 아랫마을 개에게 목이 물려 죽을 뻔했다가 살아났다고 한다. 그 이후로는 온종일 묶여 있는 산동이를 멀리멀리 산책시켜주는 게 혼자 많이 걷는 것보다 의미 없지 않다고 생각했다. 생명을 살리자고 걷는 탈핵 도보순례 아닌가.

지난주에 이어 이날도 거리 확보는 포기. 다음 다리인 산동교까지 걷고는 갔던 길을 되돌아왔다. 돌아오는 차 안에서 산동이는 짖지도 않고 지친 듯 뒷좌석에 엎드려 있었다. 집에 돌아온 산동이가 시원하게 물을 벌컥벌컥 마시는 모습을 보고는, 주차 후 더러워진 차 내부를 살피니 역시 내 오지랖은 대책이 없구나 싶었다. 며칠 후 산동이를 목욕시켜주었다.

음악이 있는 산-만행산 천황봉 3

2022년 3월 16일 수요일
만행산 천황봉 왕복 5km

세 번째로 천황봉에 올랐다. 쉼터 세 분과 함께. 단체 행동이 버거워 빠지려고 했는데 혼자 속도를 내도 좋다고 해서 막판에 참여하기로 했다. 실은 멀리서라도 지리산 천왕봉과 그 능선을 한 번 더 보고 싶었다.

올라가는 도중 동행인의 이야기를 듣게 되었다. 듣다 보니 하게도 됐다. 그럴까 봐 안 가려고 했었다. 솔직함이 장점이던 나는 요즘 말수가 줄었다. 감정 조절 못 해 하수구처럼 쏟아내던 말들이 후회스럽기 때문이다. 듣는 누군가는 내 감정의 쓰레기통이 되어야 했었다. 반복 내용이 한두 번 넘으면 다들 지친다. 그리고 멀어진다. 사람들은 듣기보다는 말하고 싶어 하기 때문이다. 게다가 나는 만나는 사람이 거의 없어 말의 농도가 진하고 비약도 심해 자연스러운 대화를 하기가 쉽지 않다. 무엇보다 이젠 새로운 사람을 만나도 웬만해선 흥미가 생기지 않는다. 나이 탓일 수도 있지만 어쩌면 귀정사에 오면서 마음의 벽을 쳤는지도 모른다. 더는 인연을 만들고 싶지 않았다.

정상에 오르자 까만 독수리 두 마리가 머리 위를 선회했다. 처음 혼자 왔을 때 본 까마귀 한 쌍보다 멋진 건 몸집이 커서라기보다는 울음소리를 내지 않아서이기 때문인지도. 나는 침묵할 줄 아는 사람이 좋다. 그러면서도 대화가 잘 통하는 사람이 있다. 이제 얘기를 들어줄 사람도, 하고 싶은 사람도 없는 지금, 내가 하는 일은 글쓰기뿐이다. 기다리는 사람도 없는 글을.

둘씩 시간 차이를 두고 정상에 다 모였다. 준비해준 간식을 먹으며 쉴 때, 나도 모르게 마음이 누그러졌나 보다. 울진에서 삼척까지 애타던 강원도 산불을 끈 비가 내리던 날 들었던 노래를 휴대전화기로 틀었다. 나지막하니 라~라~라~ 노랫소리 들리는 그 순간이 좋았다. 멜로디도 훈훈했지만 어쩌면 노래를 듣는 동안은 아무도 말하지 않아서 좋았는지도 모른다.

봄바람 따라

영광과 순천에 부는 봄바람

2022년 3월 28일 월요일

전라남도 영광군 영광군청-영광 한빛핵발전소-순천 현대제철 비정규직 정규직화 투쟁 현장

귀정사 퇴소 예정일 사흘 전에 떠났다. 입주작가로 전국을 떠도는 중에 퇴소일 전에 떠남은 처음이었다. 문정현 신부님을 비롯한 '봄바람 순례단과 길동무가 함께하는 다른 세상을 만나는 40일 순례'에 연대하기 위해서였다.

이틀간 짐을 싸고는 드디어 출발하려는데, 차량 계기판에 주차 브레이크 경고등이 뜨며 방전이 돼 시동이 걸리지 않았다. 4년을 함께해온 길동무 탈핵브리드가 이런 적은 없었다. 고장 신고 접수를 하고 기다리는 동안 산동이를 산책시켰다. 잠시 마음을 진정하며 이건 무슨 뜻일까 생각해보았다. 차가 제대로 움직였다면 아마 산동이를 몇 번 쓰다듬거나 멀리서 손을 흔들고는 후다닥 헤어졌을 것이다. 하지만 탈핵브리드가 주저앉음으로써 산동이와 충분히 작별의 정을 나눌 수 있었다. '작별'은 서로 인사를 나누고 헤어짐이다. 헤어짐에도 시간이 필요하다. 그렇게 해석하니 불안이 감사함으로 바뀌었다.

영광으로 가는 길에 개나리가 피어 있었다. 바야흐로 봄이었다. 내가 만날 '봄바람'은 어떤 모습일까 궁금했다.

집회 시간인 오전 10시 30분에서 10분 늦었다. 영광군청 앞에는 꽤 많은 이들이 모여 있었다. 영광 핵발전소 영구 폐쇄를 위한 행동에 서울에서 집회 현장을 지키던 주요한 이들이 보였다. 카메라도 많았다. 반갑고 든든했지만, 순간 굳이 나까지 올 필요가 있었나 하는 마음이 살짝 들었다. 그러나 미약한 나라도 한 걸음 보탤 역할이 있을 거라 생각하며 기다려보기로 했다. 문정현 신부님께서 걸으신다고 하니 무작정 달려 나왔는데, 외치는 구호를 들어보니 각 분야에서 모여들 만했다.

지금 당장 기후정의!
차별을 끊고 평등으로!
전쟁 연습 말고 평화 연습!
일하다 죽지 않게 비정규직 없는 세상!

이어서 홍농서초등학교에서 영광 한빛핵발전소까지 1킬로

미터 정도 도보순례를 했다. 걷는 거야 자신 있었다. 순례단의 발걸음을 따라갔다. 문정현 신부님의 걸음은 평소의 호령처럼 씩씩하지는 못했다. 1975년 인혁당 사건 때 크레인에서 떨어져 장애 5급 판정을 받고, 2004년 평택 대추리에서 2년 동안 미군기지 확장 반대를 하고, 2009년 용산 참사가 일어나자 망루 아래서 한 해를 보내고, 2010년 제주 강정마을에 해군기지 건설이 강행되자 10년 넘게 반대 운동을 하신 신부님은 이제 팔십대이다. 그런데도 다른 세상을 만나기 위해 지팡이를 짚고 길로 나오셨다. 어찌 그 뒤를 살아 있는 우리가 따르지 않을 수 있겠는가. 그분의 몸자보 뒷면에 쓰여 있는 글씨, '사랑이다'. 하나님은 사랑이시고 봄바람도 사랑이다. 동토를 녹이고 언 마음을 녹이는 사랑이다. 그 봄바람이 영광 한빛핵발전소를 향해 불어가고 있었다.

2018년부터 몇 번이나 왔던 핵발전소였다. '핵발전소 없이 안전하게 살자'고 전국을 걸어 다니는 나로서는 문정현 신부님과 함께 걸어서 영광 핵발전소에 오다니 여간 감개무량하지 않을 수 없었다. 내가 그러할진대 농사꾼에게 더없이 중요한 파종도 미루고 모여든 영광, 고창 등 지역 주민들은 얼마나 고맙고 든든했을까.

그러나 소외된 사람과 안타까운 현장으로 불어가는 봄바람의 일정은 여유롭지 못했다. 오후 1시쯤 영광 끝에서 집회가 파하고 3시까지 순천 현대제철 비정규직 정규직화 투쟁 현장에 가야 했다. 일행은 모두 점심식사를 거른 채 차로 이동했다. 급

한빛핵발전소로 걸어가시는 문정현 신부님

한 길에도 에너지가 없으면 이동할 수 없으니 주유를 해야 했다. 천정부지로 오른 휘발유 가격에 우크라이나 전쟁 여파를 실감했다. 한국의 산골에 살던 나야 기름값 과다 지출에 불과한 영향이지만 전쟁통인 그 땅의 사람들은 사느냐 죽느냐 하는 상황이다. '전쟁 말고 평화', 대체 이 정의보다 더 중요한 국가의 이익이나 외교가 있을까.

오후 3시에 겨우 맞춰 농성장에 도착했다. 현대제철 비정규직 투쟁은 2005년 6월부터 현대하이스코(현 현대제철) 비정규직 지회 설립 이후 비정규직 철폐와 정규직 전환 요구를 17년째 이어오고 있었다. 이들은 2011년 7월 19일에 광주지방법원 순천지원에 근로자 지위 확인(불법 파견) 소송을 제기해 4년 7개월 지난 2016년 2월 18일에 "지휘명령권이 현대제철에 있고 공정이

306

아닌 도급관계가 아니고 불법 파견 공정이며, 1차자 157명이 불법 파견이고 현대제철 직원이다"라고 승소했다. 이에 현대제철은 항소했으나 3년 7개월 만인 2019년 9월 20일 광주고등법원에서 비정규직 조합원이 다시 승소했다. 그러나 사측이 거듭 불복하여 이 소송은 아직도 계류 중이었다. 회사는 법원 판결과 고용노동부 시정 지시를 무시하고, 2021년 9월 현대제철 당진공장에 현대ITC 자회사를 설립한 뒤 32개 업체 중 15개 업체 2천 명에게 계약 해지를 통보, 자회사 직원을 채용했다. 갖은 방법으로 노동자들을 분열시키고 회유하고 협박하며 노조 탄압을 하고 있었다. 노동부에서 119억 8천만 원의 과태료를 물린 것에 대해서도 행정소송을 진행 중이었다.

연대한 이들이 돌아가고 남은 이들이 간 숙소는 전남 담양군 고서면에 있는 5·18민족통일학교였다. '고故 오종렬 이사장이 민주화운동으로 받은 보상금 및 전국의 노동자 농민 시민들의 성금과 기능 기부(설계와 건축공사 기능 소유자)로 건립되었다'는 그곳에서 봄바람 순례단은 이틀간 머물 수 있었다. 순례에서 숙소가 얼마나 중요한지 누구보다 잘 알기에, 오종렬 선생님과 유족과 사단법인 관계자들께 감사한 마음이 들었다.

2022년 3월 29일 화요일
광주 국립5·18민주묘지/광주YMCA/장성 금속노조 대양판지지회

오전 10시, 광주 국립5·18민주묘지에 도착했다. 인근에서 신부님과 수녀님들이 오셔서 함께 의전을 행했다. 2018년 5월 말 한국방송작가협회 광주 기획 답사 때 5·18민주묘역에 온 적이 있었다. 그때도 그 의전을 행했기에 당연한 줄로 알았다. 그런데 그곳에 수차례 와봤을 신부님이 그런 의전은 처음이라고 하셨다. 봄바람 순례단이란 이름이 주는 무게였을까, 아니면 시대가 달라져 신부님을 예우할 줄 알게 된 것일까? 진즉에 그래야 했다. 이 시대의 어르신이 아닌가.

4년 전에는 신묘역만 보고 돌아갔었는데 이번에는 구묘역에 갈 수 있었다. 흔히 망월동묘역이라고 불리는, 시대의 아픔이 묻힌 현장이었다. 구묘역 입구에는 '전두환 대통령 각하 내외분 민박마을'이라는 표지석이 묻혀 있다. 근처 민박마을에 있던 것을 떼어 와, 밟고 지나가냐 마느냐로 진보와 보수 사이에 논란이 이는 이 표지석을 신부님은 자근자근 밟고 지나가셨다.

문정현 신부님이 맨 처음 참배하신 곳은 조성만(요셉) 열사 묘지였다. 영정사진을 보는 순간 놀라고 말았다. 내가 귀정사 공양간에 있는 책 중 유일하게 다 읽은 책이 요셉 조성만 평전《사랑 때문이다》였기 때문이다. 책에서 읽은 조성만 열사와 문 신부님의 인연을 바로 그달에 목도할 줄이야 꿈에나 생각했겠나. 문

신부님이 요셉의 비석을 쓰다듬는 순간에 1988년에 산화한 역사와 2022년의 살아 있는 역사가 맞닿았다.

문정현 신부님과 서각

백남기 농민의 묘역에 참배하고 노동운동 열사들과 동백나무를 지나 신부님이 가장 보고 싶어 하신 이한열 열사 어머니 배은심 님의 묘역으로 향했다.

작년 가을, 문정현 신부님의 서각 '호남민족민주유가족협의회' 현판을 가지러 배은심 어머니가 평화바람 집에 오셨단다. 그때 두 분이 올봄엔 힘들고 아픈 곳에 함께 다니자고 했었는데 그 봄이 오기 전에 어머니는 먼저 가셨다. 지금 여기 이 순간이 아니면 아무것도 예정할 수 없다. 신부님 글씨로 새겨진 '배은심의 묘' 비석 뒤에는 어머니의 절절한 마음 '그래도 그립다 보고 싶다 내 아들, 이한열.'이 친필로 새겨져 있었다.

호남민족민주유가족협의회에서 대접해준 풍성한 점심식사를 광주전남추모연대 천막 아래에서 했다. 여느 식당보다 정갈하고 맛있는 음식에 모두 즐거워했다.

오후 2시, 광주 YMCA에서 광주 시민사회 이야기 마당이 열렸다. 길 위의 신부님 말씀을 시작으로, 봄바람 순례단의 네 가지 주제에 맞춰 광주 기후행동, 시민의 참여로부터, 한미연합전쟁연습의 문제점과 광주지역 실천계획, 광주의 노동현실 안녕하십니까?, 퀴어가 여기에 있다, 선택이 아닌 생존문제 페미니즘의 발제 및 질문 시간이 있었다. 네 가지 사안을 한자리에서 다룰 수 있다는 점만으로도 의미가 있었고, 특히 '차별을 끊고 평등으로' 마당에 퀴어와 페미니즘 두 가지를 다룬 것은 괄목할 만했다.

우리는 서둘러 대양판지㈜ 장성 공장으로 향했다. 회사 밖 컨테이너가 노동조합사무실인 그곳에서 우리를 기다리고 있던 노동자들을 만났다. 대양판지㈜ 회사 측은 금속노조가 생기자 어용노조를 만들고, 화장실 가는 시간과 흡연 시간을 분 단위로 계산해 임금을 삭감하는 등 차별 대우하고, 중대 사고가 발생해도 사람 먼저 챙기지 않는 비인권적 처사를 했다. 사람뿐만 아니라 자연에도 마찬가지. 영산강 유역에 폐수 무단 방류 1건, 미신고 대기배출시설 설치·조업 1건, 미신고 폐기물처리시설 설치·조업 1건 등 총 3건의 몹쓸 짓을 하고 있었다.

직원보다 더 많은 93대의 CCTV가 돌아가는 회사에서 생존권을 위해 투쟁하고 있는 금속노조 조합원들. 회사는 이들을 상대로 3월 17일부로 야간 근무조 직장 폐쇄를 실시했다. 다치고 병들면서 노조의 중요성을 알게 되었다는 민주노조원들에게 승리의 봄바람이 불어오길 기원한다.

진도와 목포에 부는 봄바람

2022년 3월 30일 수요일
진도 팽목항과 기억의 숲/목포신항 세월호

봄바람 순례단의 아침식사는 소박하면서도 품위 있다. 커피와 빵과 (전쟁을 끝내)잼과 치즈와 사과, 그리고 비타민 C와 오춘상 원장의 삼대한의원 쌍화탕. 이 정도면 웬만한 호텔 조식 부럽지 않다. 제주와 군산에서 질 좋은 먹을거리를 공수해주는 덕분이다. 멀리서도 이어지는 연대의 끈은 건강했다. 이른 아침 7시에 식사를 하면서도 우리는 여유를 잃지 않았다. 그 옛날 대추리 투쟁 당시를 회고하는 오두둑의 천진한 웃음과 그 모습을 창 너머 맞은편에서 바라보시는 문정현 신부님의 자애로운 미소가 퍼지는 아침은 내게는 마지막 날이라 더욱 아련했다.

우리는 진도 팽목항으로 향했다. 가는 길에 다시 올 목포신항을 지났다. 목포대교를 건너며 저 멀리 보일 때부터 가슴에 통증이 오는 그 배는 이제 시뻘겋게 녹슨 모습을 하고 서 있었다. 팽목항에 가면 빨간 등대와 가건물인 세월호 팽목 기억관에 가는 게 보통 순서다. 빨간 등대로 가는 방파제에서 사고 현장 어디쯤을 쳐다본다. 마침 우리가 방파제에 있을 때 제주로 가는 여객선이 지나가고 있었다.

허름한 세월호 기억관에 들어갈 때마다 슬픔과 우울이 겹쳤다. 언젠가 번듯한 기억관이 세워져야 한다고 생각했다. 해양수산부에서 인근 서망항에 개관한다는 국민해양안전관은 팽목항

팽목항에 불어오는 봄바람

을 찾는 사람들의 정서와는 거리가 멀다. 게다가 현재 운영비를 놓고 기획재정부와 진도군이 갈등을 빚고 있다. 그리고 대부분의 추모 시민들이 찾아오는 지금의 기억관은 사라질 위기에 처해 있다. 진도군은 오는 5월 제주-진도 여객선 취항을 앞두고 지난해부터 유족에게 원상 복구를 요구하는 시정명령 공문을 보냈고, 임시 시설물 4동 철거 이행강제금 53만 6천 원을 부과했다.

참사 8주기가 있는 4월에 철거한다는 기억관. 진실이 규명되지 않은 상태에서 현장을 없앤다고 슬픔이 무마될까. 그런다고 기억마저 철거할 수 있을까?

우리는 동백꽃이 활짝 핀 기억의 숲으로 갔다. 300여 그루 은행나무와 기억의 벽 쪽은 벌초가 되어 있지 않았다. 진도군에서 예산 문제로 아래쪽만 했단다. 동네 담쌓기도 아니고 한 동산에서 치사한 차별을 보다니. 돈은 인간을 그렇게 염치도 체면도 없이 만드는지 진도군에 묻고 싶다.

지나온 목포신항으로 다시 갔다. 지난여름, 세월호를 촬영하고 근처에서 밤을 맞았었다. 세월호가 보이는 철책 가까이에 있고 싶었으나 보안상 이유로 쫓겨났었다. 그런데 해양수산부에 인적사항을 미리 전한 이날은 안전모를 쓰고 세월호 바로 앞까지 갈 수 있었다. 선체 앞에는 뻘과 부서진 기물과 당시 선적된 차량이 구겨진 채 쌓여 있었다.

가라앉은 지 3년 만에 올려져 5년 동안 뭍에 세워져 있는 세월호는 고개를 90도로 들어야 하늘이 보이는 높은 배였다. 부딪힌 흔적이 있었고 선체 인양 작업이 처음이었다는 중국 상하이

세월호와 문정현 신부님

셀비지의 오판으로 선수 쪽이 일부 절단되었다. 세월호 침몰 원인은 규명이 복잡하다 하더라도 승객을 제대로 구하지 않았음은 온 국민이 다 알지 않는가. 그런 비참한 사고 혹은 사건인 참사의 최대 증거물 앞에서 눈물만 비 오듯 하니 설명은 잘 들리지도 않았다.

사람들이 빠져나간 뒤 세월호를 돌아보았다. 구름 세 송이 머리 위에 떠 있는 세월호가 하늘을 나는 고래처럼 보였다. 날아라~ 날아올라라~ 세월호야, 진상 규명과 안전사회 싣고 하늘로 날아오르렴.

거기서 봄바람 순례단과 헤어졌다. 이틀 후 제주도에 들어가야 했고, 남은 하루 동안 사흘간의 뜨거운 현장을 기록해야만 했다. 광주 군공항 무안 이전도 반대해야 했고, 올해 첫날부터 열흘간 했던 하동-부산 첫 도보순례의 시작점이었던 하동 지리산 산악열차 반대 농성장에도 가보고 싶었지만, 내가 할 일을 해야 했다. 그런데 막판에 수행할 일이 하나 맡겨졌다. 고故 이한빛 어머니를 목포역까지 모시는 일이었다. 25년간 방송작가로 활동했으니 방송판이 어떤지 알 만큼 안다. 그러니 그분과의 만남 역시 각별했다. 새벽부터 먼 길 떠나온 어머니는 이렇게 연대하면서 힘을 얻는다고 하셨다.

제주로 가기 위해 해남으로 오는 길, 백설공주와 일곱 난쟁이가 떠올랐다. 하느님 오른팔 문정현 신부님과 멋스러운 오두둑, 총명한 딸기, 섬세한 오이, 선명한 세실, 따뜻한 프코, 재있는 어쭉, 그리고 꼬맹이 일곱째별. 이렇게 백발신부와 일곱 길동무로

날아라 세월호

함께한 사흘이 근사했다.

한반도 평화, 평등, 생태를 위한 40일 순례 봄바람 순례단은 4월 30일 서울까지 이어졌다. '우리에게 다가온 차별과 불평등, 기후위기와 전쟁 위험을 직시하고 다른 세상을 향해 투쟁하는 사람들, 우리의 삶이 지닌 가능성과 힘을 스스로 실천하며 미래를 열어가는 사람들의 이야기를 듣고 배우며, 다른 세상은 가능하다고 이야기하고자' 하는 사람들. 백발신부와 일곱 길동무가 아니라 칠백, 칠천, 칠만 길동무가 봄이다.

우리가 피어야 봄이다.
우리가 퍼져야 바람이다.
불어보자, 봄바람.

진도 팽목항과 하죽도

어디서부터 이야기를 시작해야 할지 모르겠다. 2017년 2월, 조영관문학창작기금 수혜 후 세월호 참사 3주기를 맞았다. 이후 산티아고 순례를 했다. 9월, 《길목인》 창간에 편집위원으로 함께했다. 2018년 6월, 탈핵희망국토도보순례를 시작했고, 11월에 전태일문학상을 수상했다. 2019년 8월, 탈핵희망국토도보순례가 해산했다. 그때 나는 이렇게 썼다.

이제 나는 여름과 겨울이 손짓할 때면 이번 순례길은 어디일까 하며 톰으로부터 올 소식을 더는 기대할 수 없게 되었다. 그토록 아름다운 순례단원들과 다음 순례 때 만나자는 약속도 할 수 없다. 세상에 영원한 것은 없다고 터덜터덜 걸으며 나는 다짐했다. 톰이 없어도 순례할 것이다. 순례단이 없어도 걸을 것이다. 비록 성스러

운 숙소를 제공해주던 성당을 비롯한 종교기관, 반기며 밥을 사주
던 지역 활동가들은 없겠지만 목소리 큰 사람이 이기는 세상에서
침묵으로 걸으리라. (중략) 나는 이미 순례자가 되었고 내 걸음도
톱처럼 멈추지 않을 것이다.

2020년부터 세 번의 순례로 7번 국도를 걸었다. 탈핵 벗들
이 함께해주었다. 2021년 4월, 세월호 참사 7주기 추모 도보순
례로 팽목항부터 진도를 종단했다. 18번 국도였다. 6월부터 혼
자 18번 국도를 걸었다. 연내에 18번 국도 도보순례를 완주했
다. 2022년 1월, 하동부터 부산 고리핵발전소까지 걸었다. 지난
해 4·16 세월호 참사 추모 도보순례를 제안했던 니키가 올해는
4·3항쟁을 추모하자고 하셨다. 그래서 우리는 제주도에 가기
로 했다. 무언가를 하기로 한 건 내게는 일종의 약속이었다. 탈
핵 벗 총 다섯 중 제주4·3항쟁 추모 도보순례가 최종적으로 가
능한 사람은 나와 니키 둘뿐이었다. 3월 말 봄바람 순례단과 연
대한 사흘을 하루 만에 기록해야 했다.

4월 첫날 오전까지 원고 마감을 하자마자, 해남에서 진도 우
수영여객터미널로 가서 주차했다. 오후 2시 30분, 10킬로그램
이 넘는 무거운 배낭 메고 텐트 들고 퀸스타 2호를 탔다. 다음
날엔 니키가 제주도로 오셨고, 이틀 후 서울로 가셨다. 90킬로
미터까지 걷다가 중단할 수밖에 없었던 제주에서의 보름간을
지금은 쓸 수 없다. 다만 2년 전 제주 제2공항 반대 도보순례 때

함께했던 두 사람에게 주려고 제주에서 돌아오자마자 만들어서 간직하고 있던 선물을 끝내 전해주지 못했다. 걷고 쓰는 게 생활의 전부였던 내게 걸을 수도 쓸 수도 없던 제주의 시간은 처참했다.

간절히 기다리던 4월 15일 오전 7시 6분, 휴대전화기에 문자가 왔다.

'04월 15일(금) 제주-추자-우수영 구간 운항 예정이던 퀸스타 2호는 금일 해상의 풍랑 주의보로 인하여 결항되었습니다.'

악몽 같던 나날 끝 절망의 종지부였다. 하지만 나는 제주공항으로 갔다. 버너용 부탄가스를 버리고, 따로 산 텐트 팩들은 수하물로 부쳐야 했다. 오전 9시 30분 출발 예정이었던 배보다 더 빠른 9시 10분 광주행 비행기를 아슬아슬하게 탔다. 결항인 배와 달리 비행기는 이륙했다. 그나마 탄소 절감 비행기라 다행이었다.

10시 5분. 광주공항은 처음이었다. 지하철을 타고 화정역에서 버스를 타고 유스퀘어 터미널로 갔다. 해남, 남창, 우수영 중 제일 빨리 출발하는 버스를 5분 전에 탔다. 11시 5분 우수영행이었다.

두 시간 후 우수영터미널에 내리자 지난 10월에 보았던 우수영성당이 길 건너에 있었다. 다시 성당 안으로 들어갔다. 십자가와 성모상과 예수상이 검붉은 천으로 가려 있었다. 신은 이제 내게서 얼굴을 감춘 것인가. 피폐한 나는 지난번과 반대의 기도를 했다. 그 두 기도가 하나로 만나기를.

잊지 않겠습니다

우수영여객터미널까지 걸었다. 보름 만에 만난 내 차 탈핵브리드는 무사히 그대로였다. 절친한 친구를 만난 듯 어찌나 반갑고 든든한지 몰랐다. 뭍으로 나왔고 차도 찾았으니 이제 못 갈 데가 없었다. 오랜 시간 그 자리에서 기다려준 탈핵브리드에게 휘발유를 가득 넣어주고 구석구석 세차도 해주고 팽목항으로 향했다. 팽목항 빨간 등대에는 지난해 걸어두고 온 소중한 표식이 1년 동안의 강한 햇빛과 모진 비바람 속에서도 굳건히 매달려 있었다.

팽목항 빨간 등대 앞에 예술인들이 모여 있었다. 그들은 현대무용과 한국무용과 사물놀이로 세월호 참사를 추모했다. 거센 바람 속 맨발 춤사위는 '그 아픔이 너무 깊어'라는 제목처럼 처연했다. 빨간 등대 앞 공연은 조촐하게 끝났다.

공연이 끝난 뒤, 노중년 남자가 내게 말을 걸어왔다. 내 카메라 배낭에 달린 몸자보를 보고 다가온 그는 2015년에 탈핵희망 국토도보순례를 했다고 말했다. 고창에 살며, 세월호 참사가 나고는 팽목항에서 몇 달간 살았고, 해마다 참사 때면 그곳에 온다고. 그가 물었다.

"탈핵과 세월호가 무슨 관련이 있나요?"

작년에 내가 관지와 청명에게 했던 질문이었다. 질문을 주로 하는 나는 답변을 준비한 적이 없었다. 하지만 길게 생각하지 않아도 답이 나왔다.

"생명과 평화를 위한 일이니까요."

저만치 청명과 대전 및 지리산 친구들이 왔다. 우리는 세찬 바람을 피해 빨간 등대 문 앞에 옹기종기 모여 〈세월호, 지리산 천일기도문〉을 함께 낭독했다.

세월호, 시간은 여전히 4월 16일입니다.

세월호, 당신들은 '오직 생명'임을 가르쳐주었습니다.

간절히 기원합니다.

가리워진 진실이 환하게 드러나서

가신 이는 한을 풀고 편히 쉬기를!

사랑하는 이를 잃고 비탄에 빠진 유가족들이 몸과 마음 치유되고

일상이 회복되기를!!

잊지 않겠습니다. 헛되게 하지 않겠습니다.

바람이 멎은 듯 기도문 외에는 아무 소리도 들리지 않았다.

이틀 후 하죽도에 함께 가기로 했던 청명은 날씨 때문에 섬에서 원하는 때 못 나올까 봐 가지 않겠다고 했다. 청명과 친구들과 기억의 숲에 들러 진도 휴양림에서 저녁밥을 먹고 산책 후 헤어졌다. 어두운 밤길을 두 시간 달려, 맡겨둔 김치와 동백을 찾으러 해남으로 갔다.

세월호 참사 8주기 기억식

2022년 4월 16일 토요일 오후 3시

작년 가을에 해남 백련재 문학의 집에서 한 내 '작가와의 대화' 시간에 초대 손님으로 온 정미이모와 나와 함께하자고 나무가 제안한 약속이 하나 있었다. 그 약속을 지키기 위해 나는 제주에서 기를 쓰고 탈출했으며, 전날부터 진도와 해남을 오고 갔다. 그러나 팽목항 세월호 참사 8주기 기억식에서 준비한 것을 내

보일 수가 없었다. 내 마음은 분명하게 말하고 있었다.

'침묵하라.'

부끄러웠다.

정미이모는 어머니와 먼저 떠났고, 나무도 돌아갔고, 나만 혼자 덩그러니 팽목항에 남았다.

하죽도 은혜교회

2022년 4월 17일 일요일 부활절

필사적으로 섬을 빠져나왔는데 다시 섬으로 들어가야 했다. 이번엔 비행장도 없어 배가 아니면 나올 수 없는 오지 섬으로. 게다가 제주에서 그토록 쓰고 싶었던 글을 쓸 시간도 부족했다. 그러나 약속했으니 가야 했다.

오전 9시 50분 한림페리 11호에 오른 나는 마치 도살장으로 끌려가는 동물 같았다. 사람 가득 찬 선실엔 들어갈 수 없어 선실 옆 바깥 의자에 우두커니 앉아 바닷바람을 얼굴에 맞았다. 배는 진도 앞바다 섬들 사이사이로 빠져나갔다. 무인도에도 화사한 분홍과 연둣빛 물이 오르고 있었다. 누군가 내게 그런 무인도에서 혼자 살 수 있겠냐고 물었었다. 나는 누군가 매달 나를 찾아와준다고 약속해주면 있을 수 있다고 대답했었다. 어찌 나는 약속이 반드시 지켜진다고 생각했을까. 풍랑이 일면 섬에는 배가 닿을 수 없는데. 눈물이 흘러내려 내내 눈을 감고 있었다.

배는 조도에서 멈췄다. 조도에서 내려 30분 정도 다음 배를 기다리고 있었다.

"저, 사진 좀 찍어도 돼요?"

내 배낭에 달린 '핵발전소 없이 안전하게 살자' 몸자보를 말하는 거였다. 허락했다.

"대단하시네요"라며 사진 찍는 여자 옆에 있던 남자가 내게 어디를 가느냐고 물었다.

"하죽도에 탈핵 벗이 전도사님으로 계셔서요."

"아~ 그럼 그렇지. 이 근처에 무슨 핵발전소가 있다고."

그랬다. 나는 니느웨를 피해 다니는 요나였다.

섬사랑 2호를 탔다. 선실에 아무도 없어서 들어가 앉아 눈을 감았다. 나 한 명을 실어 나르기 위해 배에 사용되는 연료를 생각하니 마음이 불편했다.

죽도가 보였다. 손바닥 두 개를 펼쳐 마주 보게 눕히면 가려질 만한 두 섬, 상죽도와 하죽도를 다리로 연결한 섬이었다. 그런데 그 작은 섬에 거대한 송전탑이 세 개나 되었다. 산등성이로는 아프리카 바오밥나무처럼 고사목이 시커멓게 삐죽삐죽 서 있었다.

'관지는 왜 이런 섬이 한눈에 마음에 들었을까?'

"저기 나오시네."

선원의 말에 부두를 유심히 보니 저 멀리 관지가 바퀴 구르듯 내리막을 뛰어 내려오시고 있었다. 그제야 섬에 생기가 돌았다. 배낭이 무거운 데다 생수를 챙겨야 해서 잡곡과 과일, 과자를 조

진도군 조도면 하죽도

금씩밖에 못 넣었는데도 봉투가 찢어졌다. 주섬주섬 짐을 챙겨 배에서 내려 달려온 관지를 안았다. 물 자국이 찍힌 앞치마를 덧입은 관지는 근엄한 전도사가 아닌 호호아줌마 같았다.

관지의 집은 하죽도 맨 위 은혜교회 바로 아래, 파란 지붕에 초록색 창틀이 있는 베이지색 사택으로, 마을에서 제일 좋은 집이었다. 방 두 칸에 주방과 욕실과 거실이 있어 꽤 넓었다.

"이걸 신고 왔어?"

현관에 벗어놓은 내 털 고무신을 보고 관지가 물으셨다. 등산화가 아니었으니 난 하죽도에서 걸을 생각이 없었던 거였다. 게다가 털 고무신은 계절에도 맞지 않았다.

창가 옆에 있는 전신 거울 앞에 서보았다. 흰머리가 듬성듬성 나 있었고, 제주에서 내내 입어 벌써 보풀이 많이 인 회색 지퍼형 셔츠에, 적자색 바람막이 점퍼에, 재색 누비 점퍼에, 딱 붙는 등산바지 대신 단지 편한 옷을 입고 싶단 이유로 입은 펑퍼짐한 황토색 바지. 아래위 색깔 맞지 않는 옷을 입으면 종일 기분이 안 좋은 내가 이 무슨 몰골이란 말인가. 나도 모르게 한탄이 나왔다.

"아유~ 이 머리를 보고 누가 청담동에서 잘랐다고 생각하겠어. 흰머리가 많이도 났네."

창가에는 탁자가 있었고, 그 위에는 키 작은 노란 꽃이 작은 화병에 꽂혀 있었다. 역시 관지답다고 생각했다. 그런데 내 입에선 엉뚱한 소리가 나왔다.

"이 테이블보 일부러 뒤집어놓으신 거예요?"

올리브그린 모직 숄의 자수가 반대쪽이었다. 관지는 별 상관 안 한다고 대답하셨다.

그날은 부활절이었다. 그리고 교회 명예권사 취임식이 있어 주민들이 모여서 식사를 한다고 했다. 그래서 관지는 부랴부랴 섬마을 사람들이 해주신 잡채랑 고사리, 취나물이랑 밥을 차려주곤 다시 주민들에게로 갔다. 배고팠던 나는 밥과 반찬을 싹 비웠다. 그리고 혼자 미니 마일드 로스트 아메리카노에 우유를 타서 마셨다.

"왜 그쪽에 앉아 있어?"

한참 만에 돌아온 관지가 바다가 보이는 정면이 아닌 벽 쪽으로 앉아 집 앞 대나무를 바라보고 있는 내게 물으셨다.

"송전탑이 보여 불편해서요."

거대한 송전탑에 전선은 고작 두 가닥과 한 가닥. 맞은편 서 거차도에 멈춰 서 있는 풍력발전기. 자연이 아닌 것들이 눈을 피로하게 한다. 관지는 나더러 예민하다고 하셨다. 그러곤 잠시 대화 후 물으셨다.

"탈핵이 너를 행복하게 하니?"

탈핵한다고 전국을 걷는 내게 이게 대체 무슨 말인가?

"탈핵이 너랑 맞냐고? 그냥 청담동으로 가. 너는 자본의 맛도 아니까 돈을 벌어서 좋은 데 쓰면 되잖아. 네가 원하는 공모전 상금 같은 건 탈핵 정신이 아니야."

원고료 없는 글을 5년째 쓰면서, 그저 편안히 앉아서 상상으로 쓰는 것도 아니고 온몸으로 걷고 기면서 매달 단편소설 분량의 원고를 두 편씩 뽑아내 무료 배포하면서, 겨우 남은 미공개 이야기를 빡빡 긁어내 생존을 위한 유일한 길인 공모전을 바라보는 내게 도대체 무슨 말인지 혼란스러웠다.

오후 6시, 저녁 예배 시각이었다. 관지는 하죽도에 있는 하나뿐인 교회의 유일한 목회자. 하죽도에 있는 교회에 무보수 전도사로 가리라 결정한 후, 제일 처음으로 해남에 있는 내게 찾아와 알리셨다. 그날 나는 우리나라 최남단 땅끝까지 걸어갔다 왔었다. 그때 나도 관지처럼 세상 기득권 모두 버리고 좁은 길을 가리라 다시금 결심했었다. 그리고 신년 도보순례를 하죽도에서 시작하려고 했었다. 그러나 코로나19 바이러스 때문에 도민들이 불안해할까 봐 취소했다. 그때 못 온 하죽도를 세월호 참사 8주기 진도 팽목항 오는 길에 들른 것이었다.

26년 된 교회는 옛날 모습 그대로였다. 이전 현판도 바꾸지 않았다. 감사헌금을 하려고 봉투를 찾았는데 오래된 십일조, 추수감사헌금 봉투뿐이었다. 몇 장 없는 하얀 봉투에다 휴대전화기에 세 번 접어 끼워 넣은 비상금을 펴서 넣었다. 재활용을 위해 이름은 쓰지 않았다.

교인은 단 두 명. 팔십 대 부부였다. 도민 전체 네 가구 총 여섯 분 중 두 분만 교회에 나왔다. 그 두 분이 이 교회를 건축할 때부터 지금까지 섬겼다고 한다. 야생화로 꽂꽂이한 수반이 양쪽 두 개나 되었는데 조화와 균형이 완벽했다. 여자 권사님 솜씨였다. 부부는 목회자 없던 교회에 전도사님이 오신다고 사택에 텔레비전, 전기밥솥, 세탁기를 들여놓았다. 그리고 무보수인 줄 알고 오신 전도사님에게 생활비를 모아 사례비로 드린다. 관지는 그 돈의 절반가량을 다시 교회로 내어놓으신다.

예배 후 그날 명예권사님으로 추대된 부부를 소형 카메라로 사진 찍어드렸다. 교인들이 갓 쉰 살만 되면 단체로 권사 임직식을 하며 기백만 원씩 약정헌금을 받아 교회 건축을 하는 도시 교회에선 상상할 수 없는 광경이었다. 교회를 짓고 평생을 집사로 살며 교역자 떠난 빈 교회를 지키다 여든 살이 넘어 받는 권사직. 그보다 더 명예로운 권사가 어디 있을까. 낮 대예배 임직식에는 믿지 않는 도민들 전원인 네 분이 교회로 와서 축하를 해주었다고 했다.

"믿는 사람과 믿지 않는 사람이 함께 어울려 사는 교회, 얼마나 좋아!"

저녁식사 후 관지와 함께 산책을 했다. 상죽도에는 대나무가 없었다. 그리고 주민도 없었다. 상죽도가 하죽도보다 잘살아서 다리로 연결할 때 반대했었다는데, 그 잘살던 상죽도 사람들은 모두 섬을 빠져나가서 지금은 아무도 살지 않는다. 바닷가 자갈밭에 내려갔다가 올라왔다. 관지는 자갈밭에서 하트 모양 돌을 주워다 거실 책장에 진열해놓으셨다. 언젠가 전에 다니던 교회에서 마음 아픈 일이 있었을 때 바닷가에서 하트 모양의 돌멩이를 보고는 하느님 사랑을 느낀 적이 있으셨다고.

상죽도 제일 높은 지대에 남향집이 한 채 있었다. 돌담이 차곡차곡 쌓이고 마당에 정갈한 텃밭이 있는 일자형 집이었다. 툇마루에 앉으니 적당한 거리에 맞은편 산이 보였다. 송전탑도 보이지 않아 눈이 편안했다.

집 뒤로 난 길을 따라 동백나무와 진달래와 산벚꽃 사이로 들어갔다. 여태 본 것 중 가장 고혹적인 동백꽃이 있었다. 털 고무신을 신고도 잘만 걸었다. 숲길을 꼬불꼬불 한참 내려가니 암벽이 나왔다. 벼랑 끝까지 가서 서보았다. 눈 한 번 질끈 감으면 천 길 낭떠러지로 떨어질 수 있었지만 불안하지 않았다.

하죽도 끝

2022년 4월 18일 월요일 부활절 다음 날

오전 5시, 새벽기도 시각이었다. 목회자가 없던 기간에도 교인

부부는 새벽기도를 빠지지 않으셨단다. 지금은 새벽 4시부터 교회에 불이 켜 있다. 관지가 한 시간 전부터 와서 기다리시기 때문이다.

관지는 두려움에 관한 설교를 하셨다. 섬에서 뱀을 보았고 두려움을 떨치려고 그 뱀을 다시 마주하기 위해 지팡이를 짚고 그 길을 다시 가셨다고. 그런데 섬에서 빠져나와 다시 섬으로 들어오는 게 그토록 두려웠던 나는 기왕에 들어오는 것 두려움을 마주할 생각은 못 하고 왜 억지로 끌려오듯 마지못해 들어왔을까?

새벽 기도 후 6시 30분부터 조반을 먹었다. 숨이 만든 유기농 식빵 버터구이와 감자와 달걀을 으깨고, 채 썬 사과, 말린 방울토마토를 마요네즈에 버무려 으깬 감자와 내 마지막 원두 드립 커피. 훌륭한 조식이었다.

대화하던 중 관지가 자꾸 조끼 입고 월성핵발전소 인접지역 이주대책위원회 연대시위를 하지 않느냐고 재촉하셨다. 나는 다들 약속을 쉽게 안 지키는데 왜 나만 약속을 지키려고 애를 쓰는지 모르겠다고 했다. 팽목항 약속도, 하죽도행 약속도 다 깨졌는데, 나도 한 번 약속을 안 지켜보고 싶다고.

매주 월요일 오전 8시 20~40분 월성핵발전소 인접지역 이주대책위원회 상여시위와 함께하자는 약속은 작년 6월 말, 남원 청명네에서 넷이 한 것이었다. 그중 셋만 열심히 지키고 있다. 하지만 청명이 곳곳에서 만나는 사람마다 연대시키는 바람에 인원이 늘고 있다. 한참 뒤에 알았는데 니키와 나 외 다른 사람들은 월요일 그 시간대가 아니라 다른 날 연대사진을 찍어서 미리 준다고 했다. 청명은 연대가 목적이므로 시간은 상관없이 참여가 중요하다고 했지만, 그럼에도 월요일 그 시간대에 니키와 나와 함께 순례했다. 해남에서 내가 조끼를 건네드린 관지는 한 번 이외에 도통 참여를 안 하더니 내가 왔으니 같이 걸어주겠다고 하셨다.

억지로 조끼를 입고 나갔다. 상죽도 남향집으로 가다가 내가 폐교를 보고 싶다고 했다. 관지 블로그에서 보고 제일 마음에 들었던 하죽도 모습이었다. 다리까지 가다 돌아서 가는 길에 찌그러진 하트 돌멩이가 눈에 띄었다.

"어머, 얘도 하트네."

2004년에 폐교된 학교는 사진에서 보았을 때 느꼈듯이 공방으로 쓰고 싶은 곳이었다. 관지는 그곳을 뭔가로 만들고 싶어 하셨다. 예술가들이 와서 작업할 수 있는 작업실로, 또는 1년에 일주일 정도 우리 친구들이 모여 토론도 하고 맛있는 음식과 와인을 나누는 공간으로.

그 섬에 들어갈 때, 나는 아무 말도 하고 싶지 않았다. 그런데 점심식사 후 한참을 대화했다. 관지는 그렇게 조곤조곤 이야기 나누는 시간이 좋다고 하셨다.

"나갈 생각이 없으면 이 섬은 천국이겠네요."

"응, 나갈 생각 없어."

"나갈 생각 없고, 기다리는 사람 없으면……"

잠시 대화를 멈춘 내가 창가 테이블에서 앉아 있는 모습을 관지가 휴대전화기로 사진 찍어서 전송해주셨다. 내 좋은 모습을 좀 보라고. 늘 바라던, 창가에서 글을 읽거나 쓰는 모습이었다. 관지는 지난해 진도에서도 내게 공주처럼 사랑받고 살아야 마땅한 애가 왜 이러고 사냐고 안타까워하셨다.

좀 쉬고 싶었다. 그런데 관지가 내게 색연필을 주셨다. 영국제 24색에서 멕시코제 48색을 새로 마련해 쓰는 내게 오스트리아제 색연필 몇 개와 만화 원고 용지를 주며 그림을 그리라고 하여 테이블 위에 있는 노란 꽃을 그리기 시작했다.

"이 꽃이 뭐예요?"

처음으로 관심을 보였다.

"쑥갓꽃."

쑥갓은 사람에게 잎도 먹여주고 그렇게 예쁜 꽃도 피워주었다. 관지가 나를 위해 꽂아놓은 것이라고 하셨다. 그리고 테이블도 나를 위해 일부러 창가로 옮겨놓으셨다고. 그저 관지의 라이프 스타일이라고 생각했는데, 그게 아니었다. 모두 나를 위해서 준비하신 거였다.

"아니 애가 보통 때 같으면 오자마자, '어머~ 꽃이 이렇게 이뻐?' 했을 텐데……."

아름답고 예쁜 것에 화들짝 반색하던 나는 아무것에도 관심 없이 자꾸만 지난날을 추억하며 서글퍼하고 있었다. 관지는 내 이야기의 3할이 나이고 7할은 남이라고 하셨다. 그러니 자기 이야기를 좀 하라고. 자기 안의 소리를 좀 들으라고.

피곤해서 잠시 눈을 붙였다. 일어나니 집 안에 아무도 없었다. 산책을 나섰다. 다시 상죽도의 맨 위 남향집에 가보았다. 담장이 예뻤다. 그 돌담 위에 아침에 길에서 주운 찌그러진 하트 모양 돌멩이를 올려놓았다.

'다시 올 때까지 잘 있어.'

상하죽도 갯바위에 멀찍이 각각 한 분씩 두 분이 교집합 모양으로 허리를 구부린 채 무언가를 채취하고 있었다. 육십 대 중반인 관지가 그 섬에서 제일 젊다. 그런데도 나머지 여섯 주민은 배를 타거나 밭을 일구거나 해산물을 채취하거나 쉬지 않고 노동을 했다.

첫날 상죽도 끝을 보았으니 하죽도 끝을 보고 싶었다. 좁은 마을이었지만 한 번 길을 헤매고는 가보지 않은 길에 들어섰다. 아담한 나무가 숲을 이룬 아름다운 길이었다. 바닥에 난 숲길을 따라 걸었다. 갈림길에서는 사람이 조금 더 많이 다닌 길을 택했다. 그런데 가다가 바닥에 떨어져 죽은 작고 예쁜 산새를 보았다. 순간 죽은 산새가 내 모습처럼 여겨졌다. 그래서 밟히지 않게 길옆으로 밀어서 묻어주려고 했다. 새를 들려고 주운 나뭇가지는 썩었는지 툭 꺾였다. 묻어주기를 포기했다.

'밟히는 것도 자연이야.'

바다로 난 오솔길을 따라가다가 깨달았다. 관지는 지금 현재 이야기를 하고 있는데 나는 계속 과거 이야기를 하고 있었다. 몸은 여기 있는데 마음은 과거에 가 있는. 그때 곁에 있는 사람이 느끼는 소외되고 슬픈 감정을 누구보다 잘 아는 내가 똑같은 짓을 하고 있는 거였다.

바다가 나타났다. 켜켜이 퇴적된 암석들 위에 앉았다. 익숙한 광경이었다. 산티아고 순례길에서 보통은 마지막 지점이라고 하는 산티아고 성당을 지나, 세계의 땅끝이라는 피니스테레에 갔다가, 거기서 버스를 타고 묵시아까지 갔었다. 아무도 없는 바위산을 가시에 찔리며 기어올라 앉아 있던, 그곳이 가장 좋았었다. 대한민국의 하죽도 끝은 스페인의 묵시아와 닮은 곳이었다. 그곳에서 일몰을 보았다. 그때도 비슷한 감정이었다. 순례의 마지막에 어울리는, 비움의 끝과 같은 정적.

그날 밤, 관지와 심각한 대화를 했다. 지난해 4월, 세월호 7주기 추모 도보순례를 하려고 진도에 갔을 때 관지는 내가 성경에 나오는 돌아온 탕자인 둘째 아들 같다고 했었다. 부자 아버지를 떠나 돼지 먹는 쥐엄 열매로 배를 채우고자 하는 둘째 아들. 그런데 1년 후, 나는 남의 집에서 돼지 쥐엄 열매도 못 먹던 둘째 아들보다 더한 귀신 들린 자였다. 혼자 먼 길을 걸을수록 생명이 솟아 나오는 게 아니라 온갖 상념에 빠져 생각이 흔드는 대로 비틀거리고 있었다. 독처하는 자는 쉽게 위험에 노출된다. 그래서 성경에 누누이 나왔다. 독처하지 말라고.

"그만 걸어."

관지가 말하셨다. 이미 알고 있었다. 제주에서 빠져나올 때 느끼고 있었다. 그만 걸어야 할 때라고. 내 걸음에 더는 생명도 평화도 자유도 없었다. 반면 관지는 왕후의 모습이었다. 하죽도의 모든 사람이 관지를 대접해주었다. 나는 관지가 얼마나 요리를 잘하고 실내 꾸미기도 잘하시는지 알고 있다. 봄이면 쑥과 꽃망울을 뜯어 덖어서 차를 만들고 싶어 근질근질한지도 안다. 수

십 년 된 교회를 그 모습 그대로 두는 게 쉽지 않다는 것도 안다. 그러나 관지는 아무것도 하지 않고 참으신다. 도민들의 섬기는 기쁨을 위해. 교인들이 지어놓은 교회를 그대로 보존하기 위해. 대신 관지는 새벽마다 깜깜한 교회에서 부부 둘이 드리던 예배에 한 시간 일찍 가서 불을 밝히고 기다리신다. 그들을 위해 성경 말씀을 가르쳐주고 그들과 그들 가족과 나라와 세계를 위해 기도하신다. 온종일 말씀을 묵상하고 설교 준비를 위해 다른 노동을 하지 않으신다. 에너지를 분산하지 않기 위해서.

그 모습은 이전의 내 모습이었다. 나는 차려준 밥을 먹고 설거지도 하지 않았었다. 정말 이상했지만 가는 곳마다 사람들은 나를 그렇게 대했었다. 집안 살림을 못 하는 내가 할 일은 운전이나 현장 취재와 글 쓰는 일뿐이었다. 가만히 앉아서 밤낮이 바뀌도록 글만 써도 당당했었다. 글 쓰는 시간 이외에는 산책을 했다. 가끔 예쁜 옷을 차려입고 멋지고 좋은 사람들을 만날 때도 있었다. 그런데 정직한 노동으로 자급하며 독립하겠다고 집을 나와, 남의 집 일을 하고, 길을 찾겠다고 걸으면서 점점 내 모습을 잃어가고 있었다. 나는 어울리지 않는 자리에서 비움 실천 흉내를 내고 있었다. 나는 내 자리에서 내가 할 일을 해야 했다.

그동안 사람들이 나를 어떻게 보는지 점차 알게 되었다. 작가인데 요양보호사 일을 한다고 하면 낮은 삶을 산다고 할 줄 알았는데, 나이 먹고 능력 없는 자로 취급했다. 내 거처를 염려하며 소개해준 자리들은 나와 영 맞지 않았다. 그러나 그러한 일로 상처받지 않는다. 나 역시 사람들의 안목을 분별할 기회를 얻은 셈이니까. 잘 차려입고 세단을 몰고 가는 나와 맨얼굴에 걸고 낫질하는 나는 같은 사람인데 사람들은 당장 눈앞에 보이는 것으로 나를 평가했다. 나는 자본의 가치로 산정할 수 없는 작가다. 내 안에는 돈으로 살 수 없는 무형의 자산이 가득하다. 그런데 사람들은 내게 다른 일을 해서 생계를 유지하며 글을 쓰라고 했다. 내가 제일 잘하는 게 글쓰기이고 내 노동이 글쓰기인데 다른 일을 하라니. 의사한테 환자 병 고치지 말고, 교수한테 학생 가르치지 말고, 다른 일을 해서 생계를 유지하라고 하는가?

그래도 자본주의에 굴복하지 않고 다른 세상을 꿈꾸겠다며 온몸과 온 마음을 다해 쉬지 않고 걷고 썼다. 그러나 그것은 고행을 내세운 합리화였다. 물론 처음에는 순수했다. 그러나 시간이 지날수록 나는 탈핵이라는 기치를 내세우며 내 방랑을 미화했다. 세월호 참사 이후 교회와 멀어졌고, 산티아고 순례 후 교회를 떠났다. 그러면서도 내가 여전히 하나님의 딸인 줄 알았다. 내가 무슨 방종을 저질러도 그분의 사랑은 날 떠나지 않는다고 자만했다. 그런데 하죽도에서 믿을 수 없이 추락한 내 실체를 목도했다. 그러자 모든 것이 명료해졌다.

하죽도를 떠나며

새벽 5시. 성전에 올라갔다. 신약성경에 나오는 선지자 안나처럼 관지가 한 시간 전부터 앉아 있으셨다. 예배 후 기도 시간이었다. 내 영혼은 절박했다. 나는 기도했다.

"내 영혼아 잠잠하라! 하나님의 소리를 들으라!

주여, 나를 도우소서!"

다시 우아하게 조반을 먹으며 관지가 알려주셨다. 내 얼굴로 돌아왔다고. 기품 있는.

"너는 내 이름을 세상에 꺼내게 해준 사람이야."

탈핵희망국토도보순례로 처음 만났던 2019년 2월 9일, 삼례 원불교 수계농원에서 내가 무슨 이름으로 부르면 되냐고 당돌하게 물었단다.

관지貫之.

이전에 관지는 시 쓰는 전도사였다. 내가 그 이름을 불러주었을 때 관지는 영혼을 꿰뚫어 보는 사람이 되었다. 이후 1인 출판사를 차린 관지는 지난 시집을 재발간하며 내게 뒤표지 글을 부탁하셨다. 청탁 마감일에 가까스로 글을 보냈다. 여러 날이 지난 2020년 5월, 내가 집을 나와 처음으로 간 원주 토지문화관에 관지의 선물이 도착했다. 내 글이 뒤표지에 실린 관지의 첫 시집과 관지가 손수 덖은 쑥차와 레이스 달린 광목 잠옷 한 벌이었다.

관지가 주워놓은 하트 모양 돌멩이 중 하나를 기념품으로 가

저가라고 하셨다. 나도 제일 마음에 들어한, 가장 작은 분홍색 돌을 쥐었다 놓는 게 보였다.

"아니에요. 가는 데마다 돌멩이를 주워 온 적이 있었어요. 이젠 다 부질없어요."

관지는 뭘 자꾸 주고 싶었는지 방에서 광목으로 만든 주머니를 하나 가지고 오셨다.

"다닐 때 속옷이나 뭐라도 넣어 가지고 다녀."

잠옷과 세트였다. 작년 진도에서 관지가 만들어주신 소창 소변 거즈와 얇은 목도리도 아직까지 잘 쓰고 있었다. 모든 게 고마웠다.

내가 떠나기 전, 관지는 창가에 서서 밖을 바라보며 혼잣말로 중얼거리셨다.

"하느님은 순수한 사람을 좋아하셔. 여기 온 세 사람이 다 그랬어."

내가 그 섬에 간 세 번째 손님이었다.

작년 4월에 진도에서 관지가 물으셨다.

"내년엔 누구랑 올까?"

"글쎄요?"

"혼자 왔으면 좋겠다."

나는 관지가 원하던 대로 다음 해 4월에 혼자 갔다.

하죽도에서 배를 기다리는데 관지가 1년 전처럼 질문하셨다.

"다음에 언제 올 거야?"

"내일 일도 모르는데요."

참으로 일관성 있게 답했지만 나는 알고 있다. 언제 다시 갈지. 그러나 그건 비밀이다. 정말 소중한 건 함부로 말하지 않기 때문이다.

섬사랑 2호에 올랐다. 배가 뒤로 멀어지고 갑판이 올라가 서로를 가리기 직전, 우리는 동시에 팔을 올려 하트를 만들어 보였다. 배가 옆으로 방향을 틀어 배 사이 구멍으로 보이는 항구에 관지의 모습이 보였다. 겉보기만 그럴듯한 청주 교회에서 부당해고 당한 관지가 손주에게 온 신경을 쏟을 때 그이는 행복하셨다지만 나는 실망스러웠다. 편찮으신 할머니를 돌보실 때는 속상했다. 그런데 지금의 관지는 위로부터 오는 권위와 여유로움, 무엇보다 내가 좋아하는 품격이 있었다. 관지는 자신이 있어야 할 바로 그 자리에 있으셨다.

관지는 그 섬에서 죽을 때까지 있고 싶다고 하셨다. 섬에 아무도 남지 않아도 혼자 교회를 지키며 살고 싶다고. 이 어두운 세상에 아직도 선지자가 남아 있다면 그런 모습이 아닐까. 그 관지가 내 탈핵 벗인 게 자랑스럽다. 우리는 길 위에서 만났다.

진도에서 세 시간 배를 타고, 갈아타면 두 시간에 갈 수 있는 섬, 동거차도와 서거차도 사이에 숨어 관광 지도에도 없는 섬, 그 작은 섬에 쓸모없는 것 포함한 송전탑이 세 개나 박혀 있는 섬, 상죽도와 하죽도가 다리로 연결돼 하죽도에만 일곱 명이 살고 있는 섬, 추레한 들고양이 서너 마리와 겁 많은 뱀 외에는 산짐승도 없는 섬, 동백꽃과 산벚꽃과 진달래가 동산 가득한 섬, 상죽도와 하죽도 끝에 아름다운 바위와 바다가 펼쳐진 곳, 그 사이에 올망졸망 교회와 집들이 모여 있는 섬, 하죽도. 하죽도는 가고 싶다고 갈 수 있는 섬이 아니다. 그곳에는 초대된 사람만이 갈 수 있다. 새벽마다 성전에서 등불을 밝히고 기도로 초청하는 사람. 낙심한 영혼, 그래서 새 힘을 얻고자 하는 영혼.

청함을 받은 자는 많되 택함을 입은 자는 적으니라

(마태복음 22:14)

진도의 관지 집으로 돌아왔다. 휴대전화기 전원을 껐다. 관지가 싸준 삶은 달걀 세 알과 딱딱한 머핀 네 개 중 두 개로 끼니를 때우며 구약과 신약성경을 통독했다. 집 안에 시계가 없어, 해가 지고 뜨는 것으로 2박 3일이 지났음을 알았다.

여전히 떠오르는 의문이 있었다. 제주에서 나온 뒤 그토록 가기 싫었는데, 안 간다고나 못 간다고 하면 됐을 텐데, 왜 하죽도에 갔을까? 가면 정체가 드러날 게 뻔했을 텐데 왜? 약속. 약속 때문이었다. 사람들이 쉽게도 안 지키는 약속을 나는 싫어도 지키려고 했다. 고지식하고 융통성 없는 내게 마지막 남은 도덕성. 그 이유가 떠오르자 무릎을 꿇고 울었다. 자유의지였다. 주님은 나를 강제로 움직이지 않으셨다. 내게는 걸을 자유와 멈출 자유와 약속을 지킬 의지가 있었다.

우수영성당

눈을 떠보니 창에 빛이 들어오는 게 보였다. 이부자리에서 기도했다. "주님, 응답해주세요." 꼬르륵~ 배가 대답했다. 하지만 아무것도 먹기 싫었다. 세수하다가 그날이 주일이고, 우수영성당에 가야겠다는 생각이 들었다. 맞대면하자, 야곱의 씨름처럼. 시간을 알 수 없었으나 천천히 준비했다.

몇 벌 없는 옷 중에 제일 좋은 걸 골랐다. 검고 얇은 터틀넥 폴라에 부암동 디자이너 작품인 감색에 검은 테두리 레이스가 박힌 긴 로브와 통인동에서 산 청바지에 검은 양말을 신었다. 언제 했는지 기억도 나지 않는 화장을 하려니 얼굴에 분이 먹질 않았다. 마스크를 써야 했지만 립스틱을 발라보았는데 그 역시 입술선이 뭉그러져 바르지 않느니만 못했다. 세월호 리본도 떼고 탈핵 몸자보도 떼고, 노란 리본 맨 헝겊 가방도 말고, 내 신념이 드러나는 아무것도 걸치지 않았다. 그리고 신발은…… 다 떨어진 등산화와 털 고무신과 노란 단화 중 구두를 신어야 했으니 단화를 신었다.

차에 시동을 걸어보니 오전 9시 30분. 보통 주일 미사 시각은 오전 10시나 11시 혹은 10시 30분일 것이다.

오전 10시 정각, 우수영성당에 도착했다. 세 번째였다. 일주일 전, 천에 싸여 가려 있던 십자가상, 성모상, 예수님상 모두 벗겨진 채였다. 미사 시각은 11시였다. 마침내 미사를 시작했다.

스쳐 가는 신부님의 뒷모습에서 권위와 위엄이 넘쳐흘렀다. 내 몸과 마음이 엄숙하게 반응했다. 황급히 주보를 찾아보았다.

'김희중 히지노 대주교님께서 본당에 사목방문을 하셨습니다.'

천주교 신자가 아닌 나는 이 용어들이 무엇을 뜻하는지 잘 모른다. 하지만 대주교님이 높은 분이고 매주 이 성당에 오는 분이 아니라는 것 정도는 알 수 있었다. 본문은 토마스의 이야기였다. 개신교에선 도마라고 한다.

여드레를 지나서 제자들이 다시 집 안에 있을 때에 도마도 함께 있고 문들이 닫혔는데 예수께서 오사 가운데 서서 이르시되 너희에게 평강이 있을지어다 하시고 도마에게 이르시되 네 손가락을 이리 내밀어 내 손을 보고 네 손을 내밀어 내 옆구리에 넣어보라 그리하여 믿음 없는 자가 되지 말고 믿는 자가 되라 도마가 대답하여 이르되 나의 주님이시요 나의 하나님이시니이다 예수께서 이르시되 너는 나를 본 고로 믿느냐 보지 못하고 믿는 자들은 복되도다 하시니라

(요한복음 20:26-29)

도마. 진해 주기철목사기념관에서 본 본문도 디두모라 하는 도마의 이야기였다. 도마는 요한복음 11장에서 예수님이 죽은 나사로를 살리러 가신다고 했을 때 저 혼자 나서서 "우리도 주(그)와 함께 죽으러 가자"고 했던 제자다. 완전 행동파였다. 가슴이 움직이면 머리로 따지기 전에 발이 먼저 나가는 나랑 똑같다. 토마스, 도마는 순수하고 열정적인 사람이었다. 그리고 도마가 특별히 믿음이 약한 제자는 아니었다. 다른 제자들은 안식 후 첫날 예수님을 만나서 손과 옆구리를 이미 보았다. 그런데 도마는 그때에 함께 있지 아니하였다. 다른 제자들도 보았으니 믿은 거였다. 리얼리스트인 나는 똥인지 된장인지 찍어 먹어봐야 직성이 풀린다. 그래서 지금까지 수천 킬로미터를 걸어왔다. 스페인 산티아고부터 한국의 땅끝과 섬까지 만신창이가 되어서. 그런 나에게 '본 고로 믿느냐 보지 못하고 믿는 자들은 복되도다'라시면서도, 내가 도마 같은 인간형임을 알게 해주시는 말씀이었다.

미사가 끝났다. 성당 문 옆에 우두커니 서서 사람들이 대주교님께 허리 숙여 인사하고 주임 신부가 그들을 일일이 소개하는 모습을 멀찍이서 지켜보았다. 인사 행렬이 끝나자 대주교님이 내게 다가오셨다.

"어떻게 오셨습니까?"

우주에 둘만 마주 서 있는 듯한 그 찰나, 입보다 정직한 눈에 눈물이 고이며 내 영혼은 목소리를 길어내 아주 짧게 세 문장을 말했다.

"저는 일곱째별이라고 합니다. 르포작가인데요, 전국을 다니며 글을 썼어요. 이젠 그만 쓰려고요."

그런데 그분이 더 짧은 세 문장으로 말씀하셨다.

"아닙니다. 계속 쓰십시오. 귀한 소임입니다."

동백의 꽃말, '그 누구보다 당신을 사랑합니다'

돌아오는 차 안에서 감사와 감동과 감복이 처절한 통곡으로 터져 나왔다.

금강 순례

아픈 순례자

2023년 1월 7일 토요일

충청남도 논산시 연산역-논산역 12.8km, 논산 천변 산책 6.4km: 19.2km

2022년 2학기부터 대전의 모 대학교에서 강의를 시작했다. 특강이 아닌 정규 강의는 처음이라 혼신의 에너지를 다 쏟았다. 그리고 겨울 계절학기 수업까지 마쳤다. 드디어 마음 놓고 걸을 수 있게 되었다. 계절학기 때 지낸 왜가리 아파트에서 나서는데 오전이 다 지나갔다. 날이 매우 추웠다. 혼자 하는 순례에는 대중교통편이 연결돼야 짐을 가지고 이동할 수 있다. 이번에는 금강 따라 기차역을 기점으로 순례하기로 했다.

지난해 봄 이후 담양 거처 계룡시와 논산시 경계부터 계룡역까지, 그리고 연말에 대전 계족산 둘레길을 60여 킬로미터 걸었으니, 옆 마을인 논산시 연산면부터 금강 하구 쪽으로 걸을 계획이었다. 종착 예정지는 충남 서천군 홍원항 서천화력발전소 송전탑 피해주민 마을이었다.

시작 지점은 연산역이었다. 논산역까지 걸어가 기차를 타고 돌아올 계획이었다. 연산역 앞에 주차하고 근처를 둘러보다 첨성대처럼 생긴 커다란 탑이 특이해서 가까이 가보았더니 급수탑이었다. 등록문화재 제48호인 연산역 급수탑은 '호남선 개통과 함께 증가한 증기기관차에 물을 공급하기 위해 1911년 12월 30일에 설치하여 1970년대까지 약 60여 년간 사용되었다'. 높이 16.2미터 바닥 면적 16.6제곱미터 총 용량은 30톤인 급수탑은 물탱크를 장치한 탑이었다. (국가유산 디지털 서비스에 기재된 첨성대 크기는 세로 5340, 높이 9070밀리미터이니 급수탑은 첨성대보다 7미터가량 더 컸다.) 일제강점기에 전국 각지에 철도망을 부설할 당시 주요 역마다 기관차 급수시설을 설치하였는데, 충남에는 서대전과 강경역에 있었으나, 약 30년 전에 철거되고 연산역에만 남아 있다고 한다.

오후 1시, 살얼음이 얼린 연산천을 따라 걷노라니 한 학기 동안 적체되고 경직된 긴장이 풀리기 시작했다. 학기 내내 고민은 강의 준비 스트레스보다 잃어버린 내 모습이었다. 지난 2년 동안 어렵게 어렵게 회복해놓은, 천천히 느리게 살고자 하던 자연인으로의 모습을 잃는 건 순식간이었다. 약육강식까지는 아니더라도 적자생존을 위해 사회에서 필요한 기술과 소양을 가르치는 동안, 순간순간 나의 옛 모습이 튀어나와 내가 너그러운 줄 알았던 학생들을 긴장시킬 수밖에 없었다. 덕분에 출강 두 달 만에 전공 관련 공모전에서 출품작 75퍼센트 수상이라는 혁혁한 공로를 세웠지만, 돌아온 반응은 예상 밖으로 미미했다. 나는 학생들에게 과도한 애정을 쏟아부었다. 그리고 한 학기 만에 탈진했다. 예상했던 일이었다.

힘 조절 못 함이 대인관계에서 빈번히 발생하는 문제점임을 알면서도 항상 그래왔다. 첫눈에 반하고, 있는 걸 다 내주고, 속을 다 까발려 보이고. 그러곤 기대 이하의 반응이 나오면 번번이 실망하면서도 나는 그걸 순수하다고 주장하고 있었다. 그래서 당분간 사람들을 만나지 않아도 되니 편안해졌다. 혼자 걷고 있음이 그 자체로 자유롭고 기뻤다.

부황1리 마을회관 앞에서 처음으로 앉아서 쉬었다. 해남의 나무가 인도 스승님으로부터 받은 가르침, '물은 반드시 앉아서 마셔라'. 그러나 혼자 걷다가 앉아서 물을 마시는 건 쉽지 않다. 가방 내리고 방석 펴고 앉았다 일어나는 데는 생각보다 많은 여유와 시간이 필요하다. 그래서 서서 마시기 일쑤다. 하지만 앉아서 등산화 끈을 헐겁게 해 통풍을 시켜 발의 피로를 풀어주고, 간식을 먹어서 몸의 열량을 채우면 다음 걸음이 수월해진다. 그렇게 전해 들은 가르침을 실천해보았다. 자이구루~('당신을 이렇게 훌륭히 키워주신 당신의 모든 스승들을 위하여'라는 뜻의 인도 인사말)

길을 잃지 않고 예상 거리 절반 이상 걸었을 때였다. 논을 가로질러 덕은감리교회를 막 지나자마자 돌발 상황이 벌어졌다.

앉아서 물 마시고 쉬다, 자이구루

손목 토시 한 짝이 사라진 걸 알아챈 것이었다. 남은 시간 줄기차게 가도 기차를 겨우 탈 수 있을까 말까 했다. 계속 전진해야만 하는 상황이었다. 그런데 내 몸이 방향을 틀어 되돌아가기 시작했다. 이성적으로 설명할 수 없는 행동이었다. 곁에서 누가 날 좀 말려줬으면 했다. 그렇게 마구 뛰어가면서 2년 전과 최근에 두 번 읽은 책의 한 페이지가 떠올랐다.

보통 오랜 기간 동안 스트레스를 받으면 외부의 위험에 곧바로 대처하기 위해 정신뿐만 아니라 신체 역시 긴장을 늦추지 않는다고 한다.
나르시시즘 관계에서는 상대가 자주 분노를 터트리고, 모든 일의 책임을 떠넘기며 협박하는 등 위협을 느끼는 일이 비일비재하다.

따라서 여성은 항상 경계 태세를 갖추고 다음 순간에 무슨 일이 벌어질지 스스로 대비해야 한다. 그리고 그 과정에서 고도의 스트레스가 발생한다. 나르시시즘 관계를 지속하는 여성이 비관적인 감정에서 빠져나오지 못하는 이유를 여기서 찾을 수 있다. 여성의 신체가 코르티솔과 아드레날린 수치를 일정하게 유지하기 위해 무의식적으로 스트레스를 찾는 것이다. 스트레스 호르몬 수치가 떨어지는 상황을 미연에 방지하려고 지속적인 자극을 쫓아다닌다.

분명 스트레스를 찾는 증세였다. 어쨌든 나는 500여 미터 가까이 되돌아갔다가 토시를 찾지도 못하고 다시 돌아오는 헛수고를 했다. 그러면서 토시에게 덜 미안하고 내 상황에 최선을 다한 기분이었다. 그러고는 뛰었다. 길도 몰라 헤매면서도 걷고 뜀을 반복했다. 논산역에 다다랐을 때 오후 4시가 막 넘어 있었고 계단을 오를 때 플랫폼으로 연산행 기차가 미끄러져 들어오는 게 보였다. 내가 기억하고 있던 4시 9분이 아닌 5분이었다. 1킬로미터 더 걷고도 4분을 단축한 것이다. 심장이 터질 듯한 상태로 무궁화호 의자에 몸을 던졌다. 나는 극도의 긴장을 즐기고 있었고 그 아슬아슬한 성취는 타는 목구멍만큼 짜릿했다. 어쩌면 막판까지 몰고 가도 기차를 탈 수 있으리라는 무의식이 계산된 극한 상황이라면 나는 결국 살긴 하겠구나 싶었다.

햇님쉼터한의원으로 갔다. 해남의 나무가 내 도보순례 소식을 듣고는 연락해놓은 곳이었다. 원장님과 감꽃과 저녁식사 후

긴 산책을 했다. 훤히 뚫린 둑길 위로 덩그러니 떠 있는 보름 다음 날 달은 수태할 만한 정기를 품어냈다.

"(사랑하는 사람과) 손잡고 산책하는 게 제 로망이에요."

나도 모르게 툭 튀어나온 그 말을 시작으로 학기 중 엄근진(엄숙·근엄·진지)했던 내가 벗겨지고 발랄한 내가 드러났다. 원장님은 구십 노모의 자애로운 미소 사진을 보여주며 그런 사랑을 한 번만 받아보면 된다고 하셨다. 낮의 일을 말씀드렸다. 말도 안 되는 도박 같은 걸음과 읽었던 책의 기억나는 문장 중 코르티솔과 아드레날린 수치. 그러자 원장님이 답변하셨다.

"치료를 받아야 돼요."

성지순례 시작

햇님쉼터한의원 황토방에서 눈을 뜨니 민망하게도 오전 11시 가까이 되어 있었다. 전날 밤 와인 마시고 1시쯤 잠들었는데 한 학기 동안 쌓인 피로감이 풀린 모양이었다. 지난 저녁에 먹고 남은 굴떡국을 먹고 순례를 나섰다. 강경역 근처에 자동차를 두고 논산역까지 기차를 타고 가서 다시 강경까지 걸어오는 방법을 택했다. 도착지에 자동차가 있으면 마음에 한껏 여유가 생긴다.

거리가 짧아 가뿐하게 걷고 오후 5시쯤 강경에 들어서자 '스승의 날'이 시작되었다는 강경고등학교 맞은편에 초등학교가 보였는데 강당이 근대건축물이었다.

길에 강경성당 이정표가 있어서 골목으로 800미터 들어가보았다. 아이보리색 건물에 높고 뾰족한 적벽돌색 지붕의 대성당보다 곡선인 듯한 직선의 지붕 선과 아치형 문이 어우러진 간결하고도 독특한 양식의 건축물이 먼저 눈에 띄었다. 김대건기념관이었다.

강경성당은 '김대건 안드레아 신부가 1845년 8월 17일 중국 상해 금가항성당에서 사제서품을 받고 그해 10월 12일 페레올 주교 다블뤼 신부 등 일행과 함께 라파엘호로 강경 황산포 부근에 도착하여 감격스러운 첫 미사를 봉헌하고 한 달 정도 구순오 집에 머물면서 성사를 집전하며 교우들을 돌본 한국 천주교회 첫 사목지이다'. 1961년에 건립된 강경성당은 높은 탑 건축구조 형식으로 건축 및 종교사적 가치가 높아 등록문화재 650호로 지정되었다. 그리고 지난해에 성지로 지정되었다고 한다.

그런데 높은 첨탑의 대성전과 독특한 양식의 기념관이 아닌, 평범한 김대건교육관에서 나를 잡아끈 것이 있었다. 게시판에 붙은 2022년 8월 21일 주일 자 가톨릭신문 한 장이었다.

'서천 지역 신자들 믿음터이자 페롱 신부 사목 거점' 산막골성지

원주 토지문화관에 입주할 당시 가보았던 배론성지에서 알게 된 최양업 신부와 깊은 우정을 나누었다는 프랑스 페롱 신부의 사목 거점 산막골이 서천에 있었다. 1827년생 페롱 신부는 1850년 12월 21일 사제품을 받고 1856년 1월 23일 조선에 도착해 경상도 서북부 지방을 맡아 전도 활동을 시작했다. 그리고 도착한 지 2년이 지난 1858년 9월 등에 산막골에서 6통의 편지를 작성했다. 그동안 산막골은 경북 상주시 모동면 신흥1리로 알려졌는데, 페롱 신부의 집주인이자 복사였던 황기원, 황천일의 거주지가 서천 산막동이었던 점으로 미루어 서천군 판교면 금덕리가 확실하다는 게 2010년 호남교회사연구소 서종태 박사의 〈박해기 서천지역 천주교회사에 대한 연구〉 자료집을 통해 밝혀졌다. 서천 산막골성지. 즉흥적으로 못 말리는 궁금증이 유발됐다.

차를 세워둔 기차역으로 가는 길에 두 해 전 새우젓을 산 곳

충남 논산시 강경읍 강경성지성당

이 있었다. 젓갈로 유명한 강경에서도 제일 유명하다고 해서 일부러 찾아온 곳이었다. 추억이 솟아올라 들어가보았다. 그때도 이번에도 할머니는 보이지 않았다. 잠자리를 제공해준 햇님쉼터한의원에 드릴 젓갈 두 종류를 사면서 성당 이야기를 꺼냈다.

"지난번에 왔을 때는 강경성당이 이렇게 가까이 있는 줄 몰랐어요."

"작년에 성지가 되었어요. 저희 어머니가 성전 건축하는 데 개인으로는 헌금을 가장 많이 하셨을 거예요. 그래서 공로패도 받으셨어요."

상점 입구 쪽에 공로패가 있었다. 독실한 신앙심이 성업을 이루었을까? 무엇에든 열심히 하는 성품이 장사든 신앙생활이든 훌륭히 해내게 했을까? 하나님의 은혜로 부자가 되셨을까? 두 번이나 갔던 곳이 여전히 잘되고 있고, 내가 사고 드린 돈도 그토록 아름다운 성당을 짓는 데 쓰였으리라 생각하니 감사했다.

성지순례길의 선한 사람들

2023년 1월 9일 월요일

논산시 강경성지성당-강경포구-익산시 나바위성지-성당포구 15.3km

아침에 강경성지성당으로 갔다. 기념관 옆 크리스마스 장식을 막 걸고 있었다. 전날 초저녁에 동방박사들과 요셉과 마리아와 우리나라 이불을 덮은 아기 예수님을 뵈었으니 얼마나 다행이었는지 모른다. 기도로 순례를 시작했다. 차를 그곳에 세우고 출발했다.

강경포구로 가니 금강 자전거 길이 양쪽으로 나 있었다. 한쪽은 대청호, 다른 한쪽은 금강하구둑 쪽이었다. 하구둑으로 향했다. 하구둑 자전거 길을 가다가 길에서 벗어나 나바위성지로 향했다.

치유의 경당이 보였다. '육체적으로나 영적으로 치유와 위안을 주는 장소'라는 안내문이 있었다. 숨을 들이켜고 손잡이를 잡아 돌려보았다. 문이 잠겨 있었다. 성전도 마찬가지였다. 월요일이라 그랬는지 기도할 수 있는 곳이 아무 데도 없었다.

동산 위에 성 김대건 신부 순교 기념탑 뒤로 망금정望錦亭이 있었다.

나바위성당이 설립된 이후 초대 대구 교구장이신 드망즈 주교는 더할 수 없이 아름답고 조용한 분위기를 감탄하셨고, 1912년부터 해마다 5, 6월이면 화산 정상인 이곳에서 금강을 굽어보며 피정을 하셨다. 1915년 주임신부인 요셉 베르모렐(장약실) 신부는 피정하시는 주교님을 위해 "아름다움을 바란다"는 뜻으로 망금정을 지었다.

그럴 만했다. 정자에 앉아 금강을 굽어보며 있노라니 더 걷고 싶은 생각도 사라질 만큼 세상이 정지된 듯 하염없이 고요하고 평화로웠다. 그런데 흥미로운 게 있었다. 망금정의 반석이 된 거대한 바위를 돌아보니 정자 아래 '만선滿船과 무사 안녕을 기원

전북 익산시 망성면 나바위성지

하던' 마애삼존불이 새겨져 있었다. 불상 위에서 피정하신 신부님이라니, 과연 영적인 장소에는 온갖 기운이 모여드는 게 자연스러운 현상인가. 아니면 아름다운 자연 앞에서 모든 인간은 신을 찾게 되는 것일까.

나바위성지에서 나와 금강 종주 자전거 길을 계속 걸었다. 3.2킬로미터 지점에 있는 김대건 신부 일행 진입로에도 커다란 십자가 예수상과 성단이 있었다.

용안과 용두 갈림길에서 빙 돌아가야 했다. 다시 자전거 길이 나오고 갈대수피아도 지나쳤다. 드디어 그날의 목적지인 성당포구에 도착했다. 그런데 아무것도 없었다. 그곳은 자전거 길일 뿐 대중교통 수단이 다니는 곳이 아니었다. 온종일 사람도 거의 보지 못했는데 차를 어떻게 타나. 그때 강경 쪽에서 흰색 승용차가 달려오고 있었다. 손을 들어 차를 세웠다. 노부부가 타고 계셨다.

"강경으로 가려는데 어떻게 가야 돼요?"

"일단 타요."

노부부는 그곳에선 아무것도 탈 수 없으니 함열까지 태워다 주실 작정이셨다. 그런데 교차로에서 택시가 한 대 나오고 있었다. 그걸 잡으라고 하셨다. 나는 차에서 내려 택시를 잡아 강경 성당에 가느냐고 물어보았다. 기사님이 만오천 원을 불렀다. 다시 흰 차로 가서 감사 인사를 하고 택시에 올랐다. 낚시하러 나오던 길이었는데 얼떨결에 손님 태운 택시였다. 차에 올라서도 노부부께 감사 여운이 진하게 남았다.

"방금 탔던 차의 노부부가 정말 고마우시네요."

"아마 남자 혼자였으면 안 태워줬을 거예요. 어떻게 돌변할지 모르니까요. 예쁜 여자분이니까 태워줬지요."

"모자에 마스크에 눈만 보이는데 어떻게 예쁜지 아세요?"

"눈이 예뻐요."

처음 듣는 말이었다.

"혼자 다니면 위험 상황에서 위험하지 않나요?"

"그래서 안전하게 다니는 편이에요."

그래서 해 지기 전에 숙소에 돌아가야 한다. 무사히 강경성당 앞에 와서 내렸다. 차에 오르자 해가 지고 사방이 어두워졌다. 그때부터는 정말 조심해야 한다. 다행히 며칠째 숙소가 지정돼 있고, 특히 이날은 도착지에 자동차가 있었고 길에서 좋은 분들을 만나서 안전한 날이었다. 그렇게 강경에서 논산 햇님쉼터한 의원으로 돌아왔다.

은행나무와 나포

2023년 1월 10일 화요일
익산시 성당포구-웅포 곰개나루-군산시 나포 십자들 17.5km

성당포구에 자동차를 세우고 둑길을 걸었다. 출발한 지 얼마 되지 않아 길을 잘못 들 뻔했는데 그곳에서 아주 커다란 나무를 만났다. 높이 18미터 가슴 높이 둘레 약 8.5미터의 은행나무였다. 상서로운 기운이 감도는 은행나무는 단순한 보호수가 아닌 당산제를 지내는 나무였는데 수령이 사오백 년이나 되었다.

성당포구는 조선 현종 3년(1662년)에 조세로 바친 곡식을 보관하고 배로 운송하기 위한 조운창(고려~조선시대에 세곡 수송과 보관을 위해 강가나 바닷가에 지어놓은 곳집)으로 성당창이 설치되었던 곳이다. 이때부터 조운선의 무사 항해와 마을의 안녕을 기원하는 '성포 별신제'를 순풍당이라는 신당에서 지냈다고 한다. 고종 32년(1895년)에 성당창이 폐지되고 순풍당이 무너지자, 마을 공터에 있는 이 은행나무와 옆 느티나무에서 당산제(마을 대표가 주관하여 마을 수호신에게 드리는 제사)를 지냈다. 한국전쟁 이후 명맥이 끊겼으나, 마을 사람들의 구전을 바탕으로 재현하여 1997년부

터 다시 당산제를 지내고 있다. 은행나무가 민간신앙에 쓰인 것은 보기 드문 사례여서 민속적인 가치가 높다.

뒤쪽에 대나무로 둘러싸인 은행나무를 한 바퀴 돌았다. 길을 찾아 나오다 보니 그 앞에 느티나무도 있었다. 한 마을에 보호수가 두 종이나 되니 얼마나 든든할까.

강둑 자전거 길을 걸었다. 일직선 길을 온종일 걷는 일은 재미는 없지만 굴곡이 없어 힘이 들지 않는다. 무엇보다 길 잃을 염려가 없으니 매우 편하다. 자전거를 타고 가면 얼마나 신이 날까. 언젠가 커플 자전거를 타고 달리고 싶은 길이었다. 길에는 일정 거리마다 정자를 하나씩 지어놓았는데 그 외에 그늘이라곤 없다. 게다가 공중화장실이 없었다. 산티아고 순례길에선 카페가 한참 없는 길 건물 뒤 곳곳에 휴지가 널린 곳이 있다. 화장실 대용이 되어버린 장소였다. 하구둑 길에선 그럴 정도로 몸을 숨길 수 있는 곳도 없었다. 웅포면 곰개나루에 와서야 비로소 공중화장실이 나왔다. 진포대첩지였다.

용왕사 터 앞에서 간식을 먹고 금강정에 올랐다. 강바람 타고 탁 트인 시야가 시원했다. 가뿐해진 몸으로 재출발했다. 곧이어 익산에서 군산으로 행정구역이 바뀌고 나포면으로 들어섰다.

오전부터 혼자 걷는 내내 노래가 떠올랐다. 우효의 〈민들레〉.

'우리 손잡을까요? 지난날은 다 잊어버리고. 나를 사랑한다고 말해주세요. 우리 동네에 가요. 편한 미소를 지어주세요. 노란 꽃잎처럼 내 맘에 사뿐히 내려앉도록.'

내게는 함께 가자고 할 우리 동네가 없었다. 하지만 걷는 내내 누군가 옆에 와서 나란히 걸어주기를 기원했다. 그 상상은 맨 처음 홀로 남도 순례를 할 때부터 시작됐다. 걷고 있으면 누군가 날 찾아와 나란히 걸어주기를 바랐다. 기적이 있다면 그렇게 로맨틱하기를 소원했다. 그렇게 도반에서 동반자로 함께할 사람을 운명처럼 만나고 싶었다. 하지만 텔레파시는 드라마에서만 통하나 보다. 고로 아무 일도 일어나지 않았다.

철새 탐조회랑을 지나 나포 십자들까지 왔다. 하구둑까지 6킬로미터 남은 곳이었다. 종일 17.5킬로미터를 걸어오면서 한 명도 보이지 않던 사람들이 한꺼번에 모여 있었다. 일몰 시각에 맞춰 철새 촬영을 위해 수십 명이 모여든 것이었다. 강 위에서 고요히 웅크리고 있던 새떼는 사람들의 소음에 신경이 곤두서 있을 게 뻔했다. 게다가 잠시 후 있을 셔터 소리라면? 아마 새들에겐 엄청난 굉음일 것이다.

철새 입장이던 나는 누군가에게 전화해야 했다. 민폐 끼치지 않는 방법은 하나뿐이었다. 전날 탔던 택시의 기사님 명함을 찾아 전화했다. 택시가 20분 내로 도착했다.

"식사는 하셨어요?"

"간식으로 대충 때웠어요."

"낚시하러 가서 먹으라고 각시가 고구마를 쪄줬어요. 세 개 있는데 한 개 드릴게요."

사양하다 받아서 먹었다. 기사님은 부인에게 영상 통화를 걸어 나와도 연결해주었다. 기사님과 부인은 손을 머리 위로 올려

군산시 나포 십자들

하트를 그려 보이며 서로 사랑을 표현하고 전화를 끊었다. 통화 후 내가 놀라움을 칭찬으로 표현하자 기사님이 되물었다.

"돈도 안 드는데 그걸 왜 못 해요?"

그러고 보니 전날 내게 한 칭찬도 돈 들지 않는 거였다. 부인에게 사랑한다는 말을 밥 먹자는 말보다 더 많이 한다는 기사님. 그 현명함은 지긋한 연륜에서 오는 것일까?

논산에서 출발해서 군산 하구둑으로 갔다. 어디쯤부터 걸을까 하다 자동차로 다리를 건넜다. 주차와 돌아올 일을 생각해 서천성당으로 향했다. 마지막 날이라 노선을 짧게 잡아야 했다.

서천성당에서 기도하고 사무실로 내려갔다. 사무장 프란치스코가 계셨다. 내가 산막골성지까지 걸어갈 거라고 했더니 놀라셨다.

"거긴 차로 가기도 힘든 데예요."

그런 질문엔 대수롭지 않게 반응할 수 있다. 2017년부터 2,000킬로미터 넘게 걸어온 경험이 있지 않은가. 그런데 그 성지에 바로 전날 사목하실 담당 신부님이 배정되었다고 하셨다. 새로운 성지 개척 순례라니 흥미와 의미가 더했다.

"돌아올 땐 어떻게 하실 건데요?"

"하느님이 도와주시겠죠."

그러곤 'INRI(유대인) 예수' 십자가 목각상을 하나 샀다. 그 십자가를 손에 쥐고 걷기 시작했다. 겨우내 긴 검정 여름 장갑의 엄지와 중지에 구멍이 나 있었다.

화금리, 두왕리, 태월리, 화성리, 석촌리, 등고리, 홍림리 지나 금덕리부터 산으로 들어갔다. 만덕리에서부터는 정신을 바짝 차려야 하는 산길이었다. 해는 기울기 시작하고 마음은 급했다. 차 한 대 간신히 다닐 만한 좁은 오르막길을 계속 갔다. 마침내 산막골성지가 나타났다. 고도가 높은데도 아늑했다. 십자가 예수님과 그 옆 성 황석두 루카께 인사를 하고 성지를 둘러보았다. 산골짜기에 우물과 집과 그네와 굴삭기와 1톤 트럭, 원하던 것들이 다 있었다. 그런 곳에서 사랑하는 사람과 꽃과 채소와 곡식을 가꾸며 알콩달콩 살고 싶었다. 박경리 선생님의 꿈처럼. 낡은 그네에 앉아 엽서를 썼다. 부치지 못할 엽서였다. 아니나 다를까 눈물이 흘렀다. 눈물 따라 무엇이 흘러갔는지는 모르겠다.

그렇게 2023년 첫 도보순례를 연산역 급수탑에서 시작해 서천 산막골성지에서 마쳤다. 오후 4시가 넘어 해가 지기 직전이었다. 2층집 1층에 가서 사람을 찾았다. 굴삭기 몰던 아저씨가 실내로 들어왔다. 승용차들이 있는 걸로 보아 성지순례자가 아닌가 해서 혹시 서천 시내로 나가는 차가 있는지 여쭤보았다.

"성당에서부터 걸어왔어요? 성당에서 전화 받았어요."

우연히 서천성당 프란치스코와 통화를 하다 내가 올 테니 데려다 달라는 부탁을 받았단다. 개인 사유지이면서 종교유적지인 산막골성지를 일군 분이었다. 그날 그는 춥고 외로운 내게 드립 커피를 내주었다. 역시 순례자에겐 천사가 기다리고 있었다. 잠시 후 내외분 차를 타고 네 시간 걸려 걸어온 길의 출발지 서천성당으로 갔다. 그렇게 2023년 1월 도보순례는 금강 따라 성지순례가 되었다. 의도한 적 없었다. 강 따라 걸어 화력발전소 피해주민에게 가려고 했는데, 강경성당에서 신문 기사를 통해 만난 산막골성지로 오게 되었다. 중간에 나바위성지도 들렀으

충남 서천군 판교면 산막골성지

니 완벽한 성지순례였다.

나의 순례는 점점 자유로워지고 있다. 내 마음은 이제 언제든지 원하는 곳으로 길을 바꾸어 갈 수 있다. 길의 주제도 마찬가지다. 탈핵이든 명상이든 성지순례든 이름이 무에 중요하랴. 웃으며 시작해 울며 끝나도, 눈물로 시작해 웃음으로 끝나도 내 걸음엔 시작과 끝이 있다. 중간에 경로를 바꾸어 순례한 건 이번이 처음이었다. 그러나 그 어느 순례 때보다 완벽한 종착지였다.

아직 이름이 나지 않은 작은 성지, 오래전 순교자들의 발자취를 따라온 걸음. 복음과 선교의 사명은 이제 먼 옛날이야기가 되어버렸다. 그러나 그날의 슬픔이 곧 다가올 기쁨보다 결코 그 가치가 덜하지 않다. 물살에 가라앉는 사금파리 같은 내 슬픔을 모아 반짝이고 빛나는 관冠을 만들리라. 언젠가 날개를 달고 날아

올라 모든 미운 오리 새끼들의 희망이 되리라. 나는, 우리는 원래 백조였다고.

두어 달 후, 연초 도보순례에 나흘간 잠자리를 제공해준 논산 햇님쉼터한의원에 다녀왔다.

"별님에겐 순수함이 있어요. (절대) 타협하지 않는 순수함."

원장님이 처음으로 손목의 맥을 짚어보시더니 내려준 기쁜 진단.

"점점 긍정적으로 좋아지고 있어요. 아마 별님 말대로 2막 지나고 3막이 시작된 것 같아요."

기나긴 겨울이었다.

그러나 봄이 온다.

아니 왔다.

나는 피어날 것이다.

PART 4

다시 7번 국도에서

7번 국도 완주

2023년 11월 30일 새벽, 고요한 잠을 찢는 굉음이 울렸다. 긴급 재난문자였다. 평소 휴대전화기를 무음으로 해놓는 나는 처음 듣는 소리에 눈을 번쩍 떴다. 4시 55분이었다.

'[기상청] 경북 경주시 동남동쪽 19킬로미터 지역 규모 4.3(이후 4.0으로 발표) 지진 발생/낙하물 주의, 국민재난안전포털 행동요령에 따라 대응, 여진 주의.'

지도를 보았다. 경주시 나아리 인근이었다. 지진이면 핵발전소는? 새벽임에도 탈핵 벗들에게 문자를 보냈다. 벗 한 명이 황분희 월성원전 인접지역 이주대책위원회 부위원장님과 통화를 했는데 대피 준비를 하신다고 했다. 여진 걱정하다가 날이 밝았다. 강의 후 낮에 부위원장님과 직접 통화하니 그냥 댁에 머물러 계신다고 했다. 종강하면 곧 내려가겠다고 했다.

경주시 양남면 나아리

2024년 1월 21일 일요일

경상북도 경주시 양남면 나아리

12월이 지나고 다음 해 1월이 되었다. 울산 북콘서트 일정이 잡혔고, 내려간 김에 곧바로 경주–포항 구간을 이어 7번 국도 도보순례를 완주할 작정이었다. 그런데 하필 한파가 몰아닥치는 시기였다. 마지막 배추로 끓인 된장국을 다 먹고 집 안을 싹 걸레질하고 반듯하게 정리한 뒤 집을 나섰다. 영화 〈델마와 루이스〉 첫 장면처럼. 언제 다시 돌아올지, 혹은 마지막이 될지도 모르는 내 자취를 깨끗하게 남기는 것. 외출할 때 항상 하는 습관이다.

동네 좌석버스를 놓치고 자동차로 돌아가는데 배낭이 꽤 무거웠다. 운전해서 대전역 근처에 주차했다. 하차하기 직전에 우비, 누비바지, 비니 모자와 색깔 맞춘 주황색 캐시미어 목도리, 회색 운동모자를 조수석에 놓고 내렸다. 2020년 2월 첫 7번 국도 도보순례를 나설 때와 똑같은 장면을 연출하려고 같은 옷에 같은 모자를 쓰려고 했지만, 무게 때문에 모자 둘 중 하나는 포기해야 했다. 더 따뜻한 모자를 선택했다.

대전역까지 1.5킬로미터를 걸었다. 흉골 스트랩과 골반 벨트를 조였는데도 배낭이 무척 무거웠다. 대전의 자랑 성심당에서 나아리에 드릴 선물로 튀소 3종 세트와 순수 롤케이크를 샀더니 두 봉투에 따로 담아주었다. 잡을 손이 없어 스틱을 매달았더니 배낭은 훨씬 더 무거워졌다.

대전역 플랫폼에서 두유와 삶은 고구마로 간단하게 점심식사를 한 뒤 수첩 비닐을 벗겼다. 작년 말 서울 교보문고에서 산 몰스킨 클래식. 나를 위해 이 수첩을 다시 사기까지 무척 오래 걸렸다. 비움 실천한다고 한동안 저가 위주로 살았다. 나를 찾는 시작이 예전에 사용하던 몰스킨 수첩을 다시 쓰는 것이었다. 몰스킨에 어울리는 펜으로 선택해 가져온 건 초록색 스콧피츠제랄드 1896-1940 지우개 달린 연필. 끝부분에는 내 이름이 쓰여 있다. 어린 시절에 엄마가 해주시던 방식으로, 나무 끝부분을 칼로 도려내고 써준.

오후 1시 5분, 대전에서 경주까지 가는 KTX를 오랜만에 탔더니 쾌속이 무언지 새삼 느꼈다. 신경주역은 2023년 12월 28일부터 경주역으로 명칭 변경이 되었다. 경주역에서 50번 버스를 타고 경주고속버스터미널로 갔다. 거기서 45분을 기다려 3시 20분에 150번 버스를 탔다. 4시 20분, 감은사지 석탑을 지나 잠시 후 나아·원자력발전소 후문 정류장에 내렸다. 황분희 월성원전 인접지역 이주대책위원회 부위원장님댁까지는 혼자 찾아갈 수 있다. 무거운 배낭을 어깨에 메고 양손엔 빵 봉투를 들고 걸어갔다.

"저 왔어요~"

문이 열렸다. 검은 원피스를 입은 황분희 부위원장님이 서 계셨다. 현관에 배낭을 내려놓고 스틱을 떼어내고 엎드려 등산화 끈을 풀었다. 그사이 부위원장님은 내 배낭을 옮기려고 들더니,

"아유, 무거워. 이렇게 무거운 걸 어떻게 메고 다녀?" 하셨다.

부위원장님과 사 간 케이크와 만들어놓으신 무전을 먹었다. 안부를 여쭤보았다. 31번 우회도로가 집 앞으로 나는 바람에 토지 절반 정도가 잘려나가서 봄에는 집을 지으실 계획이란다. 보상은 받았지만, 부위원장이 이사 나가면 이주대책위원회 유지가 어려우니 그냥 계신다고. 미안하게도 다행스러웠다. 마을 소식으로는 풀빌라가 은행 대출을 제때 갚지 못해 경매에 넘어갔단다. 2022년 여름에 방문했을 때 성업임을 확인하고 갔는데 어찌 된 일이냐고 반문했다. 전 이장이 절반 정도 호실을 로비로 사용했고, 아직도 현 이장에게 마을 운영권을 인수인계하지 않고 있다고 한다. 법원에서 판결이 나도 막무가내. 한수원을 등에 업고 장기 집권했던 전 이장의 세력은 마을에서 막강했다.

5시 30분이 넘어 이른 저녁식사를 했다. 배추된장국에 날배추와 멸치와 김치. 부위원장님이 최근 채식 위주로 식단을 조정하셔서 예전처럼 반찬이 가득하지 않았지만, 국만으로도 맛있게 식사했다. 식사 후 옆방을 따로 내주셔서 나는 곧 조용히 쉴 수 있었다.

다음 날은 울산 북콘서트. 그다음 날부터 도보순례를 할 계획이다. 짐을 빼고 또 뺐는데 대체 배낭은 왜 이렇게 무거운 걸까? 배낭 자체 무게가 2킬로그램은 되기 때문이다. 면 실내복으로 환복하고 그 댁에 있는 내 책《일곱째별의 탈핵 순례》를 통독했다. 술술 잘 넘어간다. 새록새록 지난 5년이 스쳐 갔다. 그러다 밤 10시 넘어 일찍 소등하고 잠을 청했다. 꿈을 꾸었다. 사랑

경주시 양남면 나아리

과 사고와 부상과 사망, 그리고 또 다른 폭력. 깨어보니 자정 50분. 어깨가 아파서 만져보니 부어올랐다. 물파스를 발랐다. 배낭이 너무 무거워 이대로는 종주 불가. 게다가 기온은 점점 내려가 영하 10도. 바람 소리가 두렵다. 포기하든가 짐을 부치고 간단하게 걷든가 선택해야 한다. 다행히 예비용 20리터 68그램 초경량백 울트라 데이백을 매달고 왔다. 36리터 배낭에 있던 짐을 20리터 초경량 배낭으로 옮겨 쌀 수 있을까? 고민하다 새벽에 다시 잠이 들었다.

일곱째별의 탈핵 순례 북콘서트

2024년 1월 22일 월요일
울산시 남구 북카페 사람

아침 일찍 서둘러야 했다. 월성핵발전소 앞에서 출근 시각에 맞춘 상여시위가 있다. 7시 넘어 세수만 하고 옷을 입었다. 부위원장님이 내 식사만 차려주셨다. 배추된장국에 밥을 말아 먹고 배낭을 챙겼다.

8시 좀 넘어 집을 나섰다. 바람이 찼다. 천막 농성장에 연기가 나고 있었다. 누군가 먼저 와 있는 것이었다. 인기척이 반가운 월요일 아침이다. 천막 농성장에서는 모든 게 낡았다. 천막에 전기도 끊어진 지 오래고 상여도 빛바랬다. 천막 안에 마을 주민 한 분이 불을 피우고 계셨다. 이어 양남면 이재걸 새마을지도자협의회장, 김진선 총무, 경주환경운동연합 이상홍 사무국장, 울산 은정이 도착했다. 부위원장님과 나까지 모두 일곱 명이 8시 20분부터 9시까지 3,438일 차 상여시위를 했다. 중간에 유튜브 방송을 하는 이가 더 왔다. 나도 노란 드럼통을 밀고 맨 끝에 가느라 사진을 제대로 찍지 못했다. 시위가 끝나고 전날 내가 사 온 성심당 소보로 세트와 차를 나누며 잠시 담소를 했다. 마을에 또 무슨 사업장이 들어오는지 황분희 부위원장님이 이상홍 사무국장에게 물어보셨다.

오전 9시쯤 은정의 차를 타고 울산으로 향했다. 오전 10시경 도착한 울산광역시청 앞에 있는 북카페 사람은 노무현재단 울

"

산지역위원회 사무실이었다. 시간이 충분했으므로 준비를 마친 뒤 36리터 재색 배낭에 있는 짐을 20리터 얇은 주황색 배낭에 담아보았다. 꾹꾹 욱여넣으니 가능했다. 은정이 자신에게 맞는 배낭 무게는 몸무게의 10분의 1이라고 했다. 그럼 4킬로그램대로 줄여야 한다.

오후 2시부터 한 시간 남짓 북콘서트를 했다. 그 추운 날에 스무 명 남짓 모여주셨다. 김슬기 활동가의 사회와 은정의 인사말로 시작해 신윤철 교장 선생님의 오카리나 축주와 내 이야기와 황분희 부위원장님의 말씀이 이어졌다. 북콘서트가 끝나고 남은 간식을 좀 챙겼다. 은정이 차로 황분희 부위원장님과 나를 다시 나아리로 태워주겠다고 했다. 먼저 우체국에 들러달라고 부탁했다. 우체국에서 제일 큰 종이상자를 사서 36리터 배낭을 담

월성핵발전소 인접지역 이주대책위원회 황분희 부위원장님

왔다. 분홍 다이어리와 일회용 마스크 둘과 양말 두 켤레와 코팅 기도문과 헤드 랜턴과 콤팩트도 함께 택배로 부쳤다. 먼저 집에 가 있으렴.

오후 4시 50분 다시 나아리. 은정은 우리를 내려주고 서둘러 울산에 회의하러 돌아갔다. 황분희 부위원장님이 곤드레밥을 지어주셨다. 감칠맛에 두 그릇이나 먹었다. 밤이 되자 어깨 통증이 걱정되었다. 테라플루 나이트타임 한 봉을 뜨거운 물에 풀어 마시고 잠이 들었다.

영하 9도

2024년 1월 23일 화요일
경상북도 경주시 봉길리 문무대왕릉-포항시 남구 양포항 21.2km

새벽 4시 58분. 거센 바람 소리에 잠에서 깼다. 도보순례를 취소하고 귀가해야 할까 고민이 시작됐다. 날씨는 영하 10도. 집 마당에 강아지 물이 얼었을 텐데 가서 물을 줘야 하지 않을까. 명분을 찾아보았다. 지도를 보고 또 보고 걷다가 돌아갈 방법을 검색해보았다.

6시 30분에 다시 잠을 청하고, 한 시간 뒤 일어나 출발할 준비를 했다. 하의는 스포츠 팬티, 스포츠 내복, 평소 입던 내복, 아웃도어 바지, 발가락 양말, 등산 양말. 상의는 캡 내의, 검정 얇은 폴라티, 검정 후드 지퍼형 셔츠 , 회색 지퍼형 셔츠. 얇은 배낭엔면 상하복과 팬티 두 장, 양말 두 켤레, 각종 약품과 간단한 화장품, 수건, 빨랫줄, 텀블러, 몰스킨 수첩. 파카 주머니엔 지갑과 연필과 볼펜과 휴대폰과 카메라와 손수건을 넣었다.

부위원장님이 끓여주신 굴미역국과 밥을 먹었다.

"다음에 오면 이 집이 아니겠네요. 이 집에서 얼마나 사셨어요?"

"38년 살았지."

나아리에 들어와서부터 살아온 집을 이제 곧 떠나셔야 한다. 집 앞으로 31번 우회도로가 나면서 천 평에서 480평이 남는다고 하신다. 그때 부군께서 들어오셨다.

"지금 영하 9도야."

다행이다. 1도 올라갔다. 부군께선 지금 집은 동향인데 새집은 남향으로 지을 거라고 하셨다. 잠자코 듣고 있던 부위원장님이 말씀하셨다. 전혀 다른 이야기였다.

"나중에 조용할 때 와서 우리 둘 사진 좀 찍어줘."

순간적으로 그게 무슨 뜻인지 알아들었다. 내가 부위원장님을 만났을 때는 고희. 그로부터 7년이 지났다. 연세 드신 분이 사진을 원할 땐 딱 한 가지 이유뿐이다.

오전 9시 20분, 마지막 검정 파카를 입고 그 위에 앞에는 '이주만이 살길이다' 뒤에는 '월성원전 이주대책위원회'라고 쓰인 노란 조끼를 입고 빵빵한 주황색 얇은 배낭을 멨다. 그리고 얼굴에 버프를 올리고 주황 비니를 쓰고 그 위에 핫팩을 주머니에 넣은 검정 셔츠 후드와 파카 후드도 쓴 채 얇은 연분홍 장갑을 끼고 파란 스틱을 집고 떠날 채비를 했다. 인사하고 집을 나섰다. 부위원장님이 문을 연 채 오래 서 계셨다.

"잘 가."

나아리정류장 안내판도 한국수력원자력㈜ 월성원자력본부 제공이었다.

9시 29분, 나아리정류장에서 150번 버스에 올랐다. 10분 뒤 봉길터널을 지나 문무대왕릉·봉길해수욕장 정류장에 내렸다. 문무대왕릉 쪽으로 가보았다. 문무대왕은 죽어서도 용이 되어 왜구로부터 신라를 지키겠다고 동해에 묻어달라고 했다. 15년 전 와보았을 때는 웅장하던 사적 158호 대왕릉이 지금은 그렇지 않았다. 5킬로미터 아래 핵발전소가 있기 때문이다. 681년의 문무대왕은 1982년 자기 무덤 근처에 핵발전소가 생길 줄 몰랐을 것이다. 용이 되어 나라를 지키겠다던 시절에는 핵발전 같은 건 상상도 못 했을 테니까.

걷기 시작했다. 바람이 거셌다. 스틱을 잡은 얇은 장갑으로 시린 바람이 투과되었다. 접었던 파카 소매를 내려 손등을 덮었다. 검정 파카는 선목이 입다 버린 걸 아까워서 내가 입은 지 한 10년쯤 되었다. 2020년 2월 첫 개인 도보순례를 나설 때 입었던 옷이니 이번에 마지막 기념으로 입고 왔다. 언제 어디서 불똥이 튀었는지 왼쪽 어깨 아래 조그만 구멍이 나서 깃털이 술술 빠지기도 한다. 이젠 그만 입어도 충분한 옷이었다.

도보 시작 지점에 지도를 보며 내내 걱정했던 구간이 있었다. 이틀 전 버스 타고 나아리에 들어갈 때 바다로 이어진 하천을 건너는 다리였다. 어스름한 저녁 무렵이기도 했지만, 그 코너 구간이 유달리 음습했다. 새벽까지도 그 구간 때문에 도보순례를 보류할까 망설였다.

아래 다섯, 위 다섯 벌 옷을 껴입고, 모자 셋을 겹쳐 쓰고, 배낭 메고 스틱을 쥔 채 힘차게 걸음을 내디뎠다. 기온은 낮았지만, 날은 화창했다. 도로 옆에 붙어 다리까지 왔다. 100미터 앞이 지방도 929호선 분기점이었다. 심호흡하고 발을 떼는데 놀랍게도 바람이 뒤에서 불었다.

'됐어. 갈 수 있겠구나.'

다리 위에 접어드니 왼편 전봇대 사이로 저 멀리 감은사지 삼층석탑 둘이 보였다. 그 탑 주위를 돌던 2020년 6월 말이 떠올랐다. 생각은 정지해도 마음은 바람이 방향을 바꿀까 봐 몸을 바삐 움직였다. 쌩하고 다리를 벗어나 대본삼거리에서 오른쪽으로 접어들었다. 밤새 겁내던 큰 고비를 넘겼다. 이제부턴 오른쪽 바닷길을 따라가면 된다. 그런데 왼쪽 찻길과 오른쪽 아래로 내려가는 경사길이 나타났다. '어디로 가야 하지?' 순간 망설였다. 그때 오른쪽에 빨갛고 노란 리본이 보였다. 산티아고 순례길에는 조개 모양이 길잡이가 되지만 해파랑길에서는 빨간 리본이 있다. 오른쪽으로 내려가보니 커다란 新羅 東海口(신라 동해구) 기념비가 나왔다. 동해구는 《삼국사기》 문무왕조에 나와 있는 신라 시대의 지명이라고 한다.

대본3리를 지나 대본2리에 들어섰는데 왼쪽 발가락이 따가웠다. 정류장 의자에 앉아 양말을 두 켤레 벗어보았다. 발가락에는 박힌 게 없어 양말 발가락 부분을 살펴보니 얇게 접힌 은박지 조각이 나왔다. 이 작은 조각은 발견해서 버리면 발가락이 안 아프지만, 마음의 상처는 원인을 떼어내지도 못하니 얼마나 아픈지.

대본1리 한국원자력연구원을 지나니 감포관광단지가 나왔다. 전날 부친 배낭이 집에 도착했다는 문자가 왔다. 11시 넘어 나정항정류장에 들어가 세찬 바람을 피했다. 비로소 의자에 앉아 물 한 모금을 마시는데 잠시 후 엉덩이가 따뜻해졌다. 요즘 정류장엔 별 신기한 기능이 다 있구나. 어쩐지 이름도 따뜻한 나정에서 온기를 받았다.

나정고운모래해변을 지나니 전촌솔밭해변이 나왔다. 장진마을과 거마장마을을 지나니 길가에 폐가가 하나 보였다. 곧 경주감포우체국이 나왔다. 예전 같으면 우체국을 지나치지 못하고 서성댔을 터이지만 배낭에 관제엽서가 들어 있는 큰 수첩은 없었다. 초경량이라 골반 벨트도 가슴 벨트도 없어 무게를 어깨로 고스란히 감당해야 하는 배낭. 그 배낭을 메고 온몸으로 매서운 추위를 맞으며 걷는 내게 엽서 따위의 여유를 찾을 시간은 없었다. 그날 내로 숙소를 찾아야 했다. 체력에 맞춰야 하므로 어디에 종착할지 아직 모르는 상태. 바삐 걸음을 옮겼다.

11시 50분, 감포파출소에서 휴대폰으로 지도를 켰다. 오후 12시 9분, 감포공설시장에 다다랐다. 감포쯤에서 식사할 예상으로 찾아놓은 식당이 있었다. 가보니 〈식객 허영만의 백반기행〉에 출연한 곳이었다. 울산에서 점심 먹을 때 들은 이야기가 있었다. 탈핵 집회를 하면 감포에서 부터 나는 분들이 와서 친원전 편에서 방해를 한다고. 그분들과 많이 싸워야 했다고. 그래서 '이주만이 살길이다' 노란 조끼를 입고 식당에 들어서면서 약간 겁이 났다. 손님 중 혼자 온 사람은 나 하나뿐. 안내해준 자리에 앉아 옷을 벗고 숨을 돌린 뒤 만 원짜리 동태찌개 백반 정식을 시켰다. 텀블러에 정수기 온수를 따르자 초록색 니트 입은 여자가 "우린 물 드세요"라고 한다.

"뭘 우리셨는데요?"

"우엉, 작두, 연근이요."

텀블러에 있는 물 때문에 망설이자, 초록색 여자는 정수기 배수구에 따라 버리라고 했다. 시키는 대로 했다.

"가실 때도 따라서 가세요."

인심 좋은 식당이었다. 밥을 먹기 위해 손을 씻으러 화장실에 갔다. 거울을 보았더니 양 볼이 뻘겋다. 버프를 두 겹이나 했는데도 날카로운 찬 바람에 얼굴이 얼었다. 내 몰골을 보니 실상이 느껴졌다.

식탁으로 와 정식을 받았다. 여덟 가지 정갈한 반찬과 무와 두부가 들어간 칼칼한 동태찌개와 쌀밥. 잘 차려진 백반이었다. 특히 고추장에 조린 반건조 가자미는 정말 맛있었다. 남의 식탁에 안경과 휴대전화기를 놓는 옆자리 사람의 무례함도 묵묵히 견딜 수 있었다.

초록색 여자는 맵시 있게 손님들을 관찰했다. 내게도 필요한 것 있으면 더 드리겠다고 했다. 찬핵 인구가 많다는 감포라 겁먹었던 나는 식당의 따스함에 긴장을 풀었다. 음식을 남기지 않으려고 싹싹 먹고 있었다. 그때 전화가 왔다.

'좀 미뤄봐. 혼자 하다가 쓰러진다. 우리 나이에 큰일 나.'

전날 밤에 온 문자의 주인공이었다. 전화를 받았다. 40년 지기였다. 걸어서 감포라고 하자 혈압은 어떠냐고 한다. 걱정해주는 건 물론 고맙다. 하지만 나이 운운하는 건 별로 도움이 되지 않는다. 나를 오래 안 사람들은 지금의 내가 걱정되는 게 당연하다. 그들은 내가 얼마나 여리고 약하고 아프고 슬픈지 잘 아니까. 하지만 나를 정말 생각한다면 용기를 북돋워야 한다. 내게 현실감이 있었다면 엄동설한 한파주의보에 길을 걷지도 않을 테니까. 정신 차리라고 조언해봤자 나는 너무 멀리 와버렸으니까. 그리고 이미 다른 삶을 살고 있으니까.

밥을 다 먹고 옷을 주섬주섬 다시 입었다. 초록색 여자가 더 필요한 거 없느냐고 한다. 필요한 거 대신 칭찬을 말했다.

"여기 도보순례 첫 식당인데 덕분에 앞으로 잘될 거 같아요."

"이 추운데요? 이 동네 추워요. 바닷바람이라."

"네, 춥네요."

자리에서 일어났다.

"근데 왜 걸으세요?"

나는 뒤돌아 배낭에 달린 '핵발전소 없이 안전하게 살자' 몸자보를 보여주었다. "아아~" 여자가 반응했다. 계산하고 식당을 나서는데 여자가 다시 당부한다.

"다치지 마세요~"

"네, 그럼요."

씩씩하고 건강한 초록이다.

한동안 나도 사람들에게 "조심해서 오세요(가세요)~"라고 인사했었다. 그런데 그 의미가 어쩐지 조심할 일을 부르는 듯했다. 그래서 "안전하게 오세요(가세요)"라고 인사말을 바꿨다. 같은 뜻이지만 어감의 차이인데 보다 긍정적인 투로 말하는 게 낫다.

오류2리와 척사 지나 오류해수욕장 야영장에서 잠시 바람을 피해 물 한 모금을 마셨다. 오르막을 오르는데 일반국도 31번 표지판이 보인다. 도로 오른편으로는 분명히 바다가 있는데 바다를 볼 수 없다. 풀빌라 펜션이 그득그득하기 때문이다. 풍경도 독점하는 자본에 불쾌했다.

1시 50분, 모곡마을 지나 한참 전부터 표시가 되어 있는 무인 카페에 들어갔다. 따뜻하고 깔끔한 카페에 사람은 없고 자동판매기에서 주문하면 2천 원에 연한 아메리카노가 종이컵에 나온다. 사람 상대하기 싫은 사람은 이렇게 카페를 해도 좋겠구나 싶었다. 바다가 보이는 자리에 앉자마자 전화가 울렸다. 은정이었다. 이날 오후에 함께 걸으려고 했는데 전날 엄마가 입원하셨다고 했다. 처음부터 이번 도보순례는 혼자 걸을 계획이었다. 그래서 누구와도 함께 걸을 생각이 없었다. 그런데 은정은 내가 울산까지 왔고 멀지 않은 곳에서 걸으니 함께해야 한다고 생각했나 보다. 마음은 고마웠지만 은정이 못 와도 괜찮았다. 하지만 다시금 도보순례가 복이란 생각이 들었다. 아무 일 없어야 걸을 수 있으니. 카페 안은 훈훈한데, 밖은 낮인데도 영하 3도. 25분을 푹 쉬고 다시 장비를 챙기는데, 어라, 솔기 터진 장갑이 확 찢어져버렸다. 가뜩이나 시린 손이 더 시리겠구먼.

2시 15분, 다시 출발. 하도 추워 경주에서 잘지 포항에서 잘지 망설이던 참이었다. 그런데 인터넷 지도에서 봤던 펜션은 문이 닫혔다. 평일 비수기라 예약하지 않으면 영업하지 않는 곳이 많았다. 30분 뒤 해맞이 고장 포항시에 들어섰다. 기분이 좋았다. 이젠 바다를 좀 볼 수 있으려나 하는 기대 때문이었다. 장기면 두원리에 들어서니 주유소 뒤편에 풍력발전기가 보였다. 석유에너지와 풍력, 뭔가 혼합된 듯 더 나은 세상으로 나아가는 듯 기분이 좋아졌다.

호미반도해안둘레길 이정표가 나오자 곧 동백꽃 작은 봉오리를 보았다. 이 겨울이 곧 지나갈 것이다. 이어 계원리에 설립 110주년이 되었다는 교회가 우뚝 서 있는 게 보였다. 문득 기도해볼까 하는 마음이 들었다. 몇 계단을 올라가 유리문을 잡아당겼다. 잠겨 있었다.

'그러면 그렇지. 어쩌다 가봐도 잠겨 있는 교회. 그럼 기도는 어디 가서 하나?'

속으로 구시렁대며 걸었다. 푸른 바다가 겨우 보였다. 굽이굽이 내리막길을 가니 양포항이 나타났다. 3시 33분, 양포리良浦里 도착. 오후에도 마을에 아늑하고 따뜻하게 볕이 잘 들어 볕 양陽인 줄 알았는데 좋을 량良이었다. 오후 3시가 훌쩍 넘었으므로 이곳에서 잠을 자야 했다. 저녁밥도 먹어야 한다. 멀리 백숙 간판 뒤로 큰 여관 건물이 보였다. 삼계탕은 좋아하는 음식이지만 좀 더 가보았다. 마을 끄트머리쯤에 별점이 높은 여관이 웹 지도에 있었다. 가파른 돌산 아래 그 여관은 폐업이었다. 다시 800미터쯤 돌아가려고 돌아서 걷다가 다시 뒤를 돌아보았다. ♨ 표시가 있는 굴뚝이 보였기 때문이다.

울산 북콘서트가 끝난 뒤 한 분이 다가와 말해주었다. 내 브런치 글을 금방 읽었는데 최근 살이 갑자기 빠지고 있으니 욕조나 탕 목욕을 하면 좋다고. 이미 다리는 아팠지만, 다시 걸어가 보았다. 구룡포 수협 장기지점과 함께 있는 어업인복지회관인데 목욕탕과 여관을 겸하고 있었다. 현금으로 하면 좀 깎아줄 수 있느냐고 물었다. 몇 년의 도보순례로 이 정도 거래는 할 줄 안다. 깎아준 적 없다면서 깎아주기도 한다. 게다가 숙박하면 목욕이 공짜란다.

3시 54분 302호 입실. 안내실에서 이 동네는 일찍 문 닫는다고 빨리 밥 먹고 목욕하라고 해서 후딱 짐을 챙겨 나갔다. 4시 10분, 여관에서 마주 보이는, 개업한 지 얼마 되지 않아 보이는 깨끗한 식당에 들어갔다. 탕 전문 식당이라 1인분으로 시킬 게 별로 없어서 2만 원짜리 아구탕을 시켰다. 노란 호박죽이 애피타이저로 나와서 좋았다. 깔끔한 일곱 가지 반찬에 탕도 양이 많았지만 거의 다 먹었다. 다음 날 아침 몫까지. 5시, 얼마 만에 공중목욕탕인지 모른다. 탈의실에 옷과 신발들이 진열돼 있었다. 장사도 함께 하나 보다. 샤워하고 고온탕과 저온탕을 일곱 번 들락날락했다. 첫날 근육통을 이렇게 풀어주다니 감사할 따름이다. 6시, 다시 302호. 창문으로 보이는 청보랏빛 하늘을 확인하고 빨랫줄에 속옷과 버프를 넣었다. 밤이 되자 테라플루 나이트 타임 한 봉을 뜨거운 물에 타서 마시고 찢어진 장갑을 꿰맸다. 침대에 덮인 푸르스름한 바탕에 분홍이 섞인 이불이 어디서 많이 보던 무늬와 빛깔이다. 내 수영복이었다.

'지금쯤 따뜻한 중앙아메리카에 가 있었겠지.'

이 문장이 이번 도보순례 첫 문장으로 내내 생각해두던 것이었다. 그곳에 가려고 수영복을 세 벌이나 준비했었다. 수영 강습 때 입던 선수용 원피스 반바지 수영복, 캄보디아 호텔 수영장에서 마지막으로 입었던 민트색에 자잘한 빨간 꽃무늬가 섞인 스리피스 수영복, 둘 다 입은 지 10년은 된다. 그리고 작년에 선물 받은 형광 주황색 래시가드 상의와 그에 맞춰 산 감청색 핫팬츠. 그것들을 번갈아 입으며 해변에서 수영하고 일광욕하려고 했었다. 보름간 일교차로 겹쳐 입을 여름옷을 눈으로 챙겨두었다. 그 많은 옷을 배낭에 전부 넣어 갈 수 있을까. 보름 일정이 끝나면 근처 다른 나라로 넘어가 걸어볼까. 아니면 내 자전거 브랜드와 같은 이름의 호수에 가볼까. 꿈에 부풀어 있었다. 그 정도는 멀리 가야 한국에서의 일을 모두 잊어버릴 수 있을 듯했다. 인연을 정리하는 데 연봉을 쏟아부어도 아깝지 않았다. 나는 치유받고 싶었고 새로운 삶을 살고 싶었다.

모르는 이로부터 그 단체 이메일이 왔던 작년 11월 중순. 나는 지푸라기라도 잡고 싶은 지경으로 절망의 밑바닥에 가라앉아 있었다. 숙고 끝에 달이 바뀌어 가고 싶다는 이메일을 보내자마자 참가 합격이 되었다. 비행기 표를 알아보면서, 계약금을 보내려고 일주일 보름 기다려도 연락이 오질 않았다. 그사이 2학기 종강과 계절학기 사이에 가려던 도보순례를 연기했다. 보름 뒤 연락이 왔을 때는 이미 울산 북콘서트 일정이 잡힌 상태였다. 주요한 건 타이밍이다. 약속은 반드시 지킨다는 내 철칙은 앞으로 무작정 기다리게 하는 상대에게는 지키지 않기로 했다. 상대는 의도하지 않았다 하더라도 내게 그건 무심함이고 무시였다. 적어도 내 절박함을 알면서 그럴 수는 없었다. 그런 사람에게선 언젠가 또 상처를 입게 된다. 그건 경험에서 오는 직감이었다. 털 뽑힌 작은 새 같은 나를 또 다른 위험에 처할지도 모르는 상황에 던질 수는 없었다.

따뜻함을 정말 좋아하고 추위를 극도로 싫어하는 나는 도보순례 첫날인 지금 여름인 중앙아메리카 대신 영하 9도의 대한민국 경주 문무대왕릉 봉길해수욕장부터 포항 양포항까지 21.2킬로미터를 걸었다.

인간의 마을과 바다

2024년 1월 24일 수요일
포항시 남구 양포항-구룡포항 16.2km

새벽 5시면 눈이 떠진다. 전기패널이 꺼져 있다. 침대가 아닌 바닥에 요를 깔고 얇은 이불을 덮고 잤다. 외풍이 세서 앉아 있으면 어깨와 등이 시렸다. 배가 고파 초코파이를 먹었다. 6시 50분에 다시 잤다. 바깥바람이 셌다.

아침에 일어나 양치와 세수하고 스트레칭. 요 아래 깔아놓은 양말 두 켤레가 바싹 말랐다. 빨랫줄에 걸어놓은 버프 둘과 속옷도 말랐다. 어제에 이어 내복 바지 둘에 바지, 위에도 내의에 폴라티에 후드 셔츠에 회색 셔츠. 아침식사로 따뜻한 물에 소형 포장된 에이스 한 봉과 플랑 과자. 홍삼액, 홍삼단, 비타민 C를 먹었다. 텀블러에 정수기 온수를 받아 전날 황분희 부위원장님이 주신 생강 원액을 섞었다. 맹물보다 목 넘김이 훨씬 좋았다.

전날 안내하는 이가 방이 하나만 남았다더니 고요한 기척으로 봐서 그럴 리가 없었다. 그 목욕탕은 수요일 휴업이었다. 따라서 근처 식당도 휴업. 나는 전날 묵었으니 운이 좋았다.

오전 9시 40분 출발. 시작부터 오른쪽 아킬레스건이 아팠다. 전날부터 그랬다. 참고 걷는다. 10시, 신창2리 창바우마을이란 곳에 다다랐는데, 짙푸른 바닷물 끝자락에 레이스처럼 달린 흰 파도가 입자 고운 모래를 쓰다듬었다. 처음 보는 동해처럼. 풀빌라로 가려진 바다만 보다가 수평선이 보이게 쫙 펼쳐진 바다를 본 게 얼마 만인가. 해송피크닉장이었다. 나중에 다시 와서 캠핑 해보고 싶은, 그때까지 알려지지 않았으면 좋겠는, 그런 청정한 곳이었다. 풍경이 좋아서 발이 떨어지지 않았다. 돌로 쌓아놓은 둑에 앉아 바다와 파도를 보았다. 잠시 후 발을 옮기는데 저만치 인부들이 공사하는 게 보였다. 난간 공사였다. 그러니까 나는 그곳이 막 개발되는 때에 온 것이었다.

신창1리 지나 죽하를 지나는데 마을 지붕이 온통 주황색이었다. 나는 주황색을 좋아하지만, 마을에서 일괄적으로 주황색 지붕을 하라고 하면 하기 싫을 듯하다. 아니나 다를까 나 같은 주민이 있었다. 한 집만 딱 밤색 지붕을 하고 있었다. 그런데 그 집이 그 동네에서 제일 부자처럼 보였다. 외지에서 왔거나 공사비 지원을 받지 않아도 되는 집이 아닐까.

영암3리를 지나 대진리에 들어섰다. 그곳에는 인터넷에서 봐둔 평 좋은 칼국숫집이 있었다. 도로 옆으론 덤프트럭이 쌩쌩 지나는데 나는 바득바득 걸었다. 칼국수를 먹기 위해서. 아침식사를 과자로 때웠으니 배가 고팠다. 다 와서 헤매다 정오 전에 가까스로 찾은 칼국숫집. 그런데 이상했다. 유리문 안을 보았더니 우산 더미가 쓰러져 있었다. 우환 있는 집 같았다. 당연히 영업은 안 했다. 두 시간 만에 갑자기 허기와 피로가 몰려왔다. 거기서부터는 비실비실 모포2리와 1리를 지나 구룡포읍으로 고개를 넘어 올랐다. 정오가 조금 지나 구룡포휴게소에 소머리국밥 간판이 보였다. 만 원짜리 소머리국밥을 시켰다. 요즘 식당 음식에는 만 원 미만이 거의 없다. 시뻘겋게 언 얼굴로 뜨거운 국물에 밥을 조금씩 말아 먹는 나를 보더니 여자 주인이 말했다.

"필요한 거 있으면 더 드릴게요."

여자 혼자 걸어 다니는 건 이목을 끈다. 밥을 다 먹어가자 다시 "커피 드시고 몸 녹이고 가세요" 했다. 고맙다. 어제오늘 좋은 식당을 만났다.

"차도 안 다녀요. 너무 추워서."

주인만 말하고 나는 할 말이 별로 없었다. 이 추운 겨울에 차도 안 다녀서 장사도 안되는 영하에 여자 혼자 길을 걷는 게 일반적이진 않으니까. 하지만 입은 옷이나 몸자보를 보아서 대충 무슨 일 하는 사람인지 알 순 있으니까. 벗어놓았던 옷을 다 입고 맨 위에 '이주만이 살길이다' 노란 조끼를 입자, "아~ 그 옷이 보호가 되겠네요. 여자 혼자 다니면 아무래도 위험하잖아요" 한다. 그렇구나. 이 옷은 입고 다니기 어려운 옷인데, 이 옷이 오히려 나를 보호해주는구나. 나서는 나를 향해 여자 주인이 말했다.

"나도 저렇게 자유롭게 걸어 다니고 싶은데……."

남자 주인이 재빨리 낚시용품과 식당을 동시에 운영하는데 어떻게 그러냐고 막아 나섰다. 아이가 있는 부부는 쉴 틈이 없다. 내 또래 여인이 나처럼 자유롭게 다니고 싶다면 많은 것을 포기해야 한다. 안락한 가정과 가족의 도란도란함과 보호받음을. 그래도 그 안에 있는 여성이 잠시나마 나를 부러워한다니 기분이 좋았다.

성동리, 구평리 지나 장길리 정자에서 잠시 쉬며 물을 마셨다. 강으로 통하는 하천도 얼어붙은 겨울 오후에 초록 푸른 노란색이 섞인 바다는 새하얀 포말을 얹고 출렁였다. 이윽고 하정리에서 내내 고민하던 지점이 나왔다. 포항과 구룡포로 나뉘는 갈래 길이었다. 7번 국도 순례라면 굳이 해파랑길로 빙빙 돌아갈 필요가 없다. 게다가 자전거 길은 꼬불꼬불 돌아 거리가 더 늘어난다. 포항으로 가는 직선 도로로 간다면 여정을 이틀은 줄일 수 있다. 하지만 구룡포 길을 택했다. 살모사 바위를 지나 길 건너에 커피숍이 보였다. 부동산도 겸하는 듯했다. 몸을 보호해야 해서 커피 아닌 다른 걸 마실까 하고 메뉴판을 보니 가격을 올려 덕지덕지 붙여놓은 가격표가 불결했다. 주인의 얼굴을 슬쩍 보니 세파에 찌든 게 역력했다. 실내가 따뜻해서 좀 쉬고 싶었지만 미안하다고 말하고는 짐을 챙겨 나왔다.

다시 길 건너 조금 가다 정류장 의자에 앉았다. 맞은편에 건설 중인 아파트가 보였다. 다시 온다면 바다 풍경 아파트가 완공돼 있겠지. 적어도 바다와 건물 사이에 길이라도 두는 건 양심 있는 행위다. 바닷가 절벽에 지어 길에 다니는 사람이 못 보게 풍경을 독점하는 건축 행위는 법적으로 허가를 내주지 말아야 한다.

병포리를 통해 구룡포항에 가까이 갈 수 있었다. 구룡포는 번화했다. 전통시장도 규모가 컸고 오가는 사람도 차도 많고 도로도 넓었다. 거리로 따지면 이날 삼정해수욕장까지 가도 됐다. 그런데 나는 이날 구룡포항에 머물 작정이었다. 봐둔 숙소가 있기 때문이었다. 그 숙소는 항구 맨 끝에 있었다. 그런데 오후 3시밖에 안 됐는데 도착 지점이 가까워져 오니 기운이 빠지고 다리도 아프고 손도 아팠다. 스틱의 플라스틱 손잡이가 땅 짚는 충격을 통통 고스란히 손으로 전달해 엄지와 검지 사이 혈관이 부어올랐다.

택시 타는 곳을 지났다. 그러나 몇 발자국 가다 다시 돌아갔다. 할머니 한 분이 땅바닥에서 귤을 팔고 계셨다. 그 추운 날에.

"할머니, 그 귤 얼마예요?"

"만 원에 이거 다 드릴게."

몇 개만 사려고 했었다. 무게가 나가는 건 짐이고, 혼자 귤을 몇 개나 먹을 수 있겠나. 그런데 할머니가 상자에 깔린 귤을 검은 비닐 봉투에 다 담으셨다. 다 팔고 집에 가시겠다고. 얼핏 봐도 스무 개 남짓. 말리지 못하고 만 원권 한 장을 건넸다. 귤은 꽤 무거웠다. 스틱 들고 비닐 봉투를 드니 기운이 부쳤다. 비척비척 숙소를 찾아갔다.

비교적 저가 호텔인데 예약하지 않았어도 자리가 있었다. 안내실의 남자에게 귤을 드려도 되느냐고 묻고는 다섯 개를 드렸다. 2층 방을 배정받았다. 문을 열자마자 탄성이 나왔다. 전면 통창으로 테트라포드와 바다가 보였고 하얀 시트 침대와 아일랜드 식탁 위 세면대와 포트와 커피와 차와 위생용품 그리고 간유리로 분리된 욕실과 화장실이 있었다. 하얀 실내화 두 켤레와 동그란 탁자와 의자까지. 직사각형 방에 이렇게 있을 게 다 있을 수 있구나. 완벽한 미니멀리즘 생활이 가능할 듯한 깔끔함. 그곳에서 며칠 살고 싶을 정도였다. 이틀째 내의는 물론 목폴라까지 땀으로 흠뻑 젖었다. 그런데 이곳에는 세탁 후 자연 건조가 되지 않는다고 해도 말릴 헤어드라이어가 있었다. 샤워하고 속옷, 양말, 버프, 두꺼운 내의와 폴라까지 싹 세탁했다. 머리를 말리고 침대 시트 위에 누웠더니 서쪽 창 끝에서 얼마 남지 않은 햇빛이 강렬하게 비추었다. 흠씬 쾌적해서 밖에 나가기 싫었다. 그래도 밥은 먹어야 해서 외출했다.

아직 해가 남아 있어 구룡포 일본인 가옥거리에 가보았다. 구룡포는 세 번째다. 2012년 겨울 EBS 〈한국기행〉 때 답사하러,

2020년 여름 나아리에서 도보순례하러 삼척으로 가던 길에 밥 먹으러, 그리고 이번. 그런데 일본인 가옥거리에 있는 그 계단을 올라가본 기억이 없다. 그래서 양옆으로 돌기둥이 서 있는 그 계단을 올라갔다. 왼쪽 61개 오른쪽 59개의 그 돌기둥은 1944년에 세워졌는데 구룡포항을 조성하는 데 기여한 일본인의 이름이라고 한다. 다음 해 패전으로 일본인이 떠나자 주민들이 이름에 시멘트를 바르고 돌기둥을 거꾸로 돌려세웠단다. 그런데 그 위에 충혼각을 세우면서 후원자의 이름을 다시 돌려세운 돌기둥에 새겼다고 한다.

계단을 올라갔다. 구룡포라 아홉 마리 용이 있었다. 용龍의 승천-새빛 구룡포. 아홉 마리 용.

계단을 내려와 일본인 가옥거리로 무얼 먹을까 둘러보며 걸어 들어갔다. 모리국수 전문점 할머니 본가가 있었다. 모리국수가 뭔지 먹어보고 싶었는데 2인분만 된다고 한다. 1인분으로 먹을 수 있는 메뉴는 두 가지뿐. 그중 홍게 라면을 주문했다. 도보순례에 라면이라니 부실했지만, 홍게를 믿어보기로 했다. 잠시 후 할머니가 홍게 라면을 가져오셨다. 그러더니 홍게를 가져가 싹 발라 오셨다. 먹기 편하라고. 이번 순례에선 친절한 식당 주인만 만나서 좋았다.

"혼자 여행 오셨어요?"

여자 혼자인 것도, 한파인 것도, 손님 없는 가게에서 혼자 먹는 것도 모두 질문을 유도할 만했다. 그게 여행이든 순례든 만천 원짜리 라면을 다 먹어보다니. 하지만 항구에서 홍게 한 마리 먹어보는 것도 좋았다. 라면이 홍게를 만나 호강하네.

식후에 골목을 다시 걸어 나오는데 동백서점이 보여서 들어가려고 했더니 출입문은 까멜리아. 카페와 문구 선물 가게가 연결돼 있는데 동백투성이였다. 아마 드라마 촬영지였나 보다.

깜깜해지자 숙소에서 멀리 보이던 공사 중 아파트도 바다도 보이지 않았다. 대신 초록색 등대 불빛이 켜졌다. 얇은 커튼을 쳐도 초록빛이 투과돼 방까지 들어왔다. 반짝반짝. 방에는 커다란 TV가 있었다. TV 없이 산 지 근 20년. 한번 틀어보았다. 드라마 〈동백꽃 필 무렵〉 최종회를 했다. 그걸 보니 일본인 가옥거리가 왜 동백 천지인지 알 수 있었다. 드라마에서 동백이 엄마가 동백이 남자에게 말했다.

"혼자 두지 마. 걔 그만 혼자 있게 해."

동백이는 좋겠다. 그렇게 말해주는 엄마가 있어서. 나도 누가 뒤에서 그렇게 든든히 받쳐주고, 사람마다 찾아가서 나를 부탁해주면 얼마나 좋을까.

구룡 타고 창바우마을에서 차박하고 싶은 나는 양포항에서 구룡포항까지 꽁꽁 언 길을 16.2킬로미터를 걸어와 잠이 푹 들었다. 또 꿈을 꾸었다.

새벽이면

아홉 마리의 순금빛 용이

인간의 마을과 바다를 껴안고 날아오르는 것을 보았다

-곽재구 시 〈와온 바다〉 마지막 연

고독한 걸음

2024년 1월 25일 목요일

포항시 남구 구룡포-흥환간이 24km

새벽에 오른쪽 엄지발가락이 쑤셔서 깼다. 어릴 때 엄마가 밤에 손톱 깎으면 고양이가 먹고 똑같은 사람이 돼서 온다고 깎지 말라고 하셨는데 발톱이 빠질까 봐 전날 밤에 짧게 깎은 것이 염증이 되려나 보다. 황급히 연고를 발랐다. 다시 자고 일어났더니 다행히도 통증이 없어졌다. 걱정도 사라졌다. 몸뚱이밖에 믿을 게 없는 도보순례에서는 몸의 감각에 아주 예민해진다.

해가 뜰 때쯤의 하늘은 연노랑 위에 연푸름 빛으로 변한다. 맞은편 건물이 주황빛을 반사하는 것으로 동쪽 어딘가에 해가 떴음을 안다. 비로소 갈매기가 난다. 영하 7도. 이틀째 갈매기도 웅크리고 앉아 있던 혹한. 전날 사다 놓은 황태국밥에 뜨거운 물을 부었다. 전자레인지 없어도 오래 두니 먹을 만하다. 밥을 먹으며 바다의 테트라포드를 바라보는데 까만 새 한 마리가 바닷물이 차올라도 가만히 서 있었다. 미룰 때까지 미루는 나를 보는 듯, 의연한 까만 새가 눈길을 사로잡았다.

나흘 만에 아침 샤워를 했다. 그만큼 실내가 따뜻하다. 잘 마른 내의를 입고 비치된 드립백 원두커피를 승늉처럼 연하게 마신다. 뜨거운 물로 컵과 텀블러를 소독하고, 텀블러에 물 끓여 넣고 홍삼단을 섞었다. 썼다.

호텔이 좋아서 나가기 싫었다. 그래도 오전 9시 30분쯤 길에 나섰다. 15분 후 구룡포해수욕장을 지나, 10시쯤 구룡포 주상절리를 지나, 10시 4분에 삼정리해수욕장, 20분 후 석병1리. 11시 10분, 호미곶이 7킬로미터 남았다. 절반쯤 왔다. 하지만 오늘의 목적지는 호미곶에서 11.5킬로미터 더 가는 흥환보건진료소. 최장거리 코스다.

11시 30분, 다무포 하얀마을 고래마을은 마을 전체를 하얗게 칠해서 파란 바다와 선명하게 대비되는 동네였다. 포항역으로 가는 9000번 버스가 계속 지나갔다. 그게 그렇게 마음이 놓였다. 언제든지 돌아갈 수 있으니까. 돌아갈 수 있지만 앞으로 나아가는 거니까.

강사1리에서 2리를 지나 도로로 나왔다. 정류장에서 잠시 쉬는데 어떤 할아버지가 와서 물으셨다.

"어디 이주 말하는 거예요?"

"월성핵발전소 주변에 사시는 할아버지 할머니들이요."

아~ 오늘의 임무 성공. 한 사람이라도 궁금해하면 그걸로 족했다.

오후 12시 지나 도로 옆에 밭이 있고 그 앞 바다 쪽으로 소나무들이 서 있었다.

'아~ 이곳에는 제발 풀빌라가 생기지 않기를⋯⋯.'

곧이어 '호미곶 해국 자생지'라는 푯말이 나왔다. 해국 덕분에 해송도 땅도 지켜진 셈이다. 거기서 다시 해안도로로 내려갔다. 시커먼 바위 위로 하얀 파도가 넘실대는 거친 겨울 바다가 펼쳐졌다. 이제까지의 바다와는 다른 느낌으로 야성이 깨어나는 듯했다. 무차별적으로 무지하게 개발되지 않은 도로를 걷다 보니 입에서 노래가 흘러나왔다. 처음엔 인지하지 못하다가 가만 들어보니 이 노래였다.

오랫동안 사귀었던 정든 내 친구여
작별이란 웬 말인가 가야만 하는가
어디 간들 잊으리오 두터운 우리 정
다시 만날 그날 위해 축배를 올리세

가끔 나도 모르는 말과 행동이 나올 때가 있는데 그건 무의식 어디쯤에서 풀려나온 실마리겠지. 그런데 그 노래를 구슬프게 부르는 게 아니라 경쾌하게 부르고 있었다. 가사를 들어보니 작별 노래가 아니라 재회 노래였다.

12시 30분이 넘어가고 대보1리였다. 그 추운 바닷가에서 황토색 개 한 마리가 짖었다. 인사하고 지나가는데도 계속 짖는다. 가다 말고 멈췄다. 가까이 다가가려 했더니 더 짖는다. 꼬리를 아래로 착 감은 게 겁을 먹은 듯 보였다. 배도 고프고 목도 마를 것 같았다. 배낭에 먹을 건 과자와 귤뿐. 당분 많은 과자는 개에게 좋지 않지만 개 간식을 갖고 다니진 않으니 마지막 과자와 귤 한 개를 먹기 좋게 까서 던져주었다. 역시 먹었다. 굶주리고 있던 게 틀림없다. 목줄이 그물에 얽힌 듯했다. 하지만 물까 봐 풀어줄 순 없었다. 참 잘생긴 개였다. 내가 넓은 정원에서 살면 데려다 키우고 싶다는 생각이 설핏 들었다. 하지만 그 개 주인이 있기를, 버린 게 아니길, 그래서 데려가기를 간절히 바랐다.

서둘러 걸었다. 12시 50분, '한반도에서 해가 가장 먼저 뜨는 호미곶' 해돋이 광장에는 빨간 파카가 앉아 있었다.

"영상~"

바다를 보던 고개가 오른쪽으로 돌아 날 쳐다본다. 그리고 일어나 내 쪽으로 걸어온다.

"누님!"

영상이었다. 울산 북콘서트가 끝난 날 밤에 전화해서 하루 함께 걷겠다고 했다. 괜찮다고, 이틀 지나서 연락 왔을 땐 이제 구룡포라 너무 멀어서 못 온다고 했는데도 사흘째 기어이 왔다. 오겠다는 사람에게 혼자 걸을 거니 오지 말라고 할 순 없었다. 만나서 물어보았다.

"안 와도 되는데 왜 왔어요?"

"제가 북콘서트에 갔으면 안 왔죠. 근데 그날 못 가서 미안해서 왔지요."

작은 백 하나 크로스로 두르고 온 영상은 자연스럽게 내 배낭을 가져다 멨다. 그리고 내 사진을 찍어주었는데 사진 실력이 남달랐다.

오후 1시 30분, 그날 묵기로 한 펜션 주인이 알려준 해물포차에 들렀다. 해물뚝배기와 해물칼국수 둘 다 먹고 싶었다. 영상이 칼국수를 나눠주겠다고 해서 해물뚝배기를 시켰다. 음식이 나오기 전에 영상은 부탁한 파스와 요즘 품귀 현상이라는 테라플루를 두 통이나 주었다. 매일 밤 테라플루를 먹고 잔다는 내게 감기 바이러스엔 약이 없다고, 테라플루는 페니라민말레산염이 다른 감기약에 비해 열 배 더 많은 20밀리그램 들어 있어서 먹으면 잠들기엔 좋다고 했다. 영상은 약사다. 나는 약을 받고 귤을 주었다. 그날 갈 펜션 주인이 추천한 해물뚝배기엔 전복이 두어 개 있었다. 칼국수까지 먹으니 든든했다.

오후 2시 5분 출발. 자전거 길이 굽이굽이 길어 직선거리로 나왔더니 독수리 바위는 못 보고 통과했다. 호미곶은 면민이 작사한 〈호미곶 내 고향〉이란 면가도 있었다. 한흑구문학관이 있는 구만리를 지나 해변 길이 아닌 도로를 따라가는데 아무래도 이상했다. 저만치 굴이 있는데 잘못 온 것 같았다. 영상이 지도 앱을 보더니 맞다고 했다. 짧은 터널이었다. 길치인 나 혼자였으면 무서워서 당황했을 길이었다. 그다음부터는 오르막길이었다. 영상이 '업힐'이라고 했다. 고등학교 때부터 자전거도 없으면서 친구한테 빌려 자전거 동아리를 만들어서 자전거를 탔다고 한다. 업힐 다음에는 다운힐. 걷다가 영상은 이렇게 좋은 길을 걸을 수 있어서 감사하다고 했다. 그 느낌은 자전거를 타고 지나가도 느낄 수 없다고 했다. 맞다. 천천히 따박따박 걸어가야 보이는 풍경이 따로 있다. 그 기쁨을 아는 사람만이 걷는다. 일단 그 맛을 알면 또 걸을 수밖에 없다.

오후 3시, 몽돌 소리 자글자글한 해변에 잠시 앉아 소리를 감상했다. 걸을 때도 쉴 때도 영상은 뚝 떨어져 있다. 바람직한 거리다. 3시 30분쯤 대동배1리 마을에 들어서는데 군복 같은 옷을 단체로 입은 사람들이 기다란 망원 렌즈로 새를 찍고 있었

다. 자세히 보니 제주도 성산 일출봉 근처에서 보았던 철새 흰뺨
검둥오리였다. 4시쯤 虎尾(호미) 사랑숲에서 잠시 쉬었다. 동해
면 발산1리 모감주나무와 병아리꽃 군락을 지나갔지만 헐벗은
겨울이라 눈에 띄는 건 없었다. 장군바위를 지나 말목장성 비에
는 오후 햇빛이 진하게 드리워 있었다. 발산교회 부근에서 길을
약간 헤맸다. 그러나 곧 지름길을 찾았다.

오후 5시 4분, 숙소에 도착. 그 동네는 숙박 시설이 많지 않아
미리 전화로 예약을 해두었다. 스페셜티 커피를 하는 곳이라 관
심이 생겼다. 그런데 근처 식당이 거의 없어 저녁식사가 곤란했
다. 영상과 함께 5시 20분 마을버스를 타고 도구해수욕장 근처
로 나갔다. 20분 후에 곰탕집에서 설렁탕을 먹었다. 영상은 그
근처에 주차하고 9000번 버스를 타고 호미곶으로 왔었다. 다음
날 아침 식사 거리를 준비하기 위해서 편의점에 들렀다. 떡국과
초코바와 단백질바는 나를 위해, 초콜릿 과자 세트는 영상의 아
이들을 위해 골랐다. 계산대에 물건을 올려놓고 계산하려는데
카드 쥔 손이 쑥 들어왔다. 깜짝 놀랐다. 차에 있던 영상이 어느
새 내려 내 뒤에 있던 거였다.

"세 끼는 사야죠."

그렇게 약국 휴가 내고 온 영상은 함께 걷고 점심, 저녁, 아침
밥까지 사주었다.

돌아오는 하늘에 보름달이 휘영청 떠 있었다. 모든 게 가득가
득할 것만 같은 환한 밝기였다. 아~ 그래서 낮에 해안도로가 만
조로 일찍 막혔나 보다. 우리는 그래서 도로 옆으로 걸어야 했던

것이었다. 음력 그믐달 보름 달빛 아래 숙소로 돌아가는 길이 꼬불꼬불 협로였다. 게다가 인도도 없었다. 저절로 한탄이 나왔다. 7킬로미터 정도 되는 그 위험한 찻길을 다음 날 걸을 자신이 없었다. 6시 30분쯤 영상은 숙소 앞에 나를 내려주고 떠났다. 영상이 가는 것을 지켜보는 잠시에도 칼바람이 불었다. 바다 건너편엔 수평선처럼 포항 공단의 불빛이 가득했다. 호미곶에서부터 여기까지는 육지에 막혀 수평선이 없다. 호랑이 꼬리 호미라서.

저녁 6시 40분, 방문을 열었다. 편백 향이 확 나는 연두색 방. 옷을 벗어보니 검정 옷에 소금기가 하얗게 얼룩져 있었다. 주인이 보일러를 미리 틀어놓았지만, 이 온도에서 옷을 빨면 마르지 않을 듯했다. 그래도 추운 욕실에서 속옷과 양말과 버프는 빨아야 했다. 온도가 점점 올라가는 듯, 1인용 침대 둘을 보니 얇은 여름 이불이 놓여 있다. 집에서는 극세사 잠옷에 수면 양말을 신고 난방 텐트 안에 들어가 탄소 매트 틀고 자는데 한겨울에 홑겹 옷에 맨발이라니.

혼자 고독하게 걸으려던 이번 도보순례 계획은 영상의 깜짝 출현으로 어긋났다. 하지만 해파랑길 지도상 두 코스를 수월하게 하루에 걸었고 밥도 잘 먹었다. 그리고 더한 수확이 있었다. 월성핵발전소 인접지역 이주대책위원회 10주년이 되는 내년 8월 즈음에 자전거 순례를 하기로. 내가 고성부터 내려오면 포항쯤에서 영상이 마중 나오기로. 그래서 경주 나아리까지 가기로 한 계획. 홀로 고독한 순례자가 되려던 나는 구룡포에서 호미곶까지 혼자 12킬로미터, 호미곶에서 흥환1리까지 둘이 12킬로

미터, 도합 24킬로미터를 걸었다. 그리고 테라플루를 먹지 않고
잠들었다.

전설 따라 호미반도해안순례길

2024년 1월 26일 금요일
포항시 남구 흥환간이-청림, 형산강-북구 영일대 18.2km

새벽 4시에 목이 아파 깼다. 바싹 덥고 건조했다. 보일러를 끄고
시끄럽게 돌아가는 빈 냉장고 전원도 꺼버렸다. 비로소 고요하
다. 양치하고 벌건 얼굴에 양포항에서 붙이고 남은 마스크 팩을
붙였다. 겨울 바닷가 자외선은 강하다. 다시 잠들었다가 일어났
더니 왼쪽 창에 햇빛이 강하게 비친다. 오전 8시가 훌쩍 넘었다.
깊이 잠들었나 보다. 부지런히 씻고 옷을 입는데 이번엔 회색 셔
츠 다음에 검정 후드 셔츠를 입어보았다. 같은 옷을 순서만 다르
게 입어 기분 전환이라도 해보려는 셈이었다. 전자레인지를 사
용하지 않고 뜨거운 물을 부어 오래 둔 떡국은 맛이 없었다. 수
입 쌀이라는 선입견 때문인 듯했다.

오전 9시 20분에 아래층으로 내려갔다. 펜션 주인이 커피를
준비하고 있었다. 현금 결제하면 커피를 서비스로 주겠다고 했
다. 나는 에스프레소 추출 기계로 하는 스페셜티 커피 바리스타
파운데이션 자격증을 취득했기에 다른 방식으로 핸드드립 커피
를 마셔보고 싶었다. 주인이 먼저 커피를 고르라고 하여 AA 브

랜딩 커피를 선택했다. 영업시간이 아니니 테이크 아웃을 하라고 했다. 그러면서도 내가 티타늄 컵을 내밀었더니 도기 잔에 주었다. 카페 주인의 시간보다 바리스타의 자부심을 선택한 듯 보였다. 약간 산미가 있는 가벼운 맛이었다. 그 맛을 좀 더 여유롭게 음미하고 싶었지만, 평일 오전에는 문 여는 카페가 아닌데 나 때문에 문 열고 있는 게 부담스러워 다 마시지 못한 채 일어섰다. 출발할 때 길을 물었더니 주인이 나무다리를 건너가는 해안 도로를 알려주었다. 거기다 더해 포스코 포항제철소를 걷지 말고 도구해수욕장 입구에서 버스를 타고 형산강을 건너가서 내리라고 했다. 거길 다 걷는 사람들도 있는데, 좋은 자연을 걷지 왜 매연 마시고 걷느냐고. 일단 찻길보다 나을 듯해 나무다리로 들어섰다. 영하 3도. 기온은 좀 올라갔지만 바람이 불었다.

9시 47분, 하선대 선바우길로 들어섰다. 10분 뒤 해안을 도니 다리가 나 있는데 꽤 길었다. 다리 밑으론 거친 파도가 들락거렸다. 스틱의 마개를 뺐다. 파도가 다리 위로 덮칠까 봐 심호흡한 뒤 숨을 멈추고 달리기 시작했다. 다리와 다리 사이 자갈밭에 쓰레기가 잔뜩이었지만 하나도 주워 올 생각을 못 했다. 신변의 위협을 느끼면 쓰레기가 눈에 들어와도 줍진 못한다.

1.2킬로미터쯤 가니 0.5킬로미터 앞에 하선대 선바우길. 10시 21분, 마산리를 지나며 먹바우(검둥바위). 바위 두 개가 연결되어 있는데 연오랑 세오녀를 싣고 간 배가 아닌가 하는 설명이 있었다. 연오랑 세오녀는 부부였는데, 어느 날 바위가 해초를 따고 있던 연오를 데리고 일본으로 갔고 일본 사람들이 연오를 왕

으로 삼았단다. 남편을 기다리던 세오는 남편의 신발을 발견하고 그 바위에 올랐다. 그랬더니 그 바위가 역시 세오를 일본으로 데려갔다. 마침내 연오와 세오는 만나 다시 부부가 되었다. 그러나 이때 신라에서는 해와 달이 빛을 잃었다. 일관이 연오와 세오가 일본으로 갔기 때문이라고 해서 왕은 사신을 보내 그들에게 고국으로 돌아오라고 했다. 그러나 연오는 자신이 일본에 온 게 하늘의 뜻이라며 세오가 짠 비단을 대신 주어 제사를 지내라고 하였다. 그렇게 하였더니 해와 달이 제 빛을 찾았다고 한다. 마침 그 자갈에는 내 겨울 고무신과 같은 종류의 낡은 한 짝이 있었다.

10시 30분, 드디어 하선대 도착. 선녀가 내려와서 놀았다는 작은 바위다. '옛날 동해의 용왕이 매년 칠석날 선녀들을 이곳에 초청하여 춤과 노래를 즐기곤 하였는데 용왕은 그 선녀 중에서 얼굴이 빼어나고 마음씨 착한 한 선녀에게 마음이 끌리어 왕비로 삼고 싶었으나 옥황상제가 허락하지 않았다. 용왕이 황제의 환심을 사기 위해 바다를 고요하게 하고 태풍을 없애는 등 인간을 위하는 일을 하자 황제가 감복하여 선녀와의 혼인을 허락했다. 용왕과 선녀는 자주 이곳에 내려와서 행복한 시간을 보냈다는 전설이 있다.' 안내문을 읽자 나도 인간을 위하는 일을 하면 하늘이 감복하여 사랑하는 이를 허락하지나 않을까 하는 생각이 들었다.

하선대 1킬로미터 구간에는 각종 이야기를 담은 바위가 계속 이어진다. 소원바위, 아기발바위, 여왕바위, 안중근의사 손바닥

바위, 폭포바위, 어디에나 흔한 남근바위. 그렇게 하선대를 지나 연오랑세오녀 공원에 막 다다랐는데 스틱이 이상했다. 들어보니 스파이크(쇠촉)가 달아나버렸다. 그동안 마개를 씌운 채 다녀서 충격이 손에 그대로 전달됐는데 마개를 빼자마자 스파이크 한쪽이 날아가버린 것이다.

연오랑세오녀 테마공원에서 처음으로 의자에 앉아 물을 마시며 쉬었다. 햇볕이 따뜻해서 좀 전의 긴장감을 풀 수 있었다. 쉬지 않고 5.3킬로미터를 달리다시피 걸어왔다. 그런데 그 심장이 조여오는 긴장감을 다시 감당하며 해안도로로 내려갈 엄두가 나지 않았다. 차라리 찻길 가로 가려고 산책로를 찾았다가 길을 잘못 들어 되돌아오던 중 호텔로 가는 길을 발견했다. 그런데 그 길도 결국은 해안도로로 통하는 길이었다. 철창에 통행로가 뚫려 있는데 얼마나 다행이었는지 모른다.

임곡리를 지나 도구해수욕장으로 가는 길에 솔밭이 있었다. 자전거 도로로 가다가 다시 돌아와서 들어간 솔숲은 동화 속 기울어진 나라처럼 소나무들이 전부 육지 쪽으로 기울어져 있었다. 해풍에 기울어진 모양이었다.

오후 12시 30분쯤 도구해수욕장에 다다랐다. 거기서 점심식사할 계획이었다. 펜션 주인은 그곳에서 버스를 타고 가라고 했다. 하지만 나는 앞에 놓인 길로 쉬지 않고 나아갔다. 나무 데크가 놓여 있는데 끝이 보이지 않았다. 그래도 계속 걸어 나아갔다. 데크는 매우 길었다. 전날 멀리 보이던 공단이 점점 가까워졌다. 정말 꽤 많이 걸어왔다. 한 시간 넘게 걸어 드디어 끝이 없을 듯하던 데크가 끝났다. 청림 바닷가였다. 쭉 나가보니 해군항공역사관 앞이었다. 도구해수욕장 입구에서 4킬로미터쯤 더 온 곳이었다. 거기서도 밥 먹을 만한 곳을 찾지 못했다. 편의점에서 초코바를 한 개 사서 먹고는 펜션 주인의 말대로 버스 209번을 타고 형산로터리까지 갔다. 버스를 타고 나서야 알아차렸다.

'내가 왜 이렇게 남의 말을 잘 듣지?'

팔랑귀라서일까? 어른 말씀을 너무 잘 듣는 모범생 습성이 남아서일까? 난 그 길을 걷지 않을 생각이 없었다. 몇 달 전 지도 보고 계획표를 짤 때도 그 길을 다 걸어서 그날은 송도해수욕장 근처에서 쉬는 게 당일 목표였다. 그런데 다이어리를 배낭에 넣어 보내서 잊었을까? 아침에 들은 남의 말 때문에 몇 달간의 내 계획을, 더 거슬러서는 4년 동안의 7번 국도 완주라는 내 계획을 고작 5킬로미터 남짓 때문에 달성 못 하다니 영 찜찜했다. 그런데 생각해보면 맨 처음 2020년 2월 울진-삼척 7번 국도 도보 순례 때도 장호항에서 궁촌항까지 5.4킬로미터를 레일바이크 타고 갔었다. 나아리에서 문무대왕릉·봉길대왕암 해변까지도 버스로 15.8킬로미터 돌아서 갔다. 만약 승용차로 터널을 건넜다면 6.2킬로미터 거리다. 나는 해군항공역사관부터 형산강로터리까지 5킬로미터를 209번 버스로 통과한 것뿐이다. 하지만 망설이던 그 길을 되돌아가지 않고 직진하게 된 건 로터리에서 길 건너 형산강 낀 강변길에 올라서자마자 본 '영일만 북파랑길 시점' 표지 때문이었다.

2020년 겨울이 다가오는 가을, 외로움과 상심에 푹 젖은 내가 막막하기만 한 심정으로 하루 걷고 올라가고 또 하루 걷고 올라갔던 그 길이 월포에서 화진 그리고 월포에서 칠포, '깊고 우아한 북파랑길'이었다. 그 길의 시작점에 서니 새로운 기분이 피어올랐다. 5.8킬로미터만 가면 영일대해수욕장이 있다는 강변길은 안정감이 있었다. 이미 닦아놓은 길은 아주 편하다. 자전거 길과 도보 길이 나뉘어 있고 군데군데 의자도 있다. 쉬지 않고 걸었다. 형산강을 바라보는 의자 중 하나에는 노부부로 보이는 두 분이 나란히 앉아 오후 햇살을 쪼이고 계셨다. 눈물겹게 바라는 미래의 모습이었다.

포항운하관에서 지도를 보며 잠시 발길을 멈추었을 때였다. 초라하고 묘한 여인이 다가와서 말을 건넸다.

"제 나이 50에 어려운 일을 많이 겪었는데 남녀호랑개교를 믿고……"

보통은 그냥 지나치는데 대꾸를 했다.

"저 예수님 믿어요."

'교회 다녀요'도 아니고 '예수님 믿어요'라니. 갑자기 신앙 고백? 교회 안 나간 지 7년. 이 도보 순례길이 사람을 변화시키긴 하나 보다.

쭉쭉 나아갔다. 포항제철과 영일대 사이의 송도해수욕장이었다. 송도해수욕장에서도 밥 먹을 만한 곳을 찾지 못하고 계속 나아갔다. 오후 3시가 가까워지고 있었다. 길거리 의자에 앉아 단백질바를 먹었다. 점심 끼니를 챙기지 못하는 날이 왔구나, 생각하면서 영일대 쪽으로 계속 걸었다. 다리를 건너 오른쪽으로 가다 보니 한국예술문화단체총연합회 포항지회 건물이 있었다. 반가운 마음에 2층으로 올라갔다. 문화체육관광부 한국예술인 복지재단 예술인 패스를 보여주며 혹시 숙소를 소개받을 수 있느냐고 물었다. 그 단체와는 연계가 없다고 했다. 괜찮았다. 대신 텀블러에 온수를 채워 나왔다.

그때 울산 북콘서트엔 못 가지만 포항에 오면 꼭 연락하라던 사람이 떠올랐다. 지난 8월, 어떤 무리 중에서 솔직함으로 기억에 남았던, 유달리 친절해서 선한 마음으로 이어진 인연이 또 어떤 좋은 일로 양상될지 모른다는 일말의 희망을 품게 한 사람이었다. 그렇지만 괜한 오지랖이 될까 봐 망설이다 처음으로 전화를 해보았다. 현지인이니 괜찮은 숙소가 어디냐고 물어볼 심산이었다. 그이는 호텔 예약을 해도 되느냐고 물었고 나는 고맙지만 십 원도 신세 질 생각 없다고 했다. 그런데 통화한 지 10분 만에 나는 영일대해수욕장에 도착해버렸고, 그이가 한 예약은 취소가 되지 않았고, 오후 3시가 넘었는데도 입실을 기다려야 했다. 종일 걸어 다다른 종착지에서의 기다림은 피로도에 비례해 여느 때보다 길다. 맞은편 정류장에서 40분쯤 기다리다 여행자호텔에 들어갔다. 막 청소한 듯 물기가 흥건한 욕실은 대실 흔적이 역력했고 창밖은 건물로 꽉 막힌 일명 시티뷰. 무엇보다 신세 질 생각이 없었기에 마음이 불편했다. 하지만 금요일 오후에 관광지에서 숙소 구하기는 쉽지 않다. 그 어려운 일을 잘 모르는 사람이 나를 위해 바쁜 와중에 해준 것이었다. 고마워해야 마땅했다.

그 사람이 온다기에 기다리다가 5시 30분이 넘자 해가 지기 시작해 밥을 먹으러 나갔다. 해수욕장에서 횟집 아닌 밥집을 찾긴 어려웠다. 순례 중 드물게 중국음식점에 들어가 백짬뽕밥을 시켰다. 그날 유일하게 제대로 식사한 만 원의 만족이었다. 식사 후 영일대해수욕장 모래에서 밤이 내리는 걸 지켜보았다. 오른쪽으로 포항제철의 불빛이, 왼쪽으로는 스페이스 워크의 조명이 화려했다. 얼마만의 도시 풍경인지. 이렇게 전기를 쓰니 핵발전소가 계속 가동되지……. 한쪽에선 젊은이들 서너 명이 폭죽을 터트렸다. 그게 뭐가 재밌다고 화약 냄새 맡으면서 저리 즐거울까. 하지만 청춘에게는 그 또한 재미겠지. 그들 사이엔 오늘 밤 뭔가 추억을 쌓으려는 낭만이 있겠지.

저녁 6시 30분쯤 카페에 들어가 생강차를 시켰다. 다 마시고 온수를 더해 최대한 천천히 마셨다. 약속에는 기다림이 필수다. 정시까지 기다려야 하고 누군가 늦는 만큼 다른 사람이 더 기다려야 한다. 나 또한 얼마나 많은 지각으로 다른 사람들을 기다리게 했던가. 갑작스러운 내 연락에 그 사람은 이미 있던 일정에 내 약속을 끼워 넣어야 했을 것이다. 기다림이 길어질수록 자책도 깊어졌다. 그런데 7시에서 20분이 지났을 무렵 허겁지겁 들어온 그 사람과 어린아이를 보았을 때 내 마음은 순식간에 연민으로 돌아섰다. 자녀가 생기면 그 존재가 인생의 대부분을 차지하게 되는 삼사십 대. 그렇게 사랑과 정성과 헌신을 다해 키워도 부족하고 모자란 게 육아다. 육아에 전념하는 이가 나를 보면 얼마나 자유로워 보일까. 반면 나는 그들을 보면 얼마나 안쓰러운

가. 서로 미안해하고 고마워하다가, 바쁜 일정 쪼개어 나를 만나러 온 고마운 엄마 대신 아이에게 세뱃돈을 주고 헤어졌다. 나는 호텔을 대접받고 아이는 용돈을 받았으니, 용도가 다름으로 돈의 쓰임이 따스해졌다. 물질은 잘 다루면 꽤 괜찮은 도구이다.

밤 8시쯤 다시 호텔에 들어왔다. 발을 씻는데 드디어 왼쪽 둘째 발톱이 빠져서 떨어져 나갔다. 10시 30분쯤 취침하려는데 침구의 락스 성분 때문에 피부가 가려웠다. 1인용 코튼라이너가 필요했지만, 지금의 짐 무게를 감당하기도 힘들었다. 겨우 잠들었다가 새벽 2시에 다시 깼다. 고독하게 순례하려 했는데 타의 반 자의 반 이 사람 저 사람 만나고 마는 순례. 잠시 스쳐 가지만 그들의 인생이 내 감각을 훑고 지나간다. 오롯이 나에게만 집중하려고 했던 신경이 흐트러진다. 순간 인내심 없는 자신을 발견하기도 한다. 누가 뭐래도 제 갈 길 갈 것 같은 나는 예상치 못한 천사들을 만나며 홍환간이해수욕장에서 영일대해수욕장까지 좌충우돌 18.2킬로미터를 걸었다.

밝고 가벼운 북파랑길

2024년 1월 27일 토요일
포항시 북구 영일대해수욕장-칠포항 16.5km

아침 일찍 일어나서 채비했다. 오늘만큼은 꼭 일출을 보기 위해서였다. 준비를 다 하고 나가려다 일출을 본 뒤 조식을 하고 나가는 게 낫겠다 싶었다. 샤워한 후 옷을 입으려고 거울을 보았다. 근육도 살집도 없는 깡마른 사람이 서 있었다. 하도 말라 복근까지 보이는 듯했다. 옷을 하나하나 겹쳐 입으니 좀 두둑해 보인다.

영일대해수욕장 모래에 서서 일출을 기다렸다. 사람들이 꽤 나와 있었다. 해변 걷기 운동하는 사람도 있었다. 7시 33분에 붉은 기를 머금은 하늘을 뚫고 바다에서 해가 올라왔다. 날이 맑아 일출 과정을 모두 지켜볼 수 있었다. 2020년 2월 울진에서도 보았고, 7월 등명해변 지나서도 보았던 일출을 당당히 혼자 보았다. 비장함은 없었다. 결연함도 없었다. 그저 어제 떴던 해가 오늘 뜬 것이고 별일 없으면 내일도 뜰 것이다. 하지만 혼자 시작하는 아침에 해를 기다려 일출을 찍은 아침은 닷새의 도보순례

영일대 해맞이, 혼자 걷는 길 위에 뜨는 해

날 중 최초였다. 뿌듯했다.

아침이 되자 네 군데의 숙박 시설 중 최초로 조식이 제공되는 턱에 전날의 불평은 쏙 들어갔다. 토스터에 식빵 네 조각을 넣었다. 2인 1실에 1인이 잤으니 2인분을 먹는다고 해서 염치없지 않다. 콘플레이크에 우유를 붓고 오렌지 주스를 따르고 연한 아메리카노를 받았다. 버터와 딸기잼도 두 개씩 챙겼다. 토스터에서 식빵이 올라오자 종이 접시에 담아 아슬아슬 방으로 올라왔다. 우유와 콘플레이크를 먹고 식빵 한 쪽에 버터를 바르고 잼을 짜서 다른 한 쪽을 붙여서 먹었다. 평소에는 한 쪽이면 양이 차지만 도보순례하는 날엔 많이 먹어두어야 한다. 다 먹고 마시고 나서는 남은 식빵에 버터와 잼을 발라 딱 붙였다. 그리고 종이 접시를 양쪽으로 덮은 다음 손수건으로 쌌다. 점심 도시락 완성. 독일 본 호텔의 성대한 조식만큼은 아니지만 소박하게 두 끼를 해결할 수 있다니 흡족했다.

숙소를 둘러보니 양포항에선 정신없이 어질러 있던 짐이 구룡포에서도 여전하더니 홍환간이에선 조금 나아지는 듯하다 영일대에 오니 정리가 되었다. 이젠 그렇게 어지를 숙박 시설에 들어가지 않아도 된다. 이제 마지막 날이니. 텀블러에 물을 끓여 넣고 오설록 달빛 걷기 한 봉을 우렸다. 가져온 커피믹스 5봉, 블랙커피 2봉은 그대로다. 챙겨 온 게 미안해서 발효차라도 덜어내었다. 옷은 줄일 수 없어 매일 상의 다섯 벌, 하의 네 벌, 양말 두 켤레. 정말 많이도 껴입는다. 거기에다 버프 두 겹에 모자까지.

오전 8시 37분, 입실할 때처럼 깔끔한 방을 만들어놓고 퇴실. 영하 1도에서 0도. 날씨도 풀렸겠다 긴장할 것 없다. 단단히 복장을 챙기고 배낭을 메고 등산화를 신고 장갑을 끼고 스틱을 쥐었다. 자~ 출발.

600미터 앞에 다리를 통해 바다로 나간 영일대가 있다. 바다 위로 나아가보았다. 2층까지 올라가 한 바퀴 돌았다. 그 아침에 젊은 남자가 형 되는 남자에게 인생을 이야기하고 있었다. 나는 한 시간 전에 해를 이미 맞았으니 영일대는 가볍게 둘러보고 직진. 9시 18분, 두무치마을 지나는데 조깅하는 사람들이 있었다. 건강한 도시다. 9시 42분, 환호마을 둑에 앉아 물을 마셨다. 어린이들이 몰려 달려와 내가 앉아 있는 곳에 선다. 선생님이 지시를 한다. 그만 일어나야겠다고 생각하며 지쳐 보이는 어린이에게 물어보았다.

"어디에서 온 거예요?"

"태권도요."

내가 피아노를 배우던 어린 시절에 연년생 여동생은 태권도를 배웠었다. 그걸 배우고 싶어 하는 여동생이 신기했었다. 영하권 아침에 달리기하는 게 태권도 체력 기르기라면 그때 나도 배워볼 걸 그랬나.

거기서 국토종주 자전거 길이 마을 쪽으로 나 있다. 가로지르는 길인 것 같아 신나게 그쪽으로 갔다. 거기서부터는 계속 큰 찻길을 낀 인도를 걸었다. 우회전, 좌회전, 우회전 4킬로미터 정도 가니 죽천해수욕장이 나왔다. 한 시간이 지났다. 마을 입구

정자에 앉아 물을 마셨다. 마을 입구에 이렇게 쉴 곳을 만들어놓은 동네는 주민들에게도 순례자에게도 고맙다. 그 작은 마을을 지나며 운동 기구에서 허리 돌리기도 했다.

죽천방파제 가까이 가니 부산에서 보았던 까만 오리들이 바다에 떠 있었다. 햇빛을 받아 따뜻해 보였다. 마을을 지나면서 막다른 곳으로 보이는 곳에 이상한 길로 안내판이 나 있었다. 공사장 뒷길 같은 그 길로 한참을 나갔더니 산업도로가 나왔다. 영일만대로에서 영일만항로였다. 가끔 덤프트럭이 지날 뿐 사람도 없는 산업단지를 2킬로미터 정도 걸어가면서 이런 길을 걸을 거면 포항제철소 길도 못 걸을 게 없었다는, 지난 선택이 또 생각났다. 이미 지난 일이다.

길고 지루한 길이 끝나자 드디어 바다가 나타났다. 용한 서퍼 비치였다. 바람 막을 곳을 피해 해변에 있는 파라솔에 앉아서 물을 마시는데 바다에 까만 점들이 움직였다. 유심히 보니 까만 슈트를 입은 사람들이 파도를 타고 있었다. 바람 때문에 멀리 가지는 못하는 듯했다. 거기서부터는 거친 겨울바다가 다시 시작되었다.

용한리간이해수욕장에서 2킬로미터 떨어진 지점부터는 해변에 나무 데크 길이 이어졌다. 시작점인 정자에서 물을 한 모금 마셨다.

오후 12시. 칠포해수욕장까지 1.5킬로미터 남았다. 데크 길을 가다 보니 스틱은 어느새 끝부분이 사라졌다. 대구교육해양수련원에서 잠시 길을 잃었다가 다른 사람들이 지나가는 걸 보고 따라갔다. 칠포해수욕장으로 가는 길엔 태양과 바람으로 가동하는 신재생에너지 가로등이 있었다.

50분 뒤 드디어 칠포해수욕장에 당도했다. 나무를 심어놓고 바람막이를 했는지 썰렁했다. 해변에서 뭔가를 채취하는 사람 말고는 쉴 곳도 없이 황량했다. 거기서 사진을 찍었다. 끝인 줄 알았다. 그런데 저만치 계단이 보였다. 그제야 내가 전에 순례한 곳이 칠포항이었음을 기억했다. 그해 초겨울 어두워지는 시간에 나는 800미터 더 가면 있다는 칠포해수욕장까지 가는 걸 포기하고 칠포항 해변에서 돌아갔었다.

모래 위를 걸어 나무 데크와 계단을 올라갔다. 절경이 펼쳐졌다. 거리도 꽤 있었다. 3년 2개월 전 그때 내처 가지 않길 잘했다는 생각이 들 만큼. 그렇게 작은 산등성이를 넘었다 싶을 때, 눈앞에 그날의 풍경이 반대편에서 펼쳐졌다. 그 작은 해변이 내가 걷다가 지쳐 돌아갔던 곳이었다. 마침내 다시 찾아온 그곳. 그곳은 칠포캠핑장이었다. 그때 보았는지 기억도 가물가물한 바위 위에 소나무가 있었다. 신창에서부터 도보순례하며 봐온 여러 바위와 소나무 중 제일 멋졌다.

1시 13분, 바위 아래 스틱을 꽂고 배낭을 내려놓고 스틱에 조끼를 걸쳤다. 이것으로 7번 국도 혹은 해파랑길을 완주했다.

기뻤다. 매우 기뻤다. 그 길을 따라 칠포1리 정류장에 가서 다시 앉았다. 4년 전과는 전혀 다른 밝고 가벼운 기분이었다. 2020년 11월의 나는 외로움이 고독이 되기 전 상심과 슬픔으로 칠포해수욕장까지 가지 못하고 칠포1리 정류장에 주저앉아 있었다.

거기서 모르는 사람이 포항역까지 태워다 주었다. 2024년 1월의 칠포1리 정류장은 따뜻하고 아늑했다. 비록 시간대와 날씨는 달랐지만, 그때도 혼자였고 지금도 혼자인데 내 마음은 전혀 달랐다. 길 건너 가게에서 드디어 따뜻한 캔커피를 샀다. 이날을 위해 나흘 동안 철저히 마시지 않았던 캔커피. 혹시라도 고함량 카페인으로 몸에 탈이 날까 봐, 그래서 완주하지 못할까 봐 못 마셨던 캔커피를.

시골 물가는 참 소박하다. 도시 편의점에서 2,200원 하는 게 시골 구멍가게에서 1,500원이었다. 계산하는데 가게 주인아저씨가 "어, 이 카메라 되게 오래된 건데" 한다. 지갑을 꺼내느라 내려놓은 내 고물 카메라. 중고로 수선을 거듭해서 쓰고 있는 내 소중한 분신. 그 카메라는 혼자 다니는 내가 언제 어디에서 무슨 일을 당했을 때 마지막까지 남아 있을 증거물이다. 언제부턴가 나는 족적을 남기듯이 사진을 찍었다. 그게 만일의 경우 나를 찾을 사람들에게 내가 남겨줄 수 있는 단서니까. 보안이 철저한 아이폰 회사는 소유자가 사고사해도 유족에게 휴대전화기 비밀번호를 알려주지 않는다. 그래서 그 안의 사진은 본인만 볼 수 있다. 촬영은 혼자 다니던 내게 생존과 안전을 위해 저절로 따라붙은 습관이었다. 낙오하더라도 내가 어디에 있는지는 알고 있어야 하니까.

1시 30분쯤 캔커피를 사서 다시 정류장으로 왔다. 배낭에서 손수건으로 싸놓은 토스트를 꺼냈다. 짐에 밀려 납작해진 토스트는 버터와 잼으로 딱 달라붙어 있었다. 미지근하고 달달한 커피 한 모금과 함께 한 입씩 베어 먹는 토스트는 고소하고 달콤하니 소박한 카페 브런치 못지않았다. (토스트를 먹으며 둘러본 정류장 내부엔 지난번에 있었던 포항 지진 관련 공고문은 사라졌다.) 다 마신 커피 캔을 버리려고 다시 가게로 가는 짧은 길이었다. 컹컹 강아지 짖는 소리는 들리는데 강아지는 안 보이고 허리 굽은 할머니가 말씀하셨다.

"좋은 일 하시네요."

"네? 고맙습니다."

그런데 순간 궁금했다.

"정말 그렇게 생각하세요?"

"그럼요. 좋은 일 하는 거죠."

할머니는 내 배낭에 매달린 '핵발전소 없이 안전하게 살자'를 읽으신 건가? 지나가는 할머니의 속이 보이는 배낭에서는 강아지가 컹컹 짖고 있었다. 순간 하선대 전설이 떠올랐다. 좋은 일을 하면 내게도……?

뜻밖의 칭찬으로 마무리하며 7번 국도 순례길 다섯째 날 영일대해수욕장에서 칠포항까지 16.5킬로미터를 걸었다.

이렇게 부산에서 고성까지 7번 국도 해파랑길 도보순례를 완주했다. 그런데 보통 때 같으면 여기저기 벗들에게 완주 소식을 알렸을 텐데 이번엔 아무에게도 알리지 않았다. 그 기쁨을 오롯이 혼자만 간직했다. 그리고 거기에서 걸음을 멈추지 않았다.

이주만이 살길이다

걷는 인생은 아름다워

나는 날아오르듯이 걸어 올라갔다. 마치 팽팽한 고무줄에서 쏘아 올린 조약돌처럼 팅겨 나가듯. 7번 국도 도보순례의 내 최종 목적지는 칠포해수욕장도 칠포항도 아니었다.

일단 해오름전망대를 향해 올라갔다. 차도 옆길을 따라 걷는데 허리 고부라진 할머니가 앞에 선 할아버지 옷자락을 쥐고 따라가시는 게 보였다. 평생 할아버지만 보고 살아오셨을 인생이 한눈에 그려졌다. 살아보지 못한 인생이 부럽다고 해서 앞으로 그렇게 살 수 있을까. 할머니와 할아버지가 모퉁이 돌아 사라질 때까지 뒤돌아보다가 다시 걸었다. 씩씩하게 오르막길을 올라갔다. 그런데 잠시 후 이상해서 뒤를 돌아보는 순간 '펑' 소리가 나며 1톤 트럭이 내 바로 뒤 갓길에 급정거했다. 타이어 펑크 사고였다. 그 차가 속도를 이기지 못하고 돌진했다면 나는 어찌 되

416

었을까? 살아 있음이 감사했다. 그러나 차분히 안도할 틈도 없이 전진했다. 도로 옆으로 난 나무 데크 길로 올라섰다. 잠시 뒤 해오름전망대가 보였다.

해오름전망대를 지나는데 지난여름 자전거 도로에서 야영하던 장면이 떠올랐다. 비록 발목과 무릎이 시큰거리고 발톱이 빠져도 걸을 때 나는 행복했다. 인생이란 무엇인가? 좋아하는 일을 하며 사랑하는 사람과 행복하게 살다 가기에도 얼마 남지 않은 시간 아닌가.

2020년 11월 20일 도보순례 때 쓴 글이다. 그때 나는 그곳에서 사진 찍고 있는 젊은이 한 쌍이 부러워 그곳을 쳐다만 보고 지나쳤었다. 그런데 이번에는 아무도 없는 전망대로 내려갔다. 맨 끝 구멍이 숭숭 뚫린 곳까진 못 갔지만, 나무 데크 끝까지 가서 정면 바다와 좌우 바닷가를 보았다. 알콩달콩 사진 찍을 사람이 없어도 혼자 거뜬히 상쾌했다. '해오름은 포항-울산 고속도로 완전 개통을 계기로 포항·울산·경주가 함께하는 동맹의 이름이라고 한다. …… 세 도시 모두 …… 산업의 해오름 지역이라는 점과 대한민국 경제 재도약의 해오름이 되겠다는 의미를 갖고 있다. 칠포리는 수군 만호진이 있던 곳이며, 고종 8년(1870년) 동래로 옮겨 가기 이전까지 군사 요새로서, 7개 포대가 있는 성이라 하여 7포성이라 불렀다 한다.'

거기서부터는 차도 가까이지만 산속 오솔길이 나 있었다. 아담하고 정감 있는 길이었다.

오도1리에 도착하니 예전에 길을 헤맸던 기억이 났다. 전에는 방금 온 해안 길이 막혀 있는 줄 알고 펜션 사이로 올라가 찻길로 걸었었다. 거기서 화살표를 따라 해안 길로 갔는데 철창으로 막혀 있었다. 다시 돌아 나와 찻길로 갔다.

거침없이 걸어가는 내 몸은 세컨드 윈드_second wind를 맞아 탄력이 있었다. 쉬지 않고 오도2리를 지났다. 내가 찾는 이름이 나타났다. 그런데 크기가 엄청나게 커진 게 내 기억과 참 달라 보였다. 마침 지나가는 할머니께 여쭤보았다.

"저 교회가 저렇게 커졌어요?"

"원래 컸는데."

"전엔 작았는데요."

"95년에 지었는데?"

순간 시골 교회에도 재건축 바람이 불었나 성급하게 실망했던 내가 부끄러웠다.

'이름이 맞는 것 같은데 여기가 아니라면 어디지?'

찻길로 나가 청진2리 정류장에 앉았다. 이 근처 어디였다. 인터넷 지도를 켜서 비슷한 이름이 있는지 찾아보았다. 있었다. 고작 1킬로미터만 더 가면 있었다. 찻길 가로 달렸다. 이윽고 청진1리. 마을로 뛰어 들어갔다. 그리고 왼쪽 골목으로 들어갔다. 아~ 있었다. 그때 그 교회가 그 모습 그대로 있었다. 이름은 그새 바뀌었지만.

그런데 발길이 닿는 모든 길에는 뜻이 있는 법, 조급한 내 발걸음을 멈추게 하는 건축물이 하나 나타났다. 아주 작고 단아하고 아름다운 교회였다. 운주사 칠성바위의 축소판 같은 돌다리를 밟고…….

4년 전 왔던 그 교회. 반대 방향에서 걸어왔지만, 마침내 찾아온 그 교회. 다시 돌다리를 밟고 조심스레 문을 열었다. 두 개의 문이 지난번처럼 다 열렸다.

'그래, 이렇게 문이 열려 있어서 아무나 기도할 수 있게 하는 게 교회지.'

입구 왼쪽엔 작은 키보드가 있는데 그 위에 찬송가가 펼쳐져 있었다. 〈지금까지 지내온 것〉. 아는 찬송이다. 주의 크신 은혜라. 육각형 실내에 양쪽으로 네 개씩 있는 작은 나무 의자 사이로 나가 강대상 앞에 배낭과 스틱과 장갑을 내려놓았다. 그리고 오른쪽 둘째 줄 의자에 앉아 기도했다.

"감사합니다. 감사합니다."

아무것도 바라지 않고 구하지 않았다. 오직 감사만 나왔다. 천장을 보고도 감사, 벽을 보고도 감사했다. 그리고 지갑을 꺼냈다. 성경 속 '과부의 두 렙돈'처럼 가지고 있던 현금 전부를 드렸던 4년 전의 천 배인 빳빳한 지폐 두 장을 꺼내 감사헌금 봉투에 담았다. 그리고 연필로 썼다.

7번 국도 해파랑길 북파랑길 호미반도해안둘레길 완주

영일대해수욕장-칠포항 16.5킬로미터 완주에 더해 칠포항-청진1리 작은 교회 5킬로미터. 이 5킬로미터는 버스로 건넌 포항제철소 구간 거리와 같다. 그러므로 거리상 나는 경주-포항 해파랑 12, 13, 14, 15, 16, 17, 18 총 일곱 구간을 닷새에 완주했다. 사실 정말 7번 국도 구간을 걷는다면 호미반도는 걷지 않아도 된다.

이렇게 2020년 2월에 시작한 나의 7번 국도 도보순례는 4년 만에 끝났다. 지난해 3월 어느 날 오후, 거의 공황에 가깝게 깊은 절망에 빠진 나는 서울의 모 여자대학교 앞을 지나다가 쇼윈도에 진열된 진줏빛 공단 드레스를 보고 끌리듯 가게로 들어갔다. 가게 주인은 내게 입을 일이 있느냐고 물었다. 출판기념회가 있을 예정이지만, 장르가 르포라 이런 옷을 입을 분위기는 아니라고 했다. 그러면서도 탈의실에서 그 드레스를 입어보았다. 좀 조이기도 했지만 내가 살 옷이 아니라서 미안한 마음에 초록색 루즈 핏 데님 바지와 아이보리색 광목 블라우스를 샀다. 그런데 주인이 계속 그 드레스를 권했다. 드레스를 사면 입을 일이 생길 거라고. 그러면서 진주 목걸이를 해야 어울린다고 했다. 그때 나는 처절한 혼자였다.

아무한테도 말하지 않았지만 실은 그 드레스를 입고 이 교회에 다시 오고 싶었다. 진주 목걸이를 만들어주는 사람과 함께. 진주 목걸이를 목에 걸고 진줏빛 드레스를 입고 사랑하는 사람과 이곳에 다시 오고 싶었다. 드레스를 샀을 때보다 4~5킬로그램 빠졌으니 지금쯤 그 드레스를 입으면 넉넉하게 잘 맞으리라.

만약 예전처럼 자동차를 가지고 도보순례를 했다면 혼자라도 그 드레스를 실어 왔을 것이다. 그러나 이번에는 배낭 하나 달랑 메고 속옷과 양말만 빨았지, 매일 입었던 옷을 또 입으면서 경주에서부터 포항까지 닷새를 걸어오느라 드레스 따윈 챙길 여력이 없었다. 나는 드레스를 올려놓으려던 의자 위에 노란색 '이주만이 살길이다' 조끼를 올려놓았다.

2021년 6월, 내가 최초로 혼자 14일 동안 해남에서 하동 거쳐 구례까지 18번 국도 241.1킬로미터 도보순례를 하고 돌아왔을 때 탈핵 벗들이 남원에 모였다. 그때 매주 월요일 8~9시 월성핵발전소 인접지역 이주대책위원회 상여시위와 연대하자는 의견이 나왔다. 울산에 부탁해서 다음 날 조끼를 받았을 때는 앞에 '월성핵발전소 2·3·4호기 조기 폐쇄!'라고 쓰여 있었다. 나는 월성핵발전소 인접지역 주민의 이주를 위해서 순례하는데 왜 '월성핵발전소 2·3·4호기 조기 폐쇄!'가 구호가 되어야 하는지 의아했다. 탈핵시민공동행동에서는 2·3·4호기가 조기 폐쇄되는 게 우선이라고 했다. 그래서 그 조끼를 입고 다음 해인 2022년 5월까지 매주 월요일마다 1년 동안 빠지지 않고 전국 어디에 있든지 아침 8~9시에 걸었다.

지금 생각해보면 '탈핵'이라는 대의명분 앞에서 나아리 '월성원전 인접지역 이주대책위원회'라는 작은 공동체는 늘 뒷전에 밀렸다. 이제야 나는 그들을 위한 '이주만이 살길이다' 조끼를 입고 걸었다. 마침내 내면의 소리에 따라. 조끼는 바뀌었어도 내 배낭의 몸자보는 여전히 '핵발전소 없이 안전하게 살자'이다. 대

의명분을 지키며. 2018년에 그 몸자보를 처음 받은 탈핵희망국
토도보순례는 2019년에 해산했다.

2020년 2월, 혼자라도 걷겠다고 맨 처음 7번 국도에 나섰을
때 도반이 생겼다. 그때 우리는 배낭을 바꾸어 멨었다. 내 큰 배
낭은 그가. 그의 작은 배낭은 내가. 그렇게 울진부터 삼척까지
나흘을 걸었다.

2020년 7월, 다시 큰 배낭을 각자 둘이 메고 삼척부터 걸을
때 순굿해변으로 온 벗들이 고생 그만하라며 삼척에 세워둔 자
동차를 가져오라고 했었다. 그때부터 걸어갔다가 버스 타고 돌
아와서 짐을 둔 차를 가지고 가거나, 차를 먼저 갖다 놓고 버스
타고 와서 걷거나 했다. 그렇게 8일간 삼척에서 고성 통일전망
대까지 걸었다.

2020년 11월, 포항에 강의 차 왔다가 월포에서 각각 화진과
칠포까지 혼자 걸을 때는 오롯이 내 가방을 내가 멨다.

2021년 2~3월, 울진 망향정에서 벗들과 함께 시작한 도보순
례 때는 자동차가 있었고 내 가벼운 배낭마저도 닷새 내내 도반
이 멨다. 그렇게 닷새간 화진해수욕장까지 걸었다. 첫 도보순례
포함 세 번이나 함께 370여 킬로미터를 완주해준 도반이 있었
기에 순례길이 든든했고 길 따라 바다 따라 웃음꽃이 피었다. 덕
분에 늘 가볍게 다녔다. 둘이 있을 때는 길을 찾는 것도 식사하
는 것도 숙소를 구하는 것도 모두 재미있었다. 군데군데 함께해
준 벗들이 있었기에 순례길이 따뜻했다. 언제까지고 함께 걷고
싶던 도반은 지금 곁에 없다. 벗들도 모두 각자의 일로 바쁘다.

그런데 이번 7번 국도 도보순례 첫날에 알았다. 나는 이제 외롭지 않음을. 혼자가 정말 좋음을.

2024년 1월, 나는 혼자 걸었다. 그리고 마침내 혼자 일어섰다. 이것이 진정한 독립이다. 이제 나는 홀로 있을 수 있는 능력을 성취했다.

홀로 있을 수 있는 능력을 성취한 개인은 창조성이 풍부한 삶을 추구할 수 있고, 자유롭고 고요하게 자신의 삶을 사색할 수 있으며, 평화로운 삶을 누릴 수 있다. 또한 그는 타자와 함께 있을 수 있고, 함께 나누는 삶을 살아갈 수 있다.

-이은경, 《길목인》 여는 글 '홀로 있을 수 있는 능력', 2022년 12월

교회 문에는 작은 금속 문양이 붙어 있었다.

'DER MENSCH IST DER WEG DER KIRCHE'

독일어를 서툴게 직역하면 '인간은 교회의 길이다'. 그렇다면 교회의 길이 길을 걷은 것인가. 아니면 인간 예수가 교회의 길이란 뜻인가.

예수께서 이르시되 내가 곧 길이요 진리요 생명이니 나로 말미암지 않고는 아버지께로 올 자가 없느니라

(요한복음 14:6)

교회에서 나온 나는 청진1리 정류장에서 오후 3시 40분 버스를 탔다. 10분 만에 한 시간 반 동안 걸어온 오도리와 사방기념공원과 칠포1리와 칠포해수욕장을 지났다. 흥해환승센터에 내렸다. 포항역 가는 5000번 버스가 오기까지는 22분이 남아서 건너편 영일민속박물관에 들어가보았다. 600년 된 회화나무가 있었다. 오후 5시쯤 포항역에 도착했다. 4년 전에는 춥고 배고프면서도 식사 대신 레몬유자차를 사 마셨던 역내 푸드코트에서 잔치국수와 김밥 세트를 먹었다. 힘겹던 코로나19 바이러스 시대가 지나가고 있었다.

오후 6시, 기차에 올랐다. 부서진 스틱 끝이 보인다. 자신은 부서지면서도 나를 지탱해준 파란 스틱. 진정한 사랑의 실상이다. 그러나 이제는 일방적인 헌신도 부질없는 희생도 하지 않으련다.

2017년에 산티아고 순례길 800킬로미터를 걸은 이후, 탈핵희망국토도보순례로 2018년 여름에 96.8킬로미터, 2019년 겨울에 79.3킬로미터, 여름에 98.2킬로미터 걸었다. 이때까지 걸은 1,074.3킬로미터 중 75.2킬로미터가 7번 국도였다. 그리고 2020년 2월부터 2024년 1월까지 나만의 탈핵 도보순례로 부산에서 고성까지 543.3킬로미터 걸어 7번 국도를 총 618.5킬로미터 걸었다. 여기에 2021년부터 2023년까지 남도 순례길 975.14킬로미터(2023년 세월호 참사 9주기 추모순례 9킬로미터 포함)를 걸었다. 그렇게 7년 동안 걸은 2,682.74킬로미터. 그중 한반도의 동과 남을 어루만지듯 7번 국도와 남도 순례길 1,593.64킬로미터를 걸었다. 그러나 이 계수가 어찌 정확하다 할 수 있으랴. 이 수치에는 지도상 거리와 휴대전화기에 표시된 거리 사이의 야박한 절충이 없지 않았다. 하지만 적어도 나는 그날그날 걸어온 거리를 적을 때 반올림도 하지 않을 만큼 자신에게 정직한 잣대를 댔다. 빠른 기록을 위해 효율적인 순례를 하려고 했다면 애초에 걷기 시작하지도 않았을 터. 제대로 된 교통 정보나 맛집이나 숙박업소 소개도 없는 이 도보순례기는 핵발전소가 밀집한 부산, 경주, 울진을 관통하는 동해안 7번 국도를 걸으며 기원한 생명 안전의 소망과 진도, 해남, 곡성, 남원, 정읍, 가덕도까지 남도를 순례하며 느낀 평화의 숨결을 통해 낮고 느리게 자신을 들여다보며 한 걸음 한 걸음 걸어가다 비로소 스스로 치유하고 홀로 서게 된 삶의 기록이다.

감사하다. 그저 감사하다.

걷기 시작하면서 인생이 참 아름답다고 생각한다.

* 이외 2019년 12월 29일 김진숙과 소금꽃나무들의 희망도보행진 마지막 날 대구 9킬로미터와 2024년과 2025년 희망뚜벅이 185킬로미터와 2025년 새,사람행진 260킬로미터 이상을 걸어 드디어 8년 만에 3,000킬로미터 넘게 걸었다. 그 긴 길을 걷는 동안 그분은 여전히 답이 없었다. 그렇지만 나는 믿는다. 침묵으로 함께하셨음을. 내가 곧 길이라고 말씀하셨으니까.

낮고 느린 걸음으로

일곱째별 탈핵 도보 순례 7년의 여정

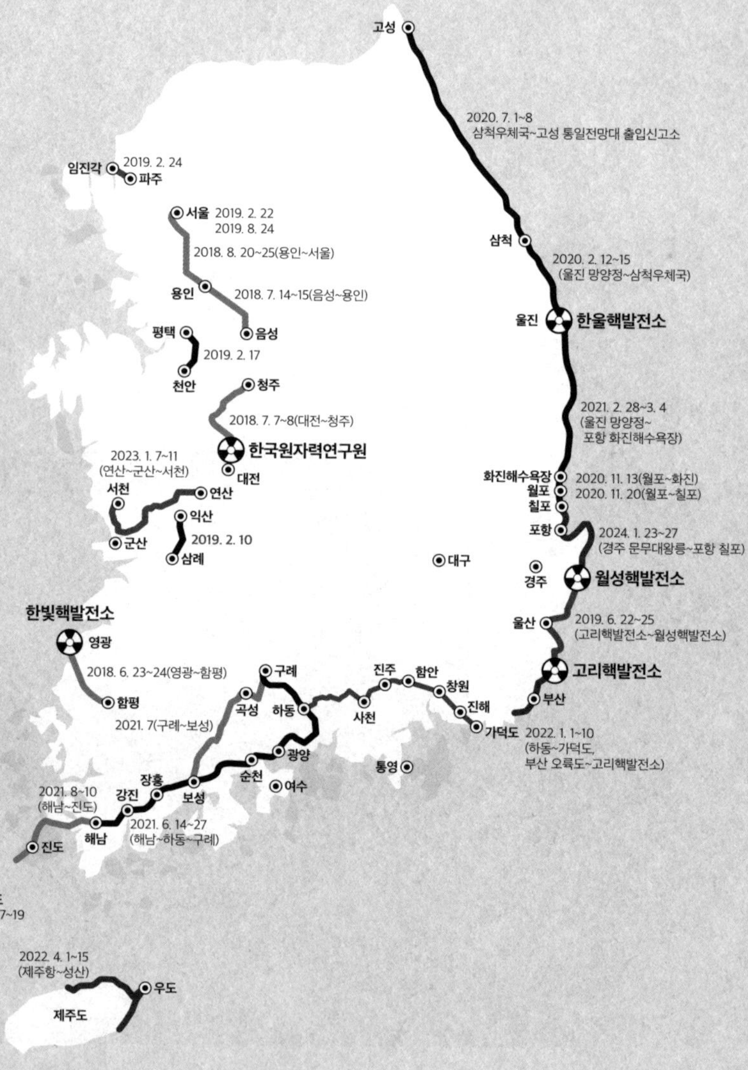